# 中传学者文库编委会

**主　任：** 廖祥忠　张树庭
**副主任：** 蔺海波　李　众　刘守训　李新军　王　晖
　　　　　　杨　懿　柴剑平

**成　员**（按姓氏笔画排序）：
　　　　　王廷信　王栋晗　王晓红　王　雷　文春英
　　　　　龙小农　付　龙　叶　龙　刘东建　刘剑波
　　　　　任孟山　李怀亮　李　舒　张绍华　张　晶
　　　　　张根兴　张毓强　林卫国　郑　月　金　炜
　　　　　金雪涛　周建新　庞　亮　赵新利　徐红梅
　　　　　贾秀清　高晓虹　隋　岩　喻　梅　熊澄宇

# 新闻传播学思辨行

## 李舒自选集

李舒 著

**中传学者文库**

主编／柴剑平
执行主编／龙小农　副主编／张毓强　周建新

中国传媒大学出版社
·北京·

图书在版编目（CIP）数据

新闻传播学思辨行：李舒自选集 / 李舒著. -- 北京：中国传媒大学出版社，2024.8.

（中传学者文库 / 柴剑平主编）.

ISBN 978-7-5657-3770-1

Ⅰ. G210-53

中国国家版本馆 CIP 数据核字第 202462UP65 号

## 新闻传播学思辨行：李舒自选集
XINWENCHUANBOXUE SIBIANXING: LI SHU ZIXUANJI

| 著　　者 | 李　舒 |
|---|---|
| 责任编辑 | 张继媛 |
| 封面设计 | 锋尚设计 |
| 责任印制 | 李志鹏 |

| 出版发行 | 中国传媒大学出版社 | | |
|---|---|---|---|
| 社　　址 | 北京市朝阳区定福庄东街 1 号 | 邮　　编 | 100024 |
| 电　　话 | 86-10-65450528　65450532 | 传　　真 | 65779405 |
| 网　　址 | http://cucp.cuc.edu.cn | | |
| 经　　销 | 全国新华书店 | | |
| 印　　刷 | 北京中科印刷有限公司 | | |
| 开　　本 | 710mm×1000mm　1/16 | | |
| 印　　张 | 18.75 | | |
| 字　　数 | 300 千字 | | |
| 版　　次 | 2024 年 8 月第 1 版 | | |
| 印　　次 | 2024 年 8 月第 1 次印刷 | | |
| 书　　号 | ISBN 978-7-5657-3770-1/G·3770 | 定　　价 | 95.00 元 |

本社法律顾问：北京嘉润律师事务所　郭建平

# 总　序

媒介是人类社会交流和传播的基本工具。从口语时代到印刷时代，再经电子时代至今天的数智时代，媒介形态加速演变、融合程度深入发展，媒介已然成为现代社会运行的基础设施和操作系统。今天，人类已经迈入媒介社会，万物皆媒、人人皆媒，无媒介不社会、无传播不治理。今天，无论我们怎么用力于信息传播的研究、怎么重视信息传播人才的培养都不为过。

中国传媒大学（其前身为北京广播学院）作为新中国第一所信息传播类院校，自1954年创建伊始，即与媒介形态演变合律同拍、与国家发展同频共振，努力探索中国特色信息传播人才培养模式、构建中国信息传播类学科自主知识体系，执信息传播人才培养之牛耳、发信息传播研究之先声，被誉为"中国广播电视及传媒人才摇篮""信息传播领域知名学府"。

追溯中传肇始发轫之起源、瞩望中传砥砺跨越之未来，可谓创业维艰而其命维新。昔日中传因广播而起，因电视而兴，因网络而盛，今天和未来必乘风破浪、蓄势而上，因人工智能而强。在这期间，每一种媒介兴起，中传均吸引一批志于学、问于道、勤于术的

学者汇聚于此,切磋学术、传道授业,立时代之潮头,回应社会需求,成为学界翘楚、行业中坚,遂有今日中传学术研究之森然气象,已历七秩而弦歌不断,将传百世亦风华正茂。

自新时代以来,中传坚守为党育人、为国育才初心,励精图治、勠力前行,秉承"系统治理、创新图强、交叉融合、特色发展"的办学理念,牢牢把握高等教育发展大势、传媒业态发展趋势,瞄准"智能传媒"和"国际一流"两大主攻方向,以世界为坐标、以未来为向度,完成了全面布局和系统升级,正在蹄疾步稳、高质量推动学校从传统高等教育向未来高等教育跨越、从传统传媒教育向智能传媒教育跨越、从国内一流向世界一流跨越,全力建设中国特色、世界一流传媒大学。

中国特色、世界一流,在于有大先生扎根中国大地,汇聚古今、融通中外;在于有大先生执教黉门,学高为师、身正为范;在于有大先生躬耕杏坛,敦品积学、启智润心。习近平总书记更强调,高校教师要立志成为大先生,在教书育人和科研创新上不断创造新业绩。中传广大教师素来以做大先生为毕生职志,努力成为新时代"经师"与"人师"的统一者,做真学问、立高品行,践履"立德树人"使命。

2024岁在甲辰,欣逢中传建校70华诞,学校特邀约部分学者钩玄勒要、增删批阅,遴选已公开刊发的论文汇编成集,出版"中传学者文库",意在呈现学校在学科建设、科学研究、服务行业实践等方面的最新成果,赓续中传文脉,谱写时代新声。

文库汇聚老中青三代学者,资深学者渊渟岳峙、阐幽抉微;中年学者沉潜蓄势、厚积薄发;青年学者踌躇满志、未来可期。文库与五十周年校庆所出版的"北广学者文库"相承接,大致可勾勒中传知识生产薪火相传、三代辉映之概貌，反映中传在构建中国特色新闻传播类、传媒艺术类、传媒技术类学科体系、学术体系和话语体系方面的耕耘与收获，窥见中国特色信息传播类学科知识体系构建的发展脉络与轨迹。

这一构建过程，虽筚路蓝缕，却步履铿锵；虽垦荒拓野，亦四方辐辏。一批肇始于中传，交叉融合、具有中国特色的学科，如播音主持艺术学、广播电视艺术学、传媒艺术学、数字媒体艺术学、政治传播学等，从涓涓细流汇入滔滔江河，从中传走向全国，展现了中传学者构建中国自主知识体系的学术想象力和创新力。文库展示的虽然是历史，实则是呈现今天；看似是总结过去，实则是召唤未来。与其说这套文库的出版，是对既有学术成果的展示，毋宁说是对未来学术创新的邀约。

回首过往，七秩芳华。我们深知，唯有将马克思主义基本原理与中华优秀传统文化相结合，才能推动中华学术创造性转化和创新性发展，推动中国自主知识体系的构建。我们深知，唯有准确把握媒介形态演变的脉动、深刻认知媒介形态变革所产生的影响，才能推动中国信息传播类学科自主知识体系的构建与时俱进。

展望未来，星辰大海。我们深知，以人工智能为代表的产业和科技革命正迅疾而来，媒介生态正在加速重构，教育形态正在全面重塑，大学之使命与价值正在被重新定义；我们深知，唯有"胸怀国之大者"、面向世界科技前沿、面向经济主战场、面向国家重大需求，才能确保中传始终屹立于中国乃至世界传媒教育发展之潮头。

如何应对人工智能带来的深刻变革，对中传而言是一场要么"冲顶"、要么"灭顶"的"兴亡之战"。我们坚信，不管前方是雄关漫道，还是荆棘满途，唯有勇敢直面"教育强国，中传何为？"这一核心命题，奋力书写"智能传媒教育，中传师生有为！"的精彩答卷，才能化危为机，奋力开创人工智能时代中传智能传媒教育新纪元。

功不唐捐，芳华七秩；风帆正举，赓续创新。

是为序。

第十四届全国政协委员，中国传媒大学党委书记、教授、博士生导师

# 自 序

1994年,我迈入北京广播学院的大门,开启了大学生活,尔今整整30载。

犹记得中学时代,老师要求每个同学都要选择一个座右铭。家里有一本《中外名言大全》,我翻来翻去最终选择了《中庸》中的一句话——博学之,审问之,慎思之,明辨之,笃行之。我把这句话誊抄在小纸条上,小纸条则贴在了塑料铅笔盒的内盖上。内盖上有个小镜子,大抵青春期的我照了多少次小镜子,就复习了多少遍这句话吧。

进学之路之漫长,是我之前没有预想到的。从本科到硕士、博士,乃至博士后研究,从新闻学、传播学到政治学、党的建设,从广院、中传、中央党校到政府宣传部门、主流媒体,从学生到专业课教师、行政管理者、新闻评论员……锚定专业领域、打通理论实践、拓展多学科互动、探索教学相长,转眼距迈进大学校门已经过去了近20年。

2013年3月,习近平总书记在中央党校建校80周年庆祝大会暨2013年春季学期开学典礼上的讲话中引用了"博学之,审问之,慎思之,明辨之,笃行之"这句话。在这样重大的时间节点,总书记的重要讲话选择了"学习"作为主题,其中的深意不言而喻。这年夏天,我指导的第一届硕士生毕业,而我自己也在这一年完成了

在中央党校的博士后研究并圆满出站,被聘为教授。历经多个层次、涉猎多种学科、体悟多重角色,廿载回首,方才了然:博学、审问、慎思、明辨、笃行,既是学习的不同境界,逐级递进深入;又是学习的重要方法,彼此交织互促。两千多年前古人关于学习的认识论和方法论,中学时代的小纸条,在此刻完成了理解的闭环。也是在这一年,微信开始进入我的生活,"学不可以已"被我挂在签名栏至今。

治学之路之艰辛,亦是我之前没有预想到的。原以为,沿着进学阶段的兴趣领域深入探求,便可有所进益,但各种变化的速度、程度远超预期。2013年11月召开的党的十八届三中全会启动了全面深化改革,劳动、知识、技术、管理、资本等要素融合迸发,在推动社会加速发展的同时,加速了传媒领域的变革。十年来,技术支撑从无线广播、有线传输到移动互联、人工智能;媒体形态从报刊、广电、网站到"端""微""号"矩阵、融合传播;媒体属性从大众传媒到社交媒体、自媒体,进而形成"四全媒体";表现手段从图文、音视频到虚实融合、全息呈现;媒体功能从舆论引导、舆论监督到参与治理、沟通中外、争夺国际话语权;信息受众从被动接收、有限供给到成为用户、参与生产、信息过载;传媒教育从采写编评、单一学科、专业表达到全媒体技能、多学科交叉以及用户思维、技术思维、跨文化思维的养成……"变化"成为新闻传播学科的鲜明底色。正如习近平总书记所说:"历史和现实都告诉我们,事业发展没有止境,学习就没有止境。"我逐渐认识到,治学更需要敏锐地识变应变,要在持续变化中扎根深耕,探寻本质,找寻规律。这也意味着,治学是一个没有穷尽、未见终点的过程。做一件没有终点的事,这大概就是学者的宿命吧。

观乎自身,前20年的"进学",尚停留在"问道""寻道"阶段,通过"博学之,审问之",努力解决了一些平台性、基础性问题；尔后十年才勉强算得上"治学"，开始真正意义上的"悟道""明道"进而"弘道"，通过"慎思之，明辨之，笃行之"，朝着思想独立、知识创新、知行合一的方向行进。本自选集就是对近十余年公开发表文章的汇总，以慎思、明辨、笃行为逻辑，分为上、中、下三编，分别对应论道、践律、教泽的主题，共收录文章34篇。

上编"论道：理论之'思'"，收录了有关新闻传播学科理论思考的文章10篇。其中，《中国式现代化召唤新闻传播学自主知识体系》《对象·方法·成果——传播学研究三个关键问题及其方法论启示》等5篇侧重于学科体系，是立足国家战略，对新闻传播学自主知识体系的整体思考；《基于自我革命的中国共产党新闻文风建设：理论逻辑、历史逻辑与实践逻辑》《传媒与执政党的互动关系探析》等5篇侧重于党报理论，是结合传媒实践，对文风建设、引导力提升、理论传播创新等重要议题的专题思考。时代是思想之母，实践是理论之源。对于理论思考和理论表达，我始终持谨慎的态度。因为我深知，实践是认识的目的和归宿，理论必须服务于现实、满足实践的需要。"本本主义"和为赋新词强说"理"都是不值得提倡的。

中编"践律：实践之'辨'"，收录了有关文化传媒实践辨析的文章16篇。其中，《中国共产党百年来党报新闻评论功能的嬗变与启示》《新闻评论与国家形象传播》等5篇，是围绕传播意见性信息的新闻体裁"新闻评论"展开的。30年前，我有幸受业于王振业教授，进入这一领域，并接过先生的"接力棒"，主讲新闻评论课程；后来还担任了"中央马克思主义理论研究和建设工程"重点教材《新闻评论》的编撰专家、《新华每日电讯》和中央广播电视总台"中国之声"特约评论员等。可以说，对于新闻评论，我始终充满感情，这份感情也包括了对先生学识与风骨的景仰，虽不能至，向而

往之。《县级融媒体中心建设：打通服务群众的"最后一公里"》《时政微视频：媒体政治传播的新探索》等6篇，聚焦于媒体融合、文化强国、政治传播等传媒实践的重要领域，剖析问题、探讨优化路径。《举旗定向，以言论强化"四力"——"学习评论"栏目评述》《场景化、具象化、情感化：电视理论节目的创新路径——以〈党课开讲啦〉为例》等5篇，关注获得中国新闻奖或具有广泛社会影响力的品牌栏目，力求见微知著，总结规律，获得启发。新闻传播学是一个实践性很强的学科，然而近年来相关学术研究却在一定程度上存在与传媒实践脱轨的现象，学术表达或"为艰深之辞，以文浅易之说"，或"纷糅庞杂，略不见端绪"，或佶屈聱牙、用汉字写外国话者亦不在少数。增加对有关传媒实践文章的辑录，也是对新闻传播学研究回归现实主义取向的一种呼唤。

下编"教泽：育人之'行'"，收录了有关新闻出版教育理念与规律探讨的文章8篇。其中《"立德树人"：高等教育的价值观和方法论》《用核心价值体系引领新闻教育》等4篇侧重教育理念；《体系、过程与主体：编辑出版学研究生教育改革的多维思考》《传媒教育：以人为媒，促进国际媒体合作》等4篇侧重教育实践。从教20多年来，我体验了高等教育的多种身份，从专业课教师到学院院长，从本科班主任到博士生导师，从院系到党政部门；也经历了新闻传播教育的发展，从新闻学、传播学到出版学、信息传播学，从普通本科到硕士、博士研究生，从学术型学位到专业型学位，从培养国内生到培养国际生，从单一学校培养到部校共建、校企联合、中外合作办学……育人始终是最让我有成就感、获得感的事情。本书辑录的文章中，有的就是与我的研究生共同完成的。在这个过程中，思想的分享、碰撞、启发、引领，既实现了育人，也完成了"弘道"。十余年来有关新闻传播的"理论之思"与"实践之辨"，最终归流于"育人之行"，从中得到验证与升华。

# 自序

2024年，是中国传媒大学建校70周年。很幸运，能与学校相伴成长，共同度过了30年的宝贵时光。这个校园不大，但她足够包容、足够温暖，允许你足够个性地"博学之，审问之，慎思之，明辨之，笃行之"。两千多年前古人关于学习的认识论和方法论，中学时代的小纸条，直到今天终于完成了实践的闭环，知行合一。不同的是，铅笔盒里的那面小镜子被我藏到了心里，并不时地拿来照一照。倘若真能达到"用心若镜"的境界，想来亦可使这个闭环成为"实践—认识—再实践—再认识"的进阶式循环，令思想之树长青。

下午去1号教学楼给研究生上课，楼前草坪上山桃花已经绽放，树下围着一群姑娘举着手机在定格美好。一位姑娘指着花苞说："有的还没开呢！"我望过去，那枝老干，年年都生新枝、孕新苞。东风唤桃李，舒卷自有时。七秩弦歌，薪火相传，终有一日会满园芳华。

于中国传媒大学42号楼

2024年3月19日

# 目 录

## 上编 论道：理论之"思"

中国式现代化召唤新闻传播学自主知识体系 …… 003

加快推进国家文化数字化战略 …… 005

出版业中国式现代化：内涵、探索与使命 …… 009

构建"出版学术共同体"建强出版学科 …… 023

对象·方法·成果
　——传播学研究三个关键问题及其方法论启示 …… 025

基于自我革命的中国共产党新闻文风建设：理论逻辑、历史逻辑
　与实践逻辑 …… 032

新闻媒体引导力的内涵、现状与实现层次
　——一种基于认同理论的分析 …… 047

基于人类文明新形态的性别传播：价值拓展与实践升维 …… 062

跨越百年：马克思主义妇女理论传播的时代价值与行动逻辑 …… 074

传媒与执政党的互动关系探析 …… 092

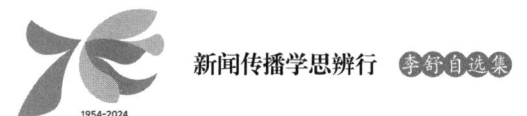

## 中编 践律：实践之"辨"

中国共产党百年来党报新闻评论功能的嬗变与启示 …………………… 103
转型期新闻评论的政治传播功能及其实现 ……………………………… 120
我国报纸评论版的优化路径探析 ………………………………………… 128
新闻评论"事实判断"失真的表现与应对 ……………………………… 135
新闻评论与国家形象传播 ………………………………………………… 140
县级融媒体中心建设：打通服务群众的"最后一公里" ……………… 149
国家文化数字化战略下的品位阅读与品质出版 ………………………… 158
移动互联背景下有声出版的特点、难点与突破点 ……………………… 168
5G时代长视频的价值与机遇 …………………………………………… 178
时政微视频：媒体政治传播的新探索 …………………………………… 186
新媒体环境下党刊的优化路径 …………………………………………… 193
举旗定向，以言论强化"四力"
　——"学习评论"栏目评述 ……………………………………… 199
《高端访谈》：在"对话"中传播中国声音 …………………………… 204
培育创新文化 弘扬科学家精神 ………………………………………… 211
场景化、具象化、情感化：电视理论节目的创新路径
　——以《党课开讲啦》为例 ……………………………………… 214
敬读碑文：党的精神谱系的创新传播 …………………………………… 220

## 下编 教泽：育人之"行"

"立德树人"：高等教育的价值观和方法论 …………………………… 227

用核心价值体系引领新闻教育 ·················································· 229

新时代的新闻传播人才培养：理念回归与实践超越 ························ 233

文化国际传播战略下的人才培养 ·············································· 243

体系、过程与主体：编辑出版学研究生教育改革的多维思考 ············ 247

文化强国背景下的出版专业硕士教育：目标、理念与模式 ··············· 261

传媒教育：以人为媒，促进国际媒体合作 ··································· 275

建设四"库"融通的高水平高校出版智库 ···································· 281

# 上编
# 论道：理论之"思"

# 中国式现代化召唤新闻传播学自主知识体系*

习近平总书记指出，宣传思想文化工作"事关党的前途命运，事关国家长治久安，事关民族凝聚力和向心力，是一项极端重要的工作"。具体到新闻舆论领域，这种"极端重要"意味着既要能够围绕中心、服务大局，促进物的全面丰富；又要善于引领导向、成风化人，促进人的全面发展，为中国式现代化提供思想保证和精神力量。

不可否认，当前主流媒体面临的主导地位危机、行业生存危机、社会价值危机、职业认同危机等，折射出新闻传播学理论滞后于实践、疏离于实践的尴尬现实。走出危机，必须大力推进新闻传播学自主知识体系的建构，认清建构这一中国自主的知识体系的三重逻辑。

从历史发展看，现代化进程为建构新闻传播学自主知识体系奠定了经济基础。近代中国经济、技术落后，尚未具备建构自主知识体系的物质条件，也难以产生相应的历史自觉。在行业实力落后和学科起源于西方的双重影响下，中国新闻传播学不可避免地经历了一个在西方学科框架下来检视自己、认识自己的过程。没有现代的经济基础就无法产生现代的意识形态和知识体系，反之，现代化进程也迫切需要与之相匹配的思想理论和知识体系。只有系统的、有说服力的新闻传播学自主知识体系才能够真正破解"谁来说""说什么"的问题。

---

\* 本文原载于《青年记者》2023年第24期，收入本书时有改动。

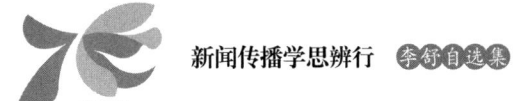

从理论品质看，马克思主义新闻观为建构新闻传播学自主知识体系明晰价值取向。中国共产党人不断总结在革命、建设和改革开放等各时期的新闻舆论工作经验，丰富和创新了马克思主义新闻观，开创了中国特色社会主义新闻理论。特别是党的十八大以来，习近平总书记对新闻舆论工作的重要方针、原则进行了系统归纳和集中阐述，谱写了马克思主义新闻观中国化时代化的新篇章。马克思主义新闻观所秉持的党性、人民性、真实性等重要原则，赋予了新闻传播学自主知识体系鲜明的价值取向。新闻传播学自主知识体系只有在"属于谁""为了谁"上符合人类社会发展方向，才能指导新闻舆论工作"为国家立心、为民族立魂"。

从实践指向看，百年未有之大变局为新闻传播学自主知识体系提出了全新命题。随着新一轮科技革命和产业变革的深入发展、国际力量对比的深刻调整，中国式现代化面临着新的战略环境。讲清中国式现代化的世界意义和世界贡献，展现可信可爱可敬的中国形象；塑造主流舆论新格局，巩固团结奋斗的共同思想基础；打赢西方敌对势力发动的认知战舆论战，推动形成良好信息生态……都需要新的知识、理论的指导。当实践之问已经大大超出了基于西方历史经验的知识体系能够阐释的范畴，构建中国自主知识体系的历史性任务便浮现出来。

在历史逻辑、理论逻辑与实践逻辑的交织互动中，新闻传播学自主知识体系既强调原始创新，坚持以自主知识生产推进理论创新和体系建构，又主张开放融通，在中国与世界、当下与未来的多维视野中，为构建平等、多极的世界信息与传播新秩序提供中国方案。在实现中国式现代化的新征程上，这项体现中国立场、中国智慧、中国价值的任务伟大而艰巨，值得新闻传播学同人为之奋斗。

# 加快推进国家文化数字化战略[*]

2022年5月,中共中央办公厅、国务院办公厅印发了《关于推进实施国家文化数字化战略的意见》。这是国家积极应对互联网快速发展给文化建设带来的机遇和挑战,从建设社会主义文化强国、厚植数字时代文化自信的高度,对国家文化数字化作出的战略部署。

中华文明延续着中华民族的精神血脉。从古今汉语到各少数民族语言,从甲骨文、金文、小篆到隶书、草书、行书、楷书,从龟甲兽骨、竹简绢帛、纸张到广播、电视和互联网,从诗经楚辞、唐诗宋词到新文化运动、社会主义先进文化……中华文化既需要薪火相传、代代守护,也需要与时俱进、推陈出新。以数字化赋能文化发展,不仅有助于实现中华文化的全景呈现、全民共享,还有助于推动中华优秀传统文化的创造性转化、创新性发展,推动中华文明优秀创新成果的海内外传播。

## 一、以数字化推动中华文化全景呈现

对中华文化的全样本记录。博大精深的中华优秀传统文化,积淀着中华民族最深层的精神追求,蕴含着中华民族最根本的精神基因。文物、古籍、美术、地方戏曲剧种、民族民间文艺、农耕文明遗址等,都是中华优秀传统文化的重要组成部分。依托数字技术,对包括文化数据源和文化实体在内的

---

[*] 本文原载于《学习时报》2022年7月15日,光明网"理论"频道转载,收入本书时有改动。

文化资源进行数据采集、加工、挖掘并提供数据服务，有助于全面汇集文化数据信息，实现对我国文化资源全阶段、全地域、全形态、全内容的整合，形成对中华文化轮廓的通史性、全景式认知，为中华民族生生不息、发展壮大提供重要精神支撑。

对中华文化的全样态展示。传统文化的弘扬、创新必须以传承为基础。中华优秀传统文化不能只存在于博物馆中，要让数字时代的年轻人了解并喜爱传统文化，首先得让他们看得见、看得懂。深入推进文化数字化，通过文字、音频、视频等多种形态，运用VR（虚拟现实）、AR（增强现实）、全息等数字技术，可以具象化、立体化地全样态展示中华文化瑰宝，使中华文化不再是抽象的、概念化的存在。近年来，在数字技术和互联网思维的加持下，中华优秀传统文化的呈现样态更加鲜活和时尚。《中国汉字听写大会》《中国诗词大会》等文化类节目不断创新，陶艺、雕漆、缂丝、制瓷、竹编、刺绣、榫卯等非遗技艺借助短视频传播获得大众的广泛认知以及线上线下体验京杭大运河，"云游"敦煌、故宫、国家博物馆，沉浸式参与三星堆文化遗址考古发掘等体验式文化活动，都激发了年轻人对传统文化的热爱，让中华传统生活美学和工匠精神焕发出时代价值，让静态文化成为可观、可感、可触的活态文化。

## 二、以数字化推进中华文化全民共享

加强顶层设计，推进全民共享。党在实践中不断积累文化改革经验，十年磨一剑，将文化数字化从"建设工程"上升为"国家战略"。2012年，《国家"十二五"时期文化改革发展规划纲要》明确提出"文化数字化建设工程"，包含文化资源、文化生产和文化传播的数字化。《中共中央关于制定国民经济和社会发展第十四个五年规划和二〇三五年远景目标的建议》提出推动公共文化数字化建设和实施文化产业数字化战略，将文化数字化上升到战略层面。2022年出台的《关于推进实施国家文化数字化战略的意见》是全面落实文化数字化建设的指导性文件，提出了关联形成中华文化数据库、夯实文化数字化基础设施、搭建文化数据服务平台等8项重点任务。事实证明，只有准确把握数字时代的历史机遇，以前瞻性、战略性思维进行全局谋划，才能把握建设社会主义文化强国的时代方位，确保全体人民共同享有文化发展成果。

完善基础设施，保障全民共享。尽管我国已于2020年消除了绝对贫困，但不同地区在经济社会发展水平和文化基础设施条件等方面尚存在较大差距，文化公共服务的供给在数量、质量和均衡性等方面均有待提高。《关于推进实施国家文化数字化战略的意见》明确提出：到"十四五"时期末，基本建成文化数字化基础设施和服务平台，形成线上线下融合互动、立体覆盖的文化服务供给体系；到2035年，建成物理分布、逻辑关联、快速链接、高效搜索、全面共享、重点集成的国家文化大数据体系。国家文化专网、国家文化大数据体系、具有云计算能力和超算能力的文化计算体系等文化基础设施的建成，将大大弥合地区间文化供给能力和供给水平的鸿沟。这是党坚持以人民为中心的发展思想在文化领域的具体体现，将推动共同富裕迈向新的阶段，赋予其文化共同富裕的深层内涵。

丰富内容供给，落实全民共享。如果文化产品的种类是单调的、内涵是贫瘠的，那么，再公平的供给也谈不上真正意义的全民共享，因此必须提升高质量文化公共产品的供给能力。一方面，要加快文化产业数字化布局，培育一批新型文化企业，鼓励运用数字化手段创新文化表现形态，进一步激发数字内容产品的产能；另一方面，要为文化内容产品的流通创造条件，推动文化资源数据转化为可溯源、可量化、可交易的资产，使文化数据的分享交易机制更加完善，运行更加顺畅。

## 三、以数字化拓展中华文化全球影响

以数字化强化对中华文化的全维度阐发。习近平总书记强调，"要加强对中华优秀传统文化的挖掘和阐发，使中华民族最基本的文化基因与当代文化相适应、与现代社会相协调"。除了有形的文化载体，中华文化还包括经过历史沉淀、淬炼下来的价值观念、道德规范、思维方式、行为准则等无形的精

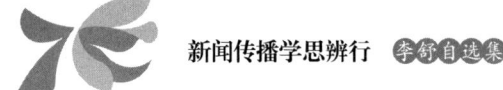

神财富。运用数字技术，可以实现无形的精神财富的有形传播，这个由抽象到具象的转化过程实质上也是提炼中华民族思想和精神内核、阐发优秀传统文化当代价值与世界意义的过程。通过对中华文化精髓的全维度阐发，对内有助于践行社会主义核心价值观，增强走中国特色社会主义道路的坚定性；对外有助于增强中华文化的吸引力，使包括制度成果在内的中华文化在深入鲜活的阐释中增值，推动不同文明相互尊重、和谐共生。

以数字化推动中华文化的全媒体传播。文化的传承、传播离不开媒介，媒介与文化的发展相伴相随。数字化进一步增强了媒体跨越物理时空的能力，使得媒体超越了传统的报刊、图书、广播电视、互联网等。经过数字化升级，博物馆、图书馆、展览馆、舞台、建筑、景区等都可以成为中华文化海外传播的媒体，从而大幅提升中华文化的海外触达率。同时，全息呈现、数字孪生、多语言交互、高逼真、跨时空等数字化技术提升了文化的创造性转化效果，丰富了公众的文化消费体验，有助于培育更多具有世界影响力的中华文化 IP，推动中华文化优秀成果创造性转化、创新性发展。

# 出版业中国式现代化：内涵、探索与使命[*]

党的二十大报告明确提出，从现在起，中国共产党的中心任务就是团结带领全国各族人民全面建成社会主义现代化强国、实现第二个百年奋斗目标，以中国式现代化全面推进中华民族伟大复兴。[①] 报告深刻阐明了中国式现代化的中国特色与本质要求，强调推进中国式现代化建设的重大原则，把对中国式现代化的认识提升到了一个新的高度。可以说，中国式现代化是理解、领会与贯彻党的二十大精神的核心词。中国式现代化囊括了现代经济、现代行业体系以及人的现代化等多重维度，推进和拓展中国式现代化是中华民族必须面对和破解的时代课题。

出版业既是社会主义先进文化的重要载体，也是社会经济发展的重要推动力量。[②] 在推进中国式现代化的进程中，出版业既是国家软实力的体现，也在不断催化着硬实力的增长。当前，受到社会深度变革的影响，信息技术引发的数字化和智能化，是出版业发展的重要语境。信息技术兼具媒介技术与生产技术的双重特征，中国式出版现代化不仅以此为背景，更以此为内在驱

---

[*] 本文原载于《编辑之友》2023 年第 7 期，《新华文摘》2023 年第 22 期论点摘编，人大复印报刊资料《出版业》2023 年第 9 期全文转载，收入本书时有改动。

[①] 习近平：高举中国特色社会主义伟大旗帜 为全面建设社会主义现代化国家而团结奋斗——在中国共产党第二十次全国代表大会上的报告［EB/OL］.（2022-10-25）［2023-05-10］. https: //www.gov.cn/xinwen/2022-10/25/content_5721685.htm?eqid=93fab2b000000a31000000066490f2be.

[②] 李舒. 体系、过程与主体：编辑出版学研究生教育改革的多维思考［J］. 现代出版，2020（6）：64-70.

动力。出版业中国式现代化既具有出版作为一种信息传递行为的普遍共性，又具有基于中国历史文化传统和出版实践而形成的本土特色，有力推动了马克思主义出版观中国化时代化。

## 一、出版业中国式现代化的内涵

出版业中国式现代化是出版业在科技革命推动下发生的涵盖出版人、出版机构与出版产业等多维度的整体性深刻变迁，是中国式现代化的重要组成部分，是马克思主义出版观在中国出版实践中的新发展。出版业中国式现代化的本质是以人民为中心，传承与发展中华优秀传统文化，推进社会主义先进文化建设，推动出版产业高质量发展，促进物质文明和精神文明协调发展，实现物的全面丰富和人的全面发展，推动中外文明交流互鉴，创造并展现人类文明新形态。这一本质既强调了坚持党的领导、以人民为中心和社会主义制度的根本要求，也涵盖了促进物质文明和精神文明的协调发展，实现物的全面丰富和人的全面发展的发展目标，更彰显了出版业中国式现代化的世界意义。具体来说，出版业中国式现代化的内涵包括以下几个层面。

### （一）以人民为中心的现代化

人民性是马克思主义的本质属性，是中国共产党最鲜明的底色。中国共产党的全部理论与实践都来自人民、为了人民、造福人民。人民性是中国式现代化的底层逻辑和根本出发点。坚持人民性，意味着政策制定、制度设计要以人民为中心，一切工作的出发点强调的不是资本的无限增值和价值的无限扩张，而是在推动生产力发展的基础上实现和增强人民的获得感、幸福感、安全感。党的二十大报告明确指出："物质富足、精神富有是社会主义现代化的根本要求。"[①] 出版业中国式现代化坚持以人民为中心，集中表现在发展人民

---

① 习近平：高举中国特色社会主义伟大旗帜 为全面建设社会主义现代化国家而团结奋斗——在中国共产党第二十次全国代表大会上的报告［EB/OL］.（2022-10-25）［2023-05-10］.https://www.gov.cn/xinwen/2022-10/25/content_5721685.htm?eqid=93fab2b000000a31000000066490f2be.

出版事业上。1949年9月29日，中国人民政治协商会议第一届全体会议通过的《共同纲领》提出，要"发展人民出版事业，并注重出版有益于人民的通俗书报"。①出版业不仅自身具有鲜明的精神属性，是人民精神富足的重要体现，而且为实现人民的物质富足提供了智力支持。以人民为中心的出版业中国式现代化，就是要推动出版业的繁荣发展，不断完善公共文化服务体系，推动科技进步，提升社会生产力水平，为人民提供更多更好的精神食粮，使人民精神富有、物质富足，从而实现物质文明和精神文明相协调的现代化。

**（二）中华优秀传统文化创造性转化、创新性发展的现代化**

中华优秀传统文化是中华民族在世界文化激荡中站稳脚跟的根基。通过对中华优秀传统文化进行创造性转化与创新性发展，使中华优秀传统文化同当代中国的发展进程相适应、相协调，既是新时代文化战线思想自觉与行动自觉的具体体现，也是巩固全党全国各族人民团结奋斗共同思想基础的必然选择。②

党的二十大报告指出，要"把马克思主义思想精髓同中华优秀传统文化精华贯通起来、同人民群众日用而不觉的共同价值观念融通起来"。③出版业中国式现代化意味着必须坚定历史自信、文化自信，坚持古为今用、推陈出新，在内容生产上根植中国的历史文化沃土，结合新的时代条件传承和发展好中华优秀传统文化。在赋予中华优秀传统文化鲜明的时代特色、丰富中华民族文化基因的当代表达、夯实中华优秀传统文化的群众基础上，出版业大有可为。

---

① 习近平：高举中国特色社会主义伟大旗帜 为全面建设社会主义现代化国家而团结奋斗——在中国共产党第二十次全国代表大会上的报告［EB/OL］.（2022-10-25）［2023-05-10］.https：//www.gov.cn/xinwen/2022-10/25/content_5721685.htm?eqid=93fab2b000000a31000000066490f2be.
② 方厚枢.中国当代出版史料文丛［M］.北京：中国书籍出版社，2007：26.
③ 习近平：高举中国特色社会主义伟大旗帜 为全面建设社会主义现代化国家而团结奋斗——在中国共产党第二十次全国代表大会上的报告［EB/OL］.（2022-10-25）［2023-05-10］.https：//www.gov.cn/xinwen/2022-10/25/content_5721685.htm?eqid=93fab2b000000a31000000066490f2be.

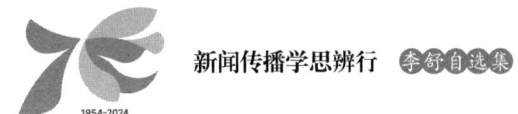

### (三)弘扬社会主义先进文化的现代化

社会主义先进文化是以马克思主义为指导,继承和弘扬中华优秀传统文化和革命文化,吸纳和借鉴世界其他优秀文化,代表着当代中国发展前进方向和新的历史条件下中国人民精神追求的文化。

出版业对所弘扬文化的选择,不仅影响着人们的世界观、价值观,更影响着个体行为与社会认同。面对世界范围内思想文化相互激荡,出版业中国式现代化坚持弘扬社会主义先进文化,就是在中华民族伟大复兴的战略全局和世界百年未有之大变局下,为国家立心、为民族立魂。出版业作为文化强国建设的排头兵,特别是意识形态工作的重要力量,不仅要不断满足人民日益增长的精神文化需求,更要为新时代开创党和国家事业新局面提供坚强思想保证和强大精神力量。

### (四)实现出版产业高质量发展的现代化

高质量发展是中国式现代化的吸引力和竞争力之所在,出版业中国式现代化离不开出版产业高质量发展。以出版品种、结构、布局的全面优化推动出版产业高质量发展,是提升国家文化软实力、建设出版强国的题中应有之义。

出版业中国式现代化要求聚焦于精神产品生产的出版产业与其他聚焦物质生产的产业一道,迈上更高质量、更有效率、更加公平、更可持续、更为安全的发展之路。出版是一种知识生产,但知识生产从未中立,意识形态领域依旧面临着各种斗争。在国际出版格局中,中国出版业的话语权与综合国力还不匹配。特别是在学术出版上,西方国家出版产业以高度垄断竞争的态势,牢牢把握着话语权,极大影响了中国文化、中国理念的对外传播。只有实现高质量发展,培育具有强大竞争力的出版产业,才能抵制各种错误思潮,为中国式现代化的实现营造良好的国内国际舆论环境。

### (五)推动中外文明交流互鉴的现代化

出版是文化交流的重要载体。在中外文化交流史上,书籍及其承载的文化交往意义重大。早在唐代，遣唐使就甘冒鲸波之险来到中国。归国之前，"所得锡赉，尽市文籍，泛海而还"。① 除了"走出去"，中国还一直以包容开放的胸怀和心态对待外来文化，学习外国的先进思想、技术与文化。近代以来，中国向西方先进国家学习的脚步从未停歇，翻译出版了大量的西方科技、思想、文学名著，推动了中外文化交流。进入新时期，出版业加大了"走出去"的力度，"丝路书香出版工程""经典中国国际出版工程""中国当代作品翻译工程"等对于推动中外文明交流互鉴，促进中国与世界各国的交流、沟通与互动，让世界更好地认识新时代的中国发挥了不可替代的作用。

出版业中国式现代化是具有世界眼光与格局的现代化，始终立足于对人类共同价值的弘扬，对世界文明多样性的尊重。2022年8月25日，习近平回信勉励外文出版社的外国专家，"为促进中国和世界各国交流沟通，推动构建人类命运共同体作出新贡献"。② 可以说，出版业中国式现代化一方面否定了西方以资本为中心的现代化，打破了以冲突性定义世界文明的局限认知；另一方面提出了坚持中外文明相互尊重、平等相待，各种文化美美与共、互学互鉴，倡导以构建人类文明共同体共同应对各种全球性风险挑战的中国方案。

## 二、出版业中国式现代化的探索

中国式现代化是物质文明、政治文明、精神文明、社会文明、生态文明协调发展的现代化，这一人类文明新生态形成于中国共产党领导中国人民争取民族独立、人民解放和实现国家富强、人民幸福的百年奋斗中。早在1945年的《论联合政府》中，毛泽东就高瞻远瞩地提出"中国工人阶级的任务，不但是为着建立新民主主义的国家而斗争，而且是为着中国的工业化和农业

---

① 李舒，张寅. 创造性转化与创新性发展：中华优秀传统文化的时代方位［J］. 中共青岛市委党校青岛行政学院学报，2022（1）：5-8.
② 习近平：高举中国特色社会主义伟大旗帜 为全面建设社会主义现代化国家而团结奋斗——在中国共产党第二十次全国代表大会上的报告［EB/OL］.（2022-10-25）［2023-05-10］. https://www.gov.cn/xinwen/2022-10/25/content_5721685.htm?eqid=93fab2b000000a31000000066490f2be.

近代化而斗争"。① 由此开始，现代化成为几代领导人锚定的国家发展战略目标，历经数十年的探寻，经历了一个由追求物质向物质与精神并举、由普遍性向中国式不断探寻的过程。

总体来看，在市场和技术的双重驱动下，出版的文化属性和经济属性得到了充分发展。与其他产业不同的是，出版业具有强烈的意识形态属性，因而在其现代化的过程中更要加强马克思主义出版观对出版业的指导，并在国家行政部门的规划下有序推进。可以说，市场、技术、行政三者的相互作用，共同推动了出版业中国式现代化的实现。出版业中国式现代化的探索，就是对出版业的意识形态属性、文化属性、经济属性的规律及其内在关系，在认识上逐步深入、在实践中协调发展的过程。具体而言，出版业中国式现代化的探索主要体现在出版主体、出版治理和出版教育等维度。

### （一）出版主体不断壮大，形成了多元发展的现代出版格局

我国多元出版格局主要体现在两个方面。

一方面，以政策推动出版体制改革，国营出版、民营出版共同发展。随着国家文化产业市场改革的不断推进，国有出版单位作为市场主体的地位开始得到确认，出版机构的产业属性得到认可，市场成为出版资源配置中的关键因素。相应地，国有出版单位在人事制度、分配制度等管理机制上也发生了深刻变革，在向市场主体转化的过程中，竞争力获得全面提升。而民营企业也进入内容策划、印刷发行等领域，涌现出读客、果麦、磨铁等一批知名出版品牌。市场主体的确立与市场竞争的强化，推动出版主体在内容、形态、营销方式等方面深度挖掘自身优势，开展差异化竞争，进而提升了内容产品与服务的质量，优化了出版业结构，形成了多元发展的现代出版格局。

另一方面，以技术推动出版体制改革，出版主体不断壮大。数字技术推动了出版业的纵深变化，不仅使出版介质和内容载体日益丰富，而且在客观上丰富了出版主体，深刻影响了出版格局。在从纸质出版、电子出版到网络

---

① 刘昫.旧唐书［M］.北京：中华书局，1975：5341.

出版的转变中，出版主体也由行政赋权的传统出版社扩展到技术赋权的新媒体公司，喜马拉雅等一批网络内容服务商成为出版的重要主体。2022年4月，中宣部印发了《关于推动出版深度融合发展的实施意见》，在政策层面首次将出版融合发展作为战略予以强调。在政策助推下，网络内容服务商通过版权合作、IP共建、线上线下一体化图书销售以及运营支持等方式，与出版社进行深度数字化合作。多元发展的现代出版主体格局的形成，丰富了出版物的内容和形态，拓展了融合出版的新模式、新业态、新领域，进一步推动了出版产业的高质量发展。

**（二）法律法规制度不断健全，形成了开放竞争有序的现代出版环境**

伴随出版市场主体地位的确立，相关法律法规制度不断健全。20世纪90年代在建立社会主义市场经济过程中，国务院颁布了《出版管理条例》《音像制品管理条例》《印刷业管理条例》（以下简称三部《管理条例》）等行政法规，确保了出版业在经济转型中的健康发展。进入21世纪，随着我国加入世界贸易组织以及出版体制改革的不断深入，出版市场进入全方位多层次宽领域对外开放的新阶段。根据市场的新变化，立足出版强国建设，全面修订了三部《管理条例》，同时出台了《互联网出版管理暂行规定》《网络出版服务管理规定》等一批新的规章。

当前，中国出版法规领域已经形成了以《中华人民共和国宪法》为依据，以国务院颁布的三部《管理条例》为核心，以相关行政部门制定的涉及图书、报纸、期刊、音像制品、电子出版物、网络出版物、印刷复制、出版物发行以及出版物进口等数十部行政规章为支撑的法律法规体系。这一体系使得出版业从出版机构的设立、出版物市场主体的准入，到印刷经营资格的确立、出版专业技术人员职业资格的获得等全环节、各领域都有法可依、有规可循，为营造开放竞争有序的现代出版环境提供了制度保障，有力推动了出版业中国式现代化的进程。

## （三）出版学科不断发展，形成了现代化出版学科教育体系

现代出版学科的建构和出版教育的目标定位受到国内国际形势、行业发展以及客观条件等多重因素的影响。加强出版学学科建设，既是推进新文科建设、构建中国特色哲学社会科学学科体系的需要，也是推动出版业中国式现代化高质量发展、建设文化强国的需要。近年来，出版学界与业界加大了交流互动的力度，围绕一些基础性、全局性、前沿性问题深入探究，探索出版学科自身的规律性，在建构中国特色社会主义出版学上付出了很多努力，使出版学获得了长足发展。在数字技术的推动下，出版业深度融合的趋势越来越明显，出版学相应地呈现出交叉融合的特征。出版学从信息科学、传播学、心理学、经济学等多学科汲取养分，已经形成了囊括出版历史、出版理论、出版实践与出版研究方法的兼具独特性与融合性特征的学科体系。

在人才培养方面，新中国成立之初，出版教育从出版发行干部培训班与图书发行印刷学校起步。编辑出版学作为一个本科专业开始于1998年，截至目前全国大约有70个专业建设点。2010年国务院批准设立出版硕士专业学位，目前全国共有33所学校具有出版硕士专业学位授予权。在《研究生教育学科专业目录（2022年）》中，出版增列其中，可以授予出版博士专业学位。这意味着在人才培养上，出版教育逐渐发展为从本科到博士全学历、从专业学位到学术学位全类型的现代出版教育体系，为出版业中国式现代化的发展提供了必要的智力支持和人才保证。

## （四）出版业中国式现代化探索中的"始终坚持"

纵观出版业中国式现代化的探索道路，既有不断发展的"求变"，又有始终坚持的"不变"。

一是始终坚持以人民为中心。中国式现代化的本质是实现人的现代化。出版的现代化，不仅是其中的重要组成部分，而且为它的实现提供精神动力和智力支持。出版业中国式现代化的目标是建立和壮大人民的出版事业。新中国成立后，在体制机制上对出版社、新华书店的布局、规模等进行了总体规划，并以此为出发点，建立起新型的、人民的社会主义出版事业。自20世

纪 50 年代起，出版业大力推行"三审三校"制度，全面提升出版物质量。在内容上，"注重出版有益于人民的通俗书报"，对人民群众进行政治教育和文化教育，不断提升人民群众的文化水平。改革开放后，出版单位不仅积极出版传统文化图书，还大力译介西方的科学、文化书籍，积极开展图书评论，启迪社会思想，树立文化自信，促进文化、学术的交流和繁荣，在推动人的全面发展上发挥了重要作用。

二是始终坚持马克思主义意识形态。出版是宣传思想文化工作的重要组成部分，具有极强的意识形态属性。毛泽东认为，出版宣传是增强党性"极为重要的工具"。[①] 作为一种精神产品的生产实践，出版深刻影响着人们的精神世界，在人们世界观、价值观的形成过程中发挥着重要作用。在"两个大局"下，出版业中国式现代化始终坚持出版的党性原则和"二为"方针，履行出版工作的意识形态职责。主题出版是中国独具特色的出版类别，目前已经形成了马克思主义思想文献著作、权威读本、理论专著、大众读物、学生教材、数字产品等较为完整的主题出版物体系，在传播党的创新理论、记录时代进步、壮大主流思想舆论等方面发挥了积极作用。坚持马克思主义意识形态，不但引领了文化的价值取向，还有力推动了马克思主义中国化的不断发展。

三是始终坚持包容开放的态度。出版业中国式现代化，不是故步自封的现代化，而是始终秉持包容开放的胸怀，积极融入世界出版格局的现代化。在实践中，中国出版业一直没有停止与国际同行交流的脚步，中外出版交流不仅在形式上日益广泛，在内容上也更为深入。一方面，主动"请进来"。改革开放以来，无论是出版技术的更迭发展，还是出版物的版权引进等方面，都取得了长足进步。中国出版业始终坚持吸收国外先进的出版经验，不仅丰富了出版物的内容与形式，而且壮大了我国出版产业的综合实力。另一方面，积极"走出去"。通过国际书展等形式，不断创新出版"走出去"的方式，积极向外输出版权，推动中外文化交流，提升中国文化对外传播的影响力。特

---

① 为促进中国和世界各国交流沟通 推动构建人类命运共同体作出新贡献［N］.人民日报，2022-08-27（1）.

别是主题图书的国际出版不断突破,以出版物向世界展现可信可爱可敬的中国形象,成为讲好中国故事、传播好中国声音的重要载体。与此同时,中国出版业主动融入出版国际组织,积极参与出版国际标准和规则的制定,不断增强中国出版的国际竞争力和国际话语权。

伴随着这些"不变"与"求变",出版业中国式现代化的探索与建设也已从行业自发发展为道路自觉,对自身的职责使命有了更为清晰的认知。

### 三、出版业中国式现代化的未来使命

《中共中央关于制定国民经济和社会发展第十四个五年规划和二〇三五年远景目标的建议》明确了到2035年建成文化强国的时间表。出版业作为文化强国建设的排头兵,要与党和国家各项事业同向同步,增强服务大局、服务人民的能力,回答和解决新时代的中国之问、世界之问、人民之问、时代之问,为全面建成社会主义现代化强国贡献出版之力,这是出版业中国式现代化发展的使命所在。

#### (一)以内容现代化推动文化发展

内容现代化是出版业中国式现代化的核心。出版的内容现代化意味着出版物的内容既要符合现代化的普遍规律,又要具有本民族的特点。一方面,出版业要强化导向意识、精品意识,扎根中国大地,努力打造富有中国精神、中国气派的出版精品,为中国式现代化提供精神动力。要将中华民族五千多年文明史所孕育的中华优秀传统文化与党领导人民在革命、建设、改革中创造的革命文化和社会主义先进文化相熔铸,与中国的具体实践相结合,从而实现出版内容的创新和服务供给能力的提升。另一方面,在知识经济背景下,出版业要继续秉持兼容并蓄之心,引进他国优秀文化与先进科技资源,为国家科技发展和产业进步提供智力支持。出版业要面向国家战略,推动将智力资源转化为产业优势和社会效益,以推动中国式现代化不断深入。

## （二）以技术现代化实现文化普惠

数字化、智能化不仅催生了新的出版产品、出版形态，而且改变了出版业态和出版格局，数智赋能成为出版业未来发展的必然趋势。同时，数字化、智能化给出版现代化带来挑战，不仅阅读场景呈现明显的去中心化，而且阅读介质也发生了重要改变。相应地，公众的阅读模式、阅读习惯也发生变化，由此带来出版生产和商业模式的重大调整。这些都对出版工作在价值凝聚、舆论引导以及文化普惠上提出了更高要求。

在数字化的驱动下，传统出版与数字出版融为一体正在成为现实。在实践中，数字化意识逐渐注入选题策划、内容制作、发行推广等出版全过程。但出版技术特别是关键技术的自有化及其应用程度还有待提高。基于此，一方面，要增强出版技术的自主创新能力，集中力量发展数字出版核心技术，解决出版领域的"卡脖子"问题。要基于出版技术的不断提升，精准匹配用户需求和应用场景，推广互动式、服务式、场景式传播，打造数字出版产品和服务的新模式。另一方面，要不断推动科技向善，警惕数字鸿沟及"信息茧房"等数字伦理问题，避免数字技术给出版带来负面效应。

2022年5月，中共中央办公厅、国务院办公厅印发《关于推进实施国家文化数字化战略的意见》，明确提出到2035年建成物理分布、逻辑关联、快速链接、高效搜索、全面共享、重点集成的国家文化大数据体系，中华文化全景呈现，中华文化数字化成果全民共享。[①] 推动落实国家文化数字化战略，出版业要基于数字化和智能化技术，参与文化数据服务平台建设，推动优质内容生产与传播。通过提升出版公共数字文化服务的供给水平与普惠率，真正实现"文化数字化为了人民，文化数字化成果由人民共享"，进而推动人的全面发展。

## （三）以出版共同体推进文化强国建设

出版学科具有高度的行业特征，不仅学术研究和理论建构来源于行业实

---

① 毛泽东选集：第三卷[M].北京：人民出版社，1991：1081.

践，行业实践也滋养和验证着学科理论。这种行业发展与学科实践的互动关系，决定了出版共同体必然是各要素间特别是业学两界的紧密融通相联。但是，当前出版业学两界的互联互促还不充分，出版各要素之间的相互配合与系统集成度也亟待提高。这不仅影响了出版业中国式现代化的发展，也影响了文化强国的建设。

建构出版共同体是推进出版业中国式现代化，实现中国出版高质量发展的必由之路。出版共同体是出版行业中的资源、组织、人员等所有要素基于共同价值、利益形成的紧密联系的集合。在这一集合中，出版诸要素虽然彼此独立，但在价值观念、利益取向、职业精神乃至群体行动等层面都具有高度的同向性。出版共同体是知识生产共同体、人才培养共同体、价值塑造共同体的有机统一。要对照文化强国的建设目标，搭建好出版共同体的整体框架，推进出版各要素之间的资源共享、紧密协同、深度嵌入，使出版的公共服务、产业升级、人才培养、科学研究指向一致、融通和谐、互促互进。只有出版共同体的实践体系、学科体系、人才体系一体化发展，才能推动出版业在实现文化强国、中国式现代化中发挥应有作用。

**（四）以出版现代化创造人类文明新形态**

从历史发展进程看，文明的传承、价值的弘扬以及思想的传播，都有赖于信息传递技术的进步。从造纸术、印刷术，到广播电视与互联网，出版业在信息表达、传播及交流互动方式上的变化，不仅改变了信息传播的格局，更深刻影响了人类社会的文明进程。中国式现代化新道路所创造的人类文明新形态，与出版的直接推动密不可分。这一人类文明新形态，不仅具有人类文明的共同特征，而且以中国智慧丰富了人类社会现代化的实现方式。

在2023年3月15日举行的中国共产党与世界政党高层对话会上，习近平总书记首次提出全球文明倡议，再次强调了不同文明包容共存、交流互鉴的理念和原则。在美西方一些国家炒作"文明冲突论""文明优越论"的背景下，充分总结、展现中国创造的人类文明新形态的鲜明特征和世界意义，是中国出版的时代使命。要以信息革命为契机，加快推进出版业中国式现代化，将中国出版业做大做强，推动中国出版"走出去"，不断推动中外文明的交流互鉴，主动将中国人民所创造的人类文明的新形态推向世界。

## 四、结语

本质上，生产力的发展是现代化的内在驱动。现代化在其推进过程中，也必然会随着生产力的发展而呈现不同特点，并提出新的诉求。从普遍意义上而言，现代化始于西方国家发生的传统农业社会向现代工业社会的转变，其标志是实现了从农业文明向工业文明的转型。这一转型并不是某一个领域的转换，而是在政治、经济、文化等多重维度上的社会整体转型，是物质基础和上层建筑的全面现代化。这种现代化由于促进了物质的极大发展，一度成为包括中国在内的发展中国家的追求目标。然而，随着生产力的进一步发展，这种西方主导的现代化的局限性越来越明显，加之中国自身发展需求的独特性，中国的现代化必然萌生更高层次的追求。因此，现代化的形成和实现既有世界各国的共同特征，也有各国自身的特色，只有将共同特征与自身特色有机结合，才能使现代化道路展现出强大的生命力。

中国式现代化的一个突出特征是中国共产党领导下的现代化。经过长期探索和实践，特别是党的十八大以来在理论和实践上的创新突破，中国成功推进和拓展出一条中国式现代化道路。中国当前的现代化基于信息革命和知识经济的背景，已经远远超越了对本国工业文明的追求，更加具有世界眼光和胸怀，关注文明的民族性和多样性，倡导人类命运共同体，倡导不同文明携手应对人类共同面对的全球性挑战。中国人民的实践探索和发展成就雄辩地说明，现代化模式不是唯一的，现代化标准也不是由西方统一的。中国式现代化追随历史正确与人类文明进步的脚步，是对世界现代化理论的重大丰富和发展，为人类对更好社会制度的探索提供了中国方案。

出版业中国式现代化的实现，既是一种出版生产技术的现代化，更是在出版内容、出版过程以及出版人等多个维度的现代化建设，并呈现出自身的鲜明特征，从而开创了马克思主义出版观中国化时代化的新境界。相应地，

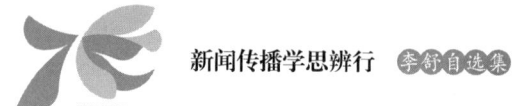

中国式出版现代化牢牢把握自身的历史、文化与国情，摒弃了西方以资本为中心、对外文化扩张掠夺的出版现代化路径，更加强调出版在促进物质文明与精神文明协调发展，促进物的全面丰富和人的全面发展，促进人类文明各美其美、美美与共上的重要作用。出版业中国式现代化在出版领域打破了"现代化＝西方化"的迷思，拓展了发展中国家以文化自信自立走向现代化的途径，让出版现代化建设成果更多更公平地惠及全体人民，促进世界各国文明交流互鉴、相互启迪，具有深刻的世界意义和世界贡献。

# 构建"出版学术共同体"建强出版学科[*]

出版学术共同体是出版行业中的资源、组织、人员等要素基于共同价值、利益形成的紧密联系的集合。构建出版学术共同体是推动中国式现代化的需要,是夯实人才队伍基础、立足解决出版实践中的实际问题、建强出版自主学科体系的有效路径和重要保证。

出版学术共同体的内涵。出版学术共同体的内涵可以从三个方面来理解。首先是知识生产的共同体。一方面,出版是社会共同知识生产的共同体,出版业界聚焦人类知识的获取与传承、道德的培养与提升进行知识生产,学界对这种知识生产进行观察思考、评价指导。另一方面,出版是学科专业知识生产的共同体,出版学界基于出版实践进行出版理论的研究与创新,理论的有效性需要在业界的实践中进行验证,实现出版学科的理论知识生产与出版实践辩证统一、互为支撑。其次是人才培养的共同体。一方面是人才培养标准的共同体。出版人才培养的标准包括价值观的塑造等方面,融通出版业学两界、联合各培养机构的共同体,有助于建立具有广泛共识的培养标准,确保出版人才的培养质量。另一方面是人才培养过程的共同体。出版人才的培养需要共同体各要素间通力合作,既可以从出版实践中选取创新性案例丰富教学内容、引入实践人才丰富师资力量,也可以在培养机构之间进行资源共享、特色互通。再次是价值塑造的共同体。一方面是引领社会价值的共同体,有助于让核心价值成为推动社会发展的凝聚力和向心力。另一方面是培育出

---

[*] 本文原载于《中国出版传媒商报》2022年11月29日第2版,收入本书时有改动。

版职业观的共同体，可以有组织地总结、提炼职业价值观，让出版人在精益求精的匠人精神等激励下，生产出更优秀的精神产品。

构建出版学术共同体的机制探索。构建出版学术共同体，既要从大局上对我国所处社会发展环境有准确的判断，也要把握好出版技术发展与行业发展的规律，同时处理好出版业界实践与学界研究之间的关系，推动共同体要素之间的相互配合与系统集成。

宏观上，强化出版学术共同体的顶层设计。一是搭建出版学术共同体的框架。出版管理部门要制定政策，主动引导和推动出版学术共同体的形成。二是推动行业标准的完善。要从顶层设计上推动制定或动态完善出版全产业链的行业标准等。

中观上，加强业学两界的交流互鉴。一是推动基于出版实践的合作。出版单位应主动与高等院校等开展深度合作，以联合智库等形式，为出版融合发展提供新动能。二是推动基于教育实践的合作。鼓励通过双师课堂、人才培养联盟等多种形式，促进出版教育与出版实践之间的良性互动；推动培养单位之间的资源共享、学科共建，共同提升出版人才的培养质量。

微观上，强化人才的复合性。一是理论与实践的复合性。积极推动业界与学界的双向交流，倡导"双师"型教师，为出版师资队伍建设赋能。二是学科背景的复合性。要特别注重出版、艺术与技术学科背景的交叉，出版与新工科、新医科、新农科学科背景的交叉，出版与国际传播、跨文化传播背景的交叉。

只有出版的自主知识体系、实践体系、人才体系一体化发展，建强出版学科的目标才能真正实现，出版才能在推动文化强国、助力中国式现代化的实现上发挥应有作用。

# 对象·方法·成果*
## ——传播学研究三个关键问题及其方法论启示

传播学研究传统与其他社会科学学科相似,表现出一种二元对立的总体特征,如主观主义与客观主义、理论研究与经验研究、个体主义与整体主义、科学主义与人文主义等。时至今日,虽然两大学派都承认对方的合理性,但在方法论上仍然是"二元对立"的状态。研究对象、研究方法、研究成果是传播学研究中三个基本而又关键的问题。两大学派在方法论上的"对立",很大程度上是由于对这些关键问题的认识出现了"偏差"。

### 一、研究对象:客观事实·经验事实

"科学家的信念不是武断的信念,而是尝试性的信念,它不依据权威,不依据直观,而建立在证据的基础上"。[①] 伯特兰·罗素的这一精辟论断道出了科学方法论的核心:通过具有程式性或规范性的实证法获取客观事实,再经归纳推理得出结论。传播学两大学派的分歧大多肇始于这种20世纪以来"标准的"科学方法论。为了拨清这层迷雾,我们不妨从对研究对象的基本认识入手,先从本体论的角度来看更大范围内的自然科学与社会科学的研究对象之间有着怎样的区别。

---

\* 本文原载于《现代传播》(中国传媒大学学报)2008年第1期,收入本书时有改动。
① 罗素.西方哲学史:下卷[M].北京:商务印书馆,1982:46.

自然科学的研究对象——自然事实与社会科学的研究对象——社会事实在形式上的不同在于，自然事实是以实物的形式呈现的，而社会事实呈现为人的活动。"社会事实虽然不能离开具体物质实体而存在，然而仅仅是物质实体还不能构成社会事实。某些物质实体只有当它被纳入人的社会实践中去融进并表征着一定的社会意义才成为社会事实的构成因素"。① 自然事实和社会事实在内容上的区别表现为，自然事实就是客观存在着的现象或过程，而社会事实渗透着人的目的、意识。这种自然科学与社会科学研究对象在本体论层面上的差别，一旦进入认识论领域，就发生了变化。在包括传播学研究在内的所有科学认识活动中，研究对象是客观存在的自然事实或社会事实，认识活动的起点却不是这些"客观事实"本身，而是通过观察、实验、社会调查等手段反映和描述"客观事实"的"经验事实"。可见，传播学两大学派的争论，在很大程度上是因为研究者无意识地把认识活动中的"经验事实"与作为认识对象的"客观事实"混淆了。

说得更为明确些，"客观事实"是本体论意义上的，"经验事实"则属于认识论的范畴。严格地说，无论是在日常生活中还是在传播学研究中，人们获得的事实都是"经验事实"，"'客观事实'只有反映到人脑中才能作为认识活动系统的要素参与认识系统的运作"；② 不管是经验自然事实还是经验社会事实都依赖于主体的"先入之见"或"前理解"。因此，无论是传统学派还是批判学派，他们用来检验科学理论或假说的事实只能是"经验事实"，也只能在认识活动中从"经验事实"出发去建构传播学理论，独立于认识主体的纯粹的客观自然事实和客观社会事实都是没有意义的。既然传播学研究中的事实只能是"经验事实"，而不可能如某些经验学者强调的那样是纯粹的"客观事实"，那么，两大学派在研究对象上的差别到底在哪里呢？

实际上，在经验社会事实中，还包容着一种构成客观社会事实并反映到经验社会事实之中的"客体意识"。也正是由于"客体意识"的存在才使得传

---

① 叶初升. 从认识论看自然科学与社会科学的统一[J]. 社会科学，1995（5）：39-43.
② 叶初升. 从认识论看自然科学与社会科学的统一[J]. 社会科学，1995（5）：39-43.

播学研究中认识的主、客体之间的关系更加复杂。经验学派反复强调的研究的"客观性",实际上就是经验社会事实中的"客体意识"。至此我们可以说,传播学两大学派争论的实质之———"研究对象是否是客观的"和"研究者能否做到客观"的问题已经在"客观事实"和"经验事实"的概念的建立中得到了回答,而所谓的坚持"客观性"原则就成了在获得"经验事实"中如何体现"客体意识"的问题。

## 二、研究方法:说明?理解?

"说明"(explain,又译"解释")和"理解"(understand)是所有科学认识活动中两种互补并彼此关联的认识方法。主体对客体进行观念把握,不仅要反映出客观事物的本质规律,还必然要折射出主体的社会互动境况和主体自身的态度。因此,"说明"和"理解"这两种彼此关联的认识方法也各有侧重,"说明侧重于揭示事物或现象的本质及规律,表明作为认识客体的事物或现象所遵循的某种规律性;而理解则着重于揭示处于一定社会系统中的主体的'前理解'、'范式'、'图式'等与客体之间的关系"。[①] 多年来,科学哲学围绕"说明"和"理解"能否作为自然科学与社会科学的分界线,展开了丰富的讨论。如今,科学哲学的这一讨论延伸到了传播学研究领域。

在经验学者看来,传播学研究应该致力于"说明"传播现象的内在规律。不同的认识主体在进行研究(主要是调查统计、观察或实验的具体方法)时,得到的是相同的经验事实材料,并且会做出相同的中性的观察陈述。只要认识主体具有他们认为的逻辑思维能力,按照他们提供的合理性模式及规范去研究和处理经验材料,就能获得大致相同的结论。一句话,认识主体在认识过程中具有"同一性"。从认识论的角度看,经验学派对人的"主体性"是漠视的。

与此相对,批判学者则认为没有必要用那些复杂的统计方法和难懂的方

---

① 叶初升.从认识论看自然科学与社会科学的统一[J].社会科学,1995(5):39-43.

程去证明生活中的常识。他们过分夸大了传播研究中人的"主体性",认为"说明"只是表明某个事件的出现合规律性,而"理解"却与意识、目的相联系,传播学研究应该从对传播现象背后文化的、社会的、意识形态的意义"理解",给人以启迪。

两大学派的不同研究方法取向表明,必须要对"说明"和"理解"之间的关系和相互作用有所认识。两者究竟存在什么样的关系呢?不妨通过两大学派在效果研究上的分歧来管窥。传统学派相信效果是可以测量的,批判学派一方面认为经验学派效果研究存在种种问题,另一方面在研究中又使用经验学派的研究成果——几乎所有的批判理论都是在"媒介的影响是巨大的"这个基本前提下得出的。经验学派也逐渐意识到自己"视域"的有限性,因而在具体研究的设计和结论得出的过程中借鉴了批判学派的一些思想,以使自己的研究获得更多的集体认同。双方的努力使20世纪60年代以来"效果研究"取得了有目共睹的改进。这说明,在传播学研究中,一方面"理解"伴随并完善着"说明",故而也就包含着"说明";另一方面,"说明"又依托理解并完善、推进了"理解"。因此,"说明"和"理解"都是传播学研究中不可缺少的,两大学派不应该也不可能将它们完全割裂开来。我们在研究的某个阶段或某个问题上侧重于运用某一方法时,不能忘记另一种方法的存在,更不能否认另一种方法在认识论或方法论上的地位和作用。将两者对立或割裂的方法论认识,是在画地为牢。

这样,传播学研究应该用"说明"方法还是"理解"方法这一"非此即彼"式的问题就可以转化为"在传播学研究中,在什么样的情况下研究者的主观因素可以忽略不计,而看重运用说明方法研究问题""在什么条件下主观因素对认识过程的影响必须要加以考虑,因而着重运用理解的方法更恰当"等一系列相对具体的问题。研究者可以摆脱"先天的"方法论上的限制,用什么方法、如何用乃至两种方法如何互补地发挥作用,完全依赖于认识主体对具体问题做出具体分析,最终自主确定。

## 三、研究成果：客观规律？科学理论？

传播学研究建立的科学理论是具有普遍性的客观规律或者说是真理吗？这个问题也是研究者争论的焦点和两大学派在方法论上根本对立的原因之一。要想弄清这个问题，就要从认识"规律"开始。

规律是客观事实或现象内在的、本质的必然联系。科学哲学发展到今天，人们普遍承认自然领域的事物或现象存在着客观规律；然而，就社会领域中的事物或现象是否有规律可言，研究者们却各执己见。在实证主义方法论的指导下，社会学研究倾向于（或者就是）认为有一个独立于人的存在的客观外在世界，一个理论或语句的真假取决于该理论或语句的描述是否与外在世界吻合，这就是著名的"相应真理论"。因此，实证主义者把通过逻辑归纳法从经验确立起来即得到证实的一切科学理论的陈述，都看作有意义的命题；而把大量传统的和当代形而上学著作中常常被认为是事实真理的陈述但实际上不能被经验确证的抽象命题，看作无意义的胡说。这样，所谓真理不过是被证实为有意义的命题，科学知识及其发展不过是被证实为有意义的命题和由它们构成的理论的累积。在传播学领域，经验主义者同样认为传播现象同自然领域一样存在着普遍的一般规律，正因如此，他们力图通过大量实证研究来"说明"种种传播现象中蕴含的一般规律；批判学者则普遍尊重传播活动中个别现象的特殊性和具体性，努力去"理解"传播现象或事实及其本质。那么，到底孰是孰非呢？

不妨来看看马克思主义的认识。马克思主义认为，人类社会活动存在着客观规律，但是社会规律不能离开人类和人类实践活动，这就决定了社会规律有着不同于自然规律的特殊性。如果说自然规律因具有"自在"的客观性而可称为"自在规律"，那么，社会规律则因具有"自为"的客观性而可称为"自为规律"。以是观之，传播学两大学派在理解客观规律时都自觉或不自觉地强调了规律的自在性，将自然规律那样的自在规律默认为客观规律。在此前提下，经验学派在某种程度上将社会规律和自然规律等同起来了，忽视了社会规律的自为性；批判学派则在潜意识里夸大了传播领域各种现象的自为性。

事实上，类似于客观事实和经验事实之间的关系：传播领域的客观规律是从本体论的角度来说的，是客观的、不以人的意志为转移的；而反映这些客观规律的科学理论属于认识论的范畴，是传播学者对客观规律的主观认识。两大学派的很多争论实际上是将传播的客观规律与传播理论混同起来，以传播理论代替传播的客观规律引起的。小约翰认识到了传播理论的局限性，强调"理论无法揭示真理"，"尽管理论帮助我们看到了我们本来看不到的事物，但它们并没有向我们'展示''真实'的事物。……关于人类经验的思想在经历着不断的变化，就在我们以为找到了正确的思想时，它们却抛弃了我们。这是因为没有任何理论，即便是理论的结合，能够向我们昭示事物本身的所有方面"。① 至此，我们对传播学的研究结果——传播理论及其价值有了一个明确的认识："一个理论没有揭示真理，并不意味着它未能传播一种真理。对事物做出解释或分类的有用的方法或深刻的见解就是一种真理。"②

在传播研究的对象、方法、成果上，两大学派的认识分歧更多地表现出二元对立的特征。二元对立是以"非此即彼"为主要特征的认识和判断形式。从近代哲学到现代哲学，人们始终在努力实现一个根本理想——确定性，即想在二元两极中找到某种确定性，其结果必定是肯定了一个，否定了另一个，在两者都有其合理性的情况下，只能是越想带来确定性，分裂的程度越严重。因此有学者提出要抛弃或者消解二元对立。事实上，如果不依赖于各种概念的对立关系，任何理论和论述都无法展开；从真实的社会生活角度来考察，各种差别和对立也是不可否认的，所以，二元对立的消解本身是一个假命题。本文的分析并不旨在消除这种"对立"，而在于通过对这些"对立"的分析获得方法论上的一些启发：

---

① 小约翰.传播理论[M].陈德民，叶晓辉，译.北京：中国社会科学出版社，1999，1: 637–638.
② 小约翰.传播理论[M].陈德民，叶晓辉，译.北京：中国社会科学出版社，1999，1: 637–638.

一是要坚持传播学研究中各种方法、方法论思想平等的多元方法论，反对某种方法、方法论思想的唯一合法性。包括传播学在内的各种科学知识成长的条件、面临的问题和解决的途径等都全然不同，不可能由一种单一不变的方法论去统驭，因此世上没有绝对正确完美的原则、方法，也不存在方法论上简单化的孰优孰劣问题。

二是要善于根据传播学实际研究的需要，"以问题为中心"而不是以"以学科（派）为中心"，适时地变换适宜的方法论思想指导具体研究。要能够在不同的方法论之间保留必要的选择空间，在研究活动遇到困难的时候随时重建自己的思路。正如恩格斯所说："一切差异都会在中间阶段融合，一切对立都会经过中间环节而互相转移……辩证法同样不知道什么僵硬的和固定的界限，不知道无条件的普遍有效的'非此即彼'，它使固定的形而上学的差异互相转移，除了'非此即彼！'又在恰当的地方承认'亦此亦彼！'……"[1]

在传播学研究中，某一不变原则是不存在的，任何方法论思想都不是永久和普遍适用的，多元的、互补的态度是我们对传播学方法论应坚持的态度。

---

[1] 恩格斯.自然辩证法[M].北京：人民出版社，1984：84，131.

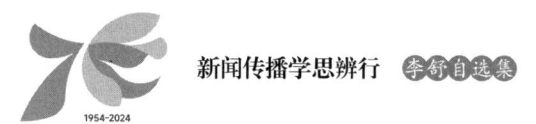

# 基于自我革命的中国共产党新闻文风建设：
# 理论逻辑、历史逻辑与实践逻辑*

党的二十大报告指出，党找到了自我革命这一跳出治乱兴衰历史周期率的第二个答案，自我净化、自我完善、自我革新、自我提高能力显著增强。以历史的眼光考察党的新闻事业，新闻文风建设就是党的新闻舆论工作不断自我革命的重要表征。新闻文风具有双重意涵：既为媒介话语，指向新闻作品的风格，关乎新闻作品的新鲜活泼、生动畅达；又为政治话语，反映新闻舆论工作的作风，是党的作风建设在新闻舆论工作中的映射，本质上是党性与人民性的高度统一。

在"两个大局"下，以自我革命的精神不断强化新闻文风建设具有深刻的时代意义。一方面，有力推动了中国特色社会主义新闻实践与马克思主义的紧密结合，系统性地回答了党的新闻舆论工作中关乎原则性、全局性与战略性的问题，推进了深具中国风格与智慧的党报理论构建；另一方面，增强党的新闻事业不断发展的内生动力，有助于新闻舆论工作更好地承担起职责和使命，体现了新闻舆论工作服务于中国式现代化建设的历史自觉。

党对"文风"的重视由来已久。从1919年白话文运动与反对"洋八股"开始，陈独秀、李大钊等早期共产党人就有对文风的思考与探索。在1942年延安整风运动中，"文风建设"被系统性提出，并成为中国共产党新闻理论的标志性成果。1942年2月1日，毛泽东在中央党校开学典礼上作了题为《整

---

\* 本文原载于《新闻与写作》2023年第3期，与宋守山合作，收入本书时有改动。

顿学风党风文风》（编入《毛泽东选集》改题为《整顿党的作风》）的报告，此后历代党和国家领导人都高度关注文风建设。习近平同志始终高度重视弘扬马克思主义文风。早在2005年，他就在《浙江日报》著文指出"文风体现作风"①。2010年5月12日，他又在中央党校发表《努力克服不良文风积极倡导优良文风》②的重要讲话，倡导"短、实、新"的文风，要求把改进文风同改进工作作风、改进党风统一起来，与毛泽东"学风和文风也都是党的作风，都是党风"③的重要认识形成历史互文。2016年2月19日，在党的新闻舆论工作座谈会上，习近平总书记又对文风建设的重要组成——新闻文风建设提出要求，强调新闻工作者"要转作风改文风，俯下身、沉下心，察实情、说实话、动真情，努力推出有思想、有温度、有品质的作品"④。经过百余年来的理论与实践的互促式发展，党的新闻文风建设已经形成了系统的逻辑框架，实现了理论逻辑、历史逻辑与实践逻辑的辩证统一。

## 一、新闻文风建设的理论逻辑：以马克思主义新闻观为核心

习近平总书记在党的二十大报告中指出，马克思主义是我们立党立国、兴党兴国的根本指导思想。党的新闻文风建设是在马克思主义新闻观指导下的实践活动，马克思主义新闻观关于党的媒体的性质、任务以及与党的关系等认识，是党在新闻舆论工作中把握历史主动的根本遵循，也是新闻文风建设的理论逻辑。

### （一）以党性原则为根本原则

党性原则是马克思主义新闻观的核心，是中国共产党新闻舆论工作的根

---

① 习近平.之江新语[M].杭州：浙江人民出版社，2007：151.
② 习近平.努力克服不良文风 积极倡导优良文风[J].求是，2010（10）：3-7.
③ 毛泽东选集：第三卷[M].北京：人民出版社，1991：770.
④ 习近平在党的新闻舆论工作座谈会上强调：坚持正确方向创新方法手段提高新闻舆论传播力引导力[N].人民日报，2016-02-20（1）.

本原则,是新闻工作者在实践中必须贯穿始终的鲜明主线。党性原则主要表现为两个维度:一是新闻舆论工作必须坚持党的领导,"党媒姓党"是党性原则的重要体现;二是新闻舆论工作要围绕党的中心工作开展,体现党的意志、反映党的主张、维护党的权威、推动党的工作,在思想和行动上与党中央保持高度一致。党性原则既是新闻文风建设的旨归,也是做好新闻舆论工作的理论基础。

新闻文风建设推动了党性原则的确立。虽然党自成立之初就多次明确党的媒体要在组织上接受党的领导,在行动上宣传和贯彻党的方针政策,强调要"以党报的社论为代表中央政治局在政治上的分析与策略的指导"①,但在新闻文风建设提出之前,在党报工作中贯彻党性原则的自觉性和全面程度还不够强。1941年5月16日,作为中共中央机关报的延安《解放日报》创刊,其发刊词明确提出"共产党的使命就是本报的使命",但在具体办报实践中仍存在"教条主义""同人办报"倾向,未能成为"真正战斗的党的机关报"。创刊号中,毛泽东在中央党校开学典礼所作的重要报告《整顿党的作风》,仅被作为一般新闻放在第三版的右下角,可见一斑。为此,党以新闻文风建设为抓手,大力推进党报的自我完善。1942年3月16日,中共中央宣传部印发《为改造党报的通知》,这一党报改革的纲领性文件阐明了"全党办报"等重要原则。1942年4月1日,《解放日报》宣布改版,在《致读者》中回答了"什么是党报",明确了作为党报必须"贯彻着坚强的党性""党报决不能是一个有闻必录的消极的记载者,而应该是各种运动积极的倡导者组织者"②。1942年9月22日,在社论《党与党报》中,又进一步明确"报纸是党的喉舌"。此轮突出"整顿""改造"的新闻文风建设,基于摆脱照搬苏联模式、解决民族危机的时代背景,具有鲜明的自我革命色彩。自此,党的媒体实现了从"不完全党报"到"完全党报"的转变,党进一步确立了对新闻工作的绝对领导,党性原则成为新闻舆论工作的根本遵循。

---

① 中国社会科学院新闻研究所.中国共产党新闻工作文件汇编:上[G].北京:新华出版社,1980:70.
② 致读者[N].解放日报,1942-04-01(1).

此后，面对各种新形势、新挑战，新闻文风建设都是党加强对新闻工作领导的有效路径。无论是"三贴近""走转改"的提出，还是移动互联背景下的媒体深度融合、融通中外的话语体系创新，根本目的都是进一步巩固"党管媒体""党媒姓党"，确保正确的政治方向和舆论导向。

### （二）以人民立场为根本立场

人民立场是党的根本政治立场，是马克思主义政党区别于其他政党的显著标志。坚持人民立场，就要以人民为中心，并将其作为一切工作的根本出发点和落脚点，正如党的二十大报告所强调的，"不断实现发展为了人民、发展依靠人民、发展成果由人民共享，让现代化建设成果更多更公平惠及全体人民"。

新闻文风建设是党的新闻舆论工作坚持人民立场的集中体现。加强新闻文风建设就是要解决好新闻舆论工作"为了谁、依靠谁、我是谁"等根本性问题，这也是"名副其实的党报"的显著特征。1944年，延安《解放日报》在创刊1000期社论中明确提出，"我们的报纸是中国共产党的党报，是人民大众的报纸"，并将此视为自身的"第一个特点"，还提出要"把文字写好"，解决"写什么材料""用什么语言来写"的问题。[①] 这也是党的新闻媒体"新文风"和"旧传统"的根本区别。

新闻文风建设的人民立场主要体现在两个方面。一是成为反映人民群众呼声意愿的渠道。1942年延安《解放日报》改版前，"编委无人参加西北局的会议，在县、区、乡没有通讯员。地方党当前的中心工作是什么，人们生活怎么样，很难知道"[②]。如果党的媒体不能反映群众的所思所想、所难所需，党就失去了"耳目"，失去了科学决策的依据。因此，无论媒体技术如何发展，当代媒体始终重视通讯员队伍和编读往来渠道的建设，目的就是不断密切与群众的联系。二是成为组织动员群众的有力工具。在表达上，要"力求通俗

---

① 报纸和新文风[N].解放日报，1942-08-04（1）．
② 陆定一.陆定一同志谈延安解放日报改版：在解放日报史座谈会上的讲话摘要[J].新闻研究资料，1981（3）：1-8.

简洁,不仅使一般干部容易看懂,而且使稍有文化的群众也可以看"①。只有改变新闻舆论工作中概念化和程式化的党八股,让群众爱听爱看、产生共鸣,增强党媒的吸引力和感染力,才能使党的路线方针政策及时准确地传达给人民群众,党媒才能成为党对现实工作进行有力指导的工具。

**(三)以实事求是为思想方法**

"实事求是"是马克思主义的根本观点,是中国共产党的基本思想方法、工作方法、领导方法。习近平总书记更进一步指出:"坚持从实际出发、实事求是,不只是思想方法问题,也是党性强不强问题。"②

在新闻文风建设中坚持实事求是,就是要重视调查研究,坚持真实性是新闻舆论工作的生命。无论是毛泽东在《反对党八股》中,对空话连篇、言之无物等的严肃批评,还是习近平在《努力克服不良文风积极倡导优良文风》中,对"长、空、假"文风的深刻剖析,都是中国共产党人保持历史清醒和坚定,敢于、善于进行自我批评,让文风建设成为维护与人民群众血肉联系的行动自觉。

实事求是既体现了认识论的科学性,也体现了方法论的有效性。只有对当前的媒体格局和舆论生态做出实事求是的研判,才能做出正确决策,提升新闻舆论工作的传播力、引导力、影响力、公信力;只有以过硬的脚力、眼力、脑力、笔力扎根基层为人民代言,"讲符合实际的话不讲脱离实际的话"③,"不虚美,不隐恶"地反映社会真实情况,才能在社会治理中更好地履行媒体功能。

---

① 中国社会科学院新闻研究所.中国共产党新闻工作文件汇编:上[G].北京:新华出版社,1980:126-127.
② 习近平在中央党校(国家行政学院)中青年干部培训班开班式上发表重要讲话 强调信念坚定对党忠诚实事求是担当作为 努力成为可堪大用能担重任的栋梁之才[N].人民日报,2021-09-02(1).
③ 习近平.努力克服不良文风 积极倡导优良文风[J].求是,2010(10):3-7.

## 二、新闻文风建设的历史逻辑：不断中国化、时代化

坚持理论创新，是中国共产党百年奋斗的历史经验之一。党的二十大报告强调，"不断谱写马克思主义中国化时代化新篇章，是当代中国共产党人的庄严历史责任"。党的文风建设不仅是不断中国化、时代化的工作实践，更是持续深入的思考沉淀、理论提升，在丰富和发展马克思新闻理论上作出了历史性贡献。

### （一）紧密结合中华优秀传统文化

党的二十大报告指出，"只有植根本国、本民族历史文化沃土，马克思主义真理之树才能根深叶茂"。在中国共产党革命、建设和改革的百年历程中，中华传统文化有机融入了马克思主义，很多党的创新理论天然带有中华优秀传统文化的基因。[①] 新闻文风建设将马克思主义新闻观的思想精髓与中华传统文化精华结合贯通，不仅赋予了马克思主义新闻观鲜明的中国特色，也夯实了马克思主义新闻观中国化的历史基础和群众基础。新闻文风建设与中华优秀传统文化的结合主要体现在两个方面：

一是继承和发扬中国优秀文论传统。"文风"原本是中国传统文论的重要构成，"《诗》总六义，风冠其首"。但文章终究要以"述志为本"，所谓"联辞结采，将欲明理"[②]，说明"文风"不仅关乎辞藻，更指向政治与社会思想，要避免落入"言之无文，行之不远"的境地。舆论作为一种"普遍的、隐蔽的、强制的力量"[③]，形成于"联辞结采"的过程之中，并基于"义理""考据"与"辞章"的交相为用，进而"成风"以"化人"，实现说服与认同。只有少些"长空假"、多些"短实新"，才能提高话语的感染力和有效性，使新闻舆

---

[①] 李舒，张寅.创造性转化与创新性发展：中华优秀传统文化的时代方位[J].中共青岛市委党校.青岛行政学院学报，2022（1）：5-8.
[②] 刘勰.文心雕龙[M].北京：中华书局，2012：371.
[③] 马克思，恩格斯.马克思恩格斯全集：第1卷[M].中共中央马克思恩格斯列宁斯大林著作编译局，译.北京：人民出版社，1995：385.

论工作真正成为社会实践的强大推动力量。

二是加强对优秀传统文化的创造性转化。毛泽东亲自撰写新闻稿件、新闻评论，其文风生动大气，深具语言之美与中国作风、中国气象；习近平的"用典"赋予典故鲜活的时代内涵，不仅展现了至深至简的文论传统，引领了新时代的阅读之美，更深刻阐释了中国共产党民为邦本、胸怀天下的精神密码。党的领导人带头将优秀传统文化的创造性转化体现在文风建设中，体现了高度的文化自信与文化自觉，有力推动了马克思主义的中国化。

剖析党的新闻文风建设的历史逻辑，必须要正确认识中华优秀传统文化和新闻舆论工作实际对创新发展马克思主义新闻观的决定性意义。历史上新闻文风出现问题往往与脱离历史文化土壤、脱离中国实际不无关系。新闻文风建设只有从中华优秀传统文化中汲取养分，与人民群众日用而不觉的价值观念相融通，将马克思主义基本原理与中国新闻舆论工作实际紧密结合，不断总结扬弃，才能推动文风建设从实践上升到理论，建构起中国共产党的党报理论体系，进而实现马克思主义新闻观在中国的创新与发展。

**（二）应对时代变局对新闻文风的挑战**

不可否认，新闻文风在实践中曾经产生过偏离、摇摆。"明者因时而变，知者随事而制"[①]，党直面文风出现的问题，将文风与党风一体化调整纠偏，以自我革命的精神应时而变，实现了文风与党风的与时俱进。新闻文风建设主要经历了四个阶段。

第一个阶段是革命战争时期，主要表现为推动新文化运动和反对洋八股、党八股。1942年的文风改造，积极回应了教条主义、形式主义、党八股等对革命和党自身建设的挑战，其中以延安《解放日报》改版影响最大。1946年开展的"反客里空"运动，又从反映事实的角度对1942年新闻文风建设进行了巩固和深化。自此，党报的文风建设从自发转向自觉，党报理论逐渐成型，马克思主义新闻观在新闻舆论工作中的地位得以确立。

---

① 桓宽.盐铁论［M］.北京：中华书局，2015：129.

第二个阶段是在新中国成立后,新闻界贯彻"双百"方针,大胆进行新闻改革。新闻媒体解放思想,自觉增强人民性,积极回应了党的中心工作在由农村转向城市的过程中,伴随读者对象、工作重心转移给新闻舆论工作带来的挑战,其中以1956年《人民日报》改版为代表。遗憾的是,伴随着反右斗争的扩大化和"大跃进",这一轮新闻文风改革中断了,脱离实际的"浮夸风""假大空"又复盛行。

第三个阶段是在改革开放,特别是建立社会主义市场经济体制过程中,主要表现为党对优化新闻文风的不断强调。"文化大革命"使优良的文风传统受到破坏,1978年《实践是检验真理的唯一标准》的发表,反映了新闻界对党风问题的深刻思考,同时召唤优良文风的复归。面对市场大潮中出现的作风虚浮、有偿新闻、有偿不闻等问题,党和国家领导人多次提出加强新闻文风建设。邓小平在1992年的南方讲话中,将"文风"问题归结为"形式主义""官僚主义"等工作作风[①];江泽民提出要"深入基层、深入群众、深入生活"[②];胡锦涛提出要"贴近生活、贴近群众、贴近实际"[③],"切实改进文风,写文章、搞报道都要言之有物、生动鲜活、言简意赅,切忌八股习气"[④]。这些都可以看作党以新闻文风建设为抓手,带动社会风气的纠偏,应对物质文明和精神文明建设阶段性发展不平衡的挑战。

第四个阶段是新时期以来,主要表现为应对社会的深度转型以及媒介技术快速发展的挑战,新闻媒体的作风改进和话语体系创新。面对"拜金主义、享乐主义、极端个人主义和历史虚无主义等错误思潮不时出现,网络舆论乱象丛生,严重影响人们思想和社会舆论环境"[⑤],习近平总书记多次提出"要转作风改文风",党中央适时将媒体融合上升为国家战略。事实

---

① 邓小平文选:第三卷[M].北京:人民出版社,1993:381.
② 中共中央文献研究室.十四大以来重要文献选编:上[M].北京:人民出版社,1996:661.
③ 中共中央政治局召开会议 研究进一步改进会议和领导同志活动新闻报道等工作[N].人民日报,2003-03-29(1).
④ 胡锦涛在全国宣传部长会议上强调 围绕中心服务大局 高度重视并切实做好统一思想的工作[N].人民日报,2002-01-12(2).
⑤ 中共中央关于党的百年奋斗重大成就和历史经验的决议[N].人民日报,2021-11-17(1).

证明,转文风提高了新闻舆论工作的效能,媒体融合发展提升了主流话语的影响力。值得一提的是,习近平总书记多次就"创新国际传播话语体系"作出重要指示,强调"要采用贴近不同区域、不同国家、不同群体受众的精准传播方式,推进中国故事和中国声音的全球化表达、区域化表达、分众化表达,增强国际传播的亲和力和实效性"[1]。这也体现了随着中国国家实力和国际地位的变化,新闻文风建设已经具有了全球化的视野,开启了以优化文风实现传递融通中外的共同价值观念、提升国际舆论引领力的新阶段。

剖析党的新闻文风建设的历史逻辑,必须要正确看待文风问题的反复性和文风建设的长期性。历史地看,文风问题表现的反复性并非简单的回退,而是随着形势的变化产生了新的问题,需要新闻媒体拿出自我革命精神,通过不断改进文风带动转变作风,主动应对时代变局的挑战。这也从一个方面说明,新闻文风建设必须长期坚持,不可能一蹴而就。

### (三)创新与发展马克思主义新闻观

早在1938年10月,毛泽东在六届六中全会《中国共产党在民族战争中的地位》中就提出,要将马克思列宁主义理论与中国革命实践相结合,"离开中国特点来谈马克思主义,只是抽象空洞的马克思主义",要让马克思主义"在其每一表现中带着必须有的中国的特性"[2]。党的新闻文风建设坚持运用辩证唯物主义和历史唯物主义,准确判断新闻舆论工作所处的历史方位,将新闻舆论工作实际与马克思主义新闻观紧密结合,从而系统性地回答了中国新闻舆论工作的一系列重大理论和实践问题。

如果说在党成立的早期,马克思主义与新闻宣传工作的结合尚属于局部探索,那么新闻文风建设的提出,则创新性地对中国共产党的新闻理论进行了整体性构建。百余年来,新闻文风建设不仅有力地推动了党的新闻舆论工

---

① 习近平在中共中央政治局第三十次集体学习时强调 加强和改进国际传播工作 展示真实立体全面的中国[N].人民日报,2022-06-02(1).
② 毛泽东选集:第二卷[M].北京:人民出版社,2007:534.

作，也得出了符合新闻舆论工作客观规律的科学认识，形成了"马克思主义新闻观中国化的新成果"①，开辟了马克思主义新闻理论中国化、时代化的新境界。

## 三、新闻文风建设的实践逻辑：坚持功能导向

百年来中国共产党团结带领中国人民所进行的一切奋斗，就是为了把我国建设成为现代化强国，实现中华民族伟大复兴。党的新闻文风建设的一切实践，都围绕实现这一目标展开，聚焦如何更好地发挥新闻舆论工作的作用、破解时代变局中的各种新问题，具有鲜明的功能导向。

### （一）以新闻文风建设开展舆论斗争

新闻文风建设是坚定新闻舆论工作的方向、提升意识形态工作效果的重要抓手。

一是以文风的"守正"确保舆论领导权。1942年延安《解放日报》改版前，党报普遍存在两种倾向：一种是机械模仿苏联真理报模式，另一种是"同人办报"模式，产生的结果就是洋八股和党八股。后来新闻文风出现的问题往往也是两者的种种不同表现。因此，党在不同时期的新闻文风建设都首先围绕实现党对新闻工作的绝对领导进行，通过组织与话语两种路径的规约，不断强化新闻媒体的性质、功能、工作方针和组织原则，确保新闻舆论工作不迷失方向。

二是以文风的"创新"提升舆论引领力。在国际政治格局变化和媒介技术迭代双重因素叠加下，国内国际两个舆论场融通特征明显，意识形态领域面临的风险挑战进一步加大，舆论场已成为大国博弈的重要场域。强化新闻文风建设，一方面，对内要加强传播方法、手段的创新，增强主流声音的吸

---

① 童兵.坚持马克思主义新闻观中国化的正确方向：延安《解放日报》改版76周年回望及反思[J].新闻界，2018（11）：4-7.

引力、说服力，防范境外错误意识形态向国内舆论场倒灌，让舆论成为社会发展的"推进器"而不是"分离器"；另一方面，对外要讲究舆论引导的艺术和舆论斗争的策略，以有风骨、有胸怀的新语态融入国际传播新语境，主动回应国际社会"认知错位"，与一些西方媒体对中国的恶意攻击、造谣抹黑开展舆论斗争，维护国家尊严和核心利益，为我国改革发展稳定营造良好外部舆论环境，为优化全球治理提供舆论正能量。

**（二）以新闻文风建设推动政治沟通**

政治沟通是指政治系统基于信息传播能力的提升，对政治行为进行有效阐释的活动。强化新闻文风建设是推动政治沟通的有效手段，有助于推动党的路线方针政策转化为人民群众的自觉行动。

首先，基于受众特点，阐释政治话语。党从建立之初，就注重把握群众特点阐释政治话语。早在1925年1月党的四大通过的《对于宣传工作之决议案》，就对职工运动中的宣传工作进行了反思，认为"太偏重机关式的组织工作"，导致"党的宣传和阶级教育未得输入工人群众，以致基础不固，完全经不得摧残"，为此，《向导》要求"今后内容关于政策的解释当力求详细，文字当力求浅显"[①]。毛泽东还于1931年起草并签发《普遍地举办〈时事简报〉的通令》和《怎样办〈时事简报〉》小册子，提出要完全使用本地图画，排版用大纸张、极大黑墨字，以方便群众阅读观看。这些具体要求，都是根据受众的接受特点和理解能力，在新闻文风方面作出的调适。此后在不同时期，传播对象都是新闻文风建设的重要考虑因素。政治话语的社会认知度，直接决定了党的政策、主张能否顺利地贯彻实施，这也是党在新形势下高度重视网络意识形态话语创新的原因所在。

其次，基于社会变化，强化政治认同。伴随社会的转型，社会结构发生了变化，对于主流价值的凝聚与传播也提出了新要求。例如，在向社会主义

---

① 中国社会科学院新闻研究所.中国共产党新闻工作文件汇编：上［G］.北京：新华出版社，1980：19-20.

市场经济转轨和城市化的进程中诞生的都市报,以有别于传统党报的更为"生动活泼"的风格传递主流价值,对于疏解社会压力、增强政治认同,起到了重要作用。虽然党报、都市报两类媒体看似文风迥异,但实质上都体现出了作为政党政府和公众的桥梁纽带的政治沟通意识。无论是党报的"权威性"文风,还是都市报的"贴近性"文风,都是媒体面向不同的受众群体进行的分层、分众、分域的话语表达。伴随媒体形态和媒体格局的变化,中央加大了新型主流媒体建设的力度。"新型主流媒体"称谓本身就有着媒体形态与文风相匹配的意蕴,将进一步加强主流价值的时代化表达,在推动政治认同上发挥更大作用。

### (三)以新闻文风建设推动党的自我革命

文风与作风、党风互为表里,"人们从文风状况中可以判断党的作风,评价党的形象,进而观察党的宗旨的贯彻落实情况"[①]。强化新闻文风就是强化党的作风,推动国家治理体系和治理能力的现代化,不断推动党的自我革命。

一是以新闻文风建设提升国家治理体系和治理能力现代化。当前,媒介已经成为社会的基础设施,深度嵌入社会结构。全媒体传播体系实质上是包括多种媒体形态,涵盖大众传播、群体传播、组织传播、人际传播等多种传播方式的复杂网络。正因如此,新闻舆论工作才成为"党的一项重要工作,是治国理政、定国安邦的大事"[②]。作为执政党,要善于运用媒介,在提升国家治理体系和治理能力现代化上发挥作用。以文风建设打造全民参与的开放的治理体系,有利于实现国家和公民之间的良性互动,实现社会治理成果全民共享。

二是以文风建设不断开辟百年大党自我革命的新境界。"勇于自我革命是中国共产党区别于其他政党的显著标志"[③],正是因为这种独有的政治品格,党

---

① 习近平.努力克服不良文风 积极倡导优良文风[J].求是,2010(10):3-7.
② 习近平在党的新闻舆论工作座谈会上强调:坚持正确方向创新方法手段提高新闻舆论传播力引导力[N].人民日报,2016-02-20(1).
③ 中共中央关于党的百年奋斗重大成就和历史经验的决议[N].人民日报,2021-11-17(1).

才能在危难中奋起、在失误后改正，成为保持蓬勃朝气的马克思主义政党。党的媒体作为党的组织结构中的重要组成部分，也走过弯路、经历过曲折，甚至迷失过自我。当前，倡导"短、实、新"新闻文风的根本目的，就是不断增强党员干部的求真务实之风，从而实现党的自我净化、自我完善、自我革新、自我提高。新闻媒体的文风建设，既要从深刻的历史教训和急迫的时代问题出发，常常检视自身；又要准确地把握使命任务，反映和监督党风社风，为确保党的先进性、纯洁性以及推进党和国家各项事业发展贡献媒体力量。

## 四、规律与思考：新闻文风建设的认识论、方法论和实践论

中国共产党百年新闻文风建设的历程也是马克思主义基本原理与中华优秀传统文化、与新闻舆论工作实际紧密结合的过程。新闻文风建设推动了媒介话语与政治话语的有效统一，形成了有关新闻文风建设的认识论、方法论和实践论，丰富和发展了中国特色新闻理论。

### （一）从认识论上说，新闻文风建设的本质是寻求精神与物质的统一

认识是阐释世界的前提与基础。新闻媒体只有对客观世界进行准确阐释，才能引导公众正确地认识和改造世界。从某种意义上说，新闻文风建设就是以客观世界存在的种种问题为导向的发现、分析与解决问题的过程，这也是物质在精神层面的呈现。

一方面，新闻文风建设要推动精神产品真实准确地反映客观世界。在文风建设中，无论是"走基层、转作风、改文风"的提出，还是对"脚力、眼力、脑力、笔力"的要求，都是对实事求是思想方法的强调。推进调查研究并真实反映客观实际，是新闻舆论工作实现正确导向的前提。

另一方面，新闻文风建设要推动精神产品转化为物质力量。问题是时代的声音，解决现实问题、改造客观世界是新闻文风建设的时代使命。新闻文风建设的效果不仅体现为新闻舆论"四力"的提升、良好舆论氛围的形成，而且体现为通过文风建设推进党风社风的持续改进和治理能力的现代化，使

党的领导力、社会的向心力转化为改造客观物质世界的力量。可以说，文风建设的成效取决于是否有效实现了精神世界与物质世界的辩证统一。

**（二）从方法论上说，新闻文风建设的成效取决于主客体之间的有效互动**

新闻传播活动的主客体，既是精神世界的拥有者，也是物质世界的改造者。新闻文风建设要实现精神世界与物质世界的辩证统一，就离不开主客体间的有效互动。

在对内传播中，新闻文风建设要围绕密切党与群众的联系开展。实质上，新闻文风建设的目的不是优化话语表达，而是不断强化群众对党的政治认同。中国共产党的权力来自人民，因此"党在任何时候都把群众利益放在第一位"[①]。党的媒体只有站稳人民立场，正确把握人民群众与新闻媒体之间的赋权关系，履行好职责使命，才能获得赋权者的信任，使新闻文风建设真正具有效度。

在对外传播中，新闻文风建设要围绕凝聚中国理念的国际共识展开。通过话语体系的创新，讲好中国故事，阐释人类命运共同体理念，塑造"可信、可爱、可敬"的中国形象。在国际政治经济格局深度调整背景下，中国作为世界第二大经济体的体量与国际舆论场中的声量、音量之间还不相匹配，西方中心主义思维下的西方媒体所呈现的并非"真实、立体、全面"的中国。以新闻文风建设提升国际传播能力，是突破西方话语霸权，消解西方社会的误读，改变国际传播失声、失语、失焦状态的有效路径。能否达成这一效果，取决于中国媒体是否形成了"融通中外的新概念、新范畴、新表述"，实现了跨文化传播中主客体之间的有效互动。

**（三）从实践论上说，新闻文风建设的实现是价值理性和工具理性的统一**

马克斯·韦伯将人的理性分为价值理性和工具理性。价值理性用于确定目标，工具理性则致力于实现目标的手段，两者统一于人的社会实践。

---

① 中国共产党章程［EB/OL］.（2022-10-22）［2023-02-10］.https://www.12371.cn/special/zggcdzc/zggcdzcqw/.

在新闻文风建设实践中,价值理性与工具理性只有实现和谐统一,才能全面实现新闻舆论工作的目标任务。坚持党性原则、牢牢掌握新闻舆论工作的主动权,站稳人民立场、坚决维护好人民群众的根本利益,坚持实事求是、努力提高新闻舆论的"四力",这些原则与目标就是新闻文风建设必须要坚守的价值理性。无论是重视调查研究,追求内容和表达的"短、实、新",还是强化数据思维、用户思维,提升内容推送的针对性和话语的契合度,这些都是新闻文风建设的工具理性所在。两者最终统一于党的新闻文风建设和党不断自我革命的伟大实践。

特别值得一提的是,在新闻文风建设实践中,没有工具理性支撑的价值理性难以实现,价值理性是工具理性实现的方向和精神动力。无论是基于媒介话语还是基于政治话语的新闻文风建设,没有方法手段的创新,再好的思想也难以"化人",引导舆论、构建舆论新格局就是一句空话;而缺失了正确价值观的引领,方法手段就有可能走入歧途,甚至产生破坏舆论生态、败坏社会风气的负面效应,"流量至上""算法偏见"等即为例证。

在全面建设社会主义现代化国家的道路上,中国共产党作为世界上最大的马克思主义执政党,时刻面临各种内外部环境的考验,精神懈怠、脱离群众等危险也将长期存在,因此党的自我革命永远在路上。党的二十大报告明确提出,以党的自我革命引领社会革命。从这个意义上说,新闻文风建设不仅是党的自我革命特质在新闻舆论工作中的重要表征,更是媒介化社会中党以自我革命引领社会革命的重要实践路径。

# 新闻媒体引导力的内涵、现状与实现层次[*]

## ——一种基于认同理论的分析

2013年以来，在包括党的十九大报告等重要文件中，引导力多次与传播力、影响力、公信力一并提出，合称为"四力"。引导力既是学术概念，又是政策性话语；既是对新闻媒体功能认知不断深化的结果，也是新闻媒体舆论功能与主流价值期待的重要链接。尽管"引导力"一词被高频使用，但在不同语境下往往内涵差异甚大，常被混用甚至错用。

## 一、认同指向下新闻媒体引导力的内涵

### （一）阐释世界，构建秩序：新闻媒体引导力的多维内涵

新闻媒体不可能完全"镜像世界"，亦难以绝对"客观中立"，而多被用于"框架"世界。这具体表现为新闻媒体依据自身的价值取向，依托新闻叙事来"阐释"世界，进而构建秩序。新闻媒体引导力的内涵，可从三个方面来认识：第一，作为新闻舆论的一种作用力，它的实现既是主客体之间相互作用的结果，又来自政府机构及有关部门的行政赋权。对其的考察并不能仅局限于新闻媒体自身，也应对其话语权力的产生与实现进行考察。第二，其

---

[*] 本文系国家社科基金重大项目"重大舆情和突发事件舆论引导机制创新及应对策略研究"（项目编号：20ZDA059）的研究成果，与宋守山合作，原载于《现代传播》（中国传媒大学学报）2021年第3期，收入本书时有改动。

实现来源于新闻媒体的议程设置，即依托新闻叙事对新闻事件等呈现出的外部世界进行重新定义的话语能力。第三，引导力不仅与"举旗""定向"有关，更与话语效力的实现程度密切关联，这意味着引导力的实现具有公共关系的范畴，与客体对主体的信任密切相关。

因此，新闻媒体引导力是指作为主体的新闻媒体凭借自身的话语权力，依托其对客观世界的阐释与表达能力，引导作为客体的受众重新定义世界、构建秩序，以在意识与行动层面产生预期效果的综合作用力，具体呈现为话语权力、话语能力及话语效力三个维度。

1. **话语权力是引导力实现的前提和基础**

新闻媒体的引导力与话语权力密切相关，话语权力的强弱、多寡以及实现方式的变化，都会影响引导力实现的效果。话语权力并非简单呈现为单向的垂直权力关系，而是受到多重因素影响，呈现为不同权力因素间的多维构建。这些因素之间相互关联、影响，既具有形成合力的可能，也存在彼此对抗的风险，其影响因素主要包括以下方面。

第一，政治赋权。新闻媒体特别是主流媒体的话语权力是国家意识形态主权的重要组成内容，与政治权力有着密切的关联。新闻媒体的话语权力具有鲜明的阶级性和政治性，其权力的分配、施力的方向与着力点，都会对现实政治产生影响。新闻媒体的政治属性不仅决定了其引导力的施力方向，而且随国家有关法律法规及相关政策的调整而进行适配性调整。这也是党的新闻舆论工作被视为"治国理政、定国安邦的大事""事关党和国家前途命运"的原因。[1]

第二，话语赋权。话语产生权力。法国哲学家福柯认为"话语即权力"[2]，话语权力不仅经由话语对世界的再现、阐释、解读与传播来实现，而且表现为话语通过自身影响力的产生、转化而影响现实权力。不仅职业新闻记者"权力"的取得与话语密切相关，网络大V也基于话语表达改变了此前由传统媒体所主导的话语权力格局。话语也影响权力。新闻媒体的话语与"权力"

---

[1] 习近平总书记党的新闻舆论工作座谈会重要讲话精神学习辅助材料[M].北京：学习出版社，2016：5.
[2] 福柯.知识考古学[M].谢强，马月，译.北京：生活·读书·新知三联书店，2003：56.

相互依存、彼此作用。"权力"隐含于话语的表达，并通过话语产生作用。"权力话语"的顺利传达以及被正确理解，有利于增强话语的凝聚力、强化现实"权力"，从而使权力作为一种矢量的力得以顺利实现。同时，话语会对权力形成消解。话语在表达权力、传达权力意志的过程中，会受到多种因素的影响，话语的效力会在这一过程中被削减，进而影响话语权力的实现。

第三，技术赋权。媒介技术影响话语权力的实现方式。传统媒体话语权力呈现为自上而下的单向传递路径，互联网使新闻媒体的话语权力变为多向互动的关系。同时，媒介技术影响行政赋权。传统媒体的话语权力多为行政赋权，在运行中时刻受到政治权力的复杂影响。互联网内容生产的去中心化和传播渠道的去层级化，突破了以往科层制的信息管理模式，减少了信息传播的不对称，使得多元话语权力结构形成。

第四，经济赋权。经济赋权是指资本因素基于市场逻辑影响新闻媒体的话语表达，并左右其话语权力实现的行为。"与传统社会相比，现代社会倾向于将暴力机器安排到'幕后'，而借由话语权施加更为软性、细密的统治。"[1]在一系列的毛细血管状的权力网络之中，经济赋权相对隐性，是对新闻媒体话语权力产生影响的软性因素。基于行政权力的传媒经营制度、政策设计可以有效提升新闻媒体的市场经营能力，为促进话语能力的提升及话语权力的实现提供物质保障；新闻媒体在市场化的竞争环境中，无论是话语的表达还是传递，都要以受众为中心，实现新闻话语更大范围的传播，以增强其对受众的引导能力。对于政府而言，要通过"市场"这只"看不见的手"，实现对新闻媒体话语权力的掌控；对于新闻媒体而言，要将市场作为资源配置的重要考量因素，通过占领目标受众市场实现媒体引导力的提升。

### 2. 话语能力是引导力实现的条件和保证

第一，话语构建能力。新闻媒体的话语构建能力是指在话语表达能力和信息呈现能力基础上构建符合主流意识形态所需要的话语体系的能力。新闻媒体的话语构建能力一方面体现为对新闻价值的评估与判断能力；另一方面

---

[1] 胡百精.说服与认同[M].北京：中国传媒大学出版社，2014：156.

体现为选择适当的话语表达方式、内容呈现方式及传播方式的能力。新闻媒体通过提高话语构建能力，增强新闻话语的针对性和有效性，实现舆论引导力的提升。

第二，议程设置能力。新闻媒体的议程设置能力是指新闻媒体在话语构建过程中发挥主观能动性，通过积极的话语表达和对传播方式、渠道的恰当选择，在舆论场中掌握舆论主导权并实现预期舆论引导目标的能力。新闻媒体的议程设置能力来源于媒体的"导向需求"，其引导力的实现方式由"单一舆论"到"共识对话"的方式转变，不仅呈现为表达能力、方式的提升，还包括准确把握复杂环境，通过有针对性的"话语塑造"以及与受众的有效互动，完成导向性议题的设置。

第三，凝聚共识能力。新闻媒体的凝聚共识能力是指围绕形成"最大公约数"的目标，聚合多重社会转型所引发的价值离散，从而减少社会运行阻力的能力。凝聚共识与认同的实现密切相关，既是社会发展的内在驱动，也是新闻媒体对社会现代化转型做出的积极回应。共识是认同的现实指向与外在表征，并"以集体意识的形式成为个体认同的强制力量，与个体价值观念形成共鸣，使个体在认同中形成归宿感"[①]。新闻媒体引导公众达成共识并经由集体意识的强化，最终形成对核心价值的认同。

### 3. 话语效力是引导力实现的诉求和指向

新闻媒体是意义与价值的阐释者，其话语效力是指引导力实现过程中所形成的功效与效验。准确理解话语效力应注意以下三个方面。

第一，片面与系统。世界是一个复杂的系统，而非简单的事实叠加。公众对于外在世界所产生的认知，是多元事实多向互动、相互作用的结果。新闻媒体在话语叙事中，"事实"呈现的准确与否会影响公众的认知，叙事角度与情感倾向也会影响舆情的走向。所呈现出的"事实"未必虚假，但可能会引发受众对同一事件产生截然不同的认知和完全相悖的态度，导致"认同指

---

① 陈新汉.认同、共识及其相互转化：关于社会价值观念与国民结合的哲学思考[J].江西社会科学，2014，34（7）：38-46.

向"难以达成。因此，在引导受众形成对外部世界认知的过程中，认知的系统性与整体性是其实现话语效力的重要指标。

第二，现象与本质。认识论认为，人的认知存在层级差异。新闻媒体从事实层面、舆论层面以及价值层面引导公众认知，其话语效力的实现层次并非彼此孤立、相互排斥，而是在不同维度针对不同的目标群体同时存在。互联网传播语境中存在许多非理性的成分，特别是简单的情绪宣泄与偏颇的价值判断并不能满足受众对于"真相"的追求，准确呈现事实、深刻挖掘本质仍是新闻媒体引导受众形成认同的现实要求。

第三，广度与深度。话语效力的广度是指对新闻事实反映的全面程度以及影响受众的多寡，深度则是指对新闻事件本质的判断力以及媒体话语对现实世界的作用程度。新闻媒体的发行量、传阅率、点击量、转发量等都是其话语效力广度的显性外在呈现，而深度则体现为对受众思想、观念乃至行动能够产生影响的隐性效力。如何能够"触及灵魂"，实现从"入眼入耳"到"入心入脑"，是新闻媒体话语效力实现的难点。

**（二）凝聚共识，构建认同：新闻媒体引导力的话语指向**

当前，以现代化为表征的转型语境对新闻媒体的"引导力""认同"的诉求更加迫切。社会转型导致社会分层以及"危机""失序"等状态的出现；媒体转型则从媒介技术对信息呈现、舆论引导、价值凝聚等的影响出发，进一步强化了认同诉求，以减少复杂社会运行中产生的不确定性和不稳定性。

当下中国社会，认同具有积极的现实意义。认同"共同体"的形成，不仅表现为谋求"最大公约数"的和谐之境，也表现为基于意义、想象以及情感归属的内心构建。新闻媒体兼具中介与渠道的作用，既是认同实现的桥梁，又是认同实现的路径，并建立新的社会关系。概而言之，认同是新闻媒体引导力的话语指向，而引导力则是认同实现的路径，两者之间彼此依存，相互成就。强化新闻媒体的引导力是减少转型过程中的不确定性，以达成认同的合理有效路径。

认同的实现可以理解为在社会转型过程中价值一致性的形成，即形成具有相对稳定性的共同价值，并使其成为维系社会稳定的基础。无论是在哲学、心理学层面还是在社会学层面，"同一性是认同的核心和基础，认同既是为了维持同一性，也是以同一性为基础进行认同"①。在中国的现实语境中，"价值"的一致性就是对中国共产党领导下的中国特色社会主义事业、社会主义道路的认同。形塑这种认同，很大程度上要依靠党的新闻舆论工作，这也是党十分重视新闻媒体，坚持"党管媒体"的原因所在。以人民为中心，以"人民拥护不拥护、赞成不赞成、高兴不高兴、答应不答应"作为衡量一切工作的得失标准，是历届党和国家领导人一脉相承的理念。拥护、赞成、高兴、答应，其判定标准本质上都是人民群众是否认同，是否与人民群众达成共识。推进人民群众对党的路线、方针、政策和主张的认同，是深化改革时期时代赋予新闻媒体的重要职责与任务，也正因如此，新闻舆论工作被视为"治国安邦"的大事。党的十九届四中全会更是从推进国家治理体系和治理能力现代化的重要高度来认识新闻媒体的舆论工作，对进一步发挥新闻舆论的引导力，推动社会转型中公众认同的实现与巩固具有重要意义。

## 二、转型语境中新闻媒体引导力的复杂现实

### （一）技术赋权挑战政治赋权

"任何传送信息的新媒介，都会改变权力结构。"②互联网技术突破了传媒机构对于信息传递的控制和垄断，重构了传播的权力关系。

1. **政治赋权的主导地位被动摇**

在传统传播结构中，从新闻媒体机构的设立、工作人员的招募，到新闻信息的采编、发布、传播以及基于此而进行的舆论引导，都基于政治赋权，形成了一整套相对稳定且行之有效的管理体制机制。互联网兴起后，虽然大部分新媒体并不具备新闻采访资质，但是通过信息的聚合在极短时间内形成

---

① 白苏婷，秦龙，杨兰.认同概念的多学科释义与科际整合[J].学术界，2014（11）：80-90，310.
② 麦克卢汉.理解媒介：论人的延伸[M].何道宽，译.北京：商务印书馆，2000：129.

了对传统媒体影响力及引导力的渠道颠覆，削弱了传统行政权力赋予的话语权力。技术权力在话语引导中的权重持续上升，导致作为"红线"的"编辑部终审权"弱化甚至消失。传统媒体信息发布专有权的失守，导致信息传递结构的重构，新闻媒体的舆论引导权力产生变数。

2. 平台赋权消解话语赋权

"有爆款没用户，有流量没平台"①，是主流媒体身处的尴尬境地。主流媒体对于商业平台的深度嵌入导致自身话语表达被技术驯化的风险不断增大。虽然商业平台基于对个人信息的占有与搜集，可以强化内容制作及推送的精准度，但其信息使用的合法性与正当性亟待规范。虽然新闻媒体大量入驻商业新媒体平台，制作了一些颇具口碑与引导力的"爆款"新闻作品，促进了主流价值的传播和认同的形成，但伴随技术、资本在话语权力产生和运行过程中所占比重的不断上升，新闻媒体的话语权力被技术左右的风险明显增大。这不仅导致新闻媒体经由行政所赋予的采访权优势被弱化，而且会使新闻媒体在信息传播过程中受制于商业平台，在舆论引导中处于被动局面。

3. 资本赋权重构关系赋权

"事业单位、企业管理"的二元体制，虽然在运行中难免产生抵牾，但是对新闻媒体话语权力的施力方向形成了保障。当前自媒体已经在传播主体中占有相当比重，一些自媒体对经济利益过分追求，难免被资本不同程度操控，其发布的不实信息或宣扬的错误价值不但破坏了信息生态，还有可能激发复杂语境中的"对立情绪"，带来社会危机。当重大突发事件引发舆情时，主流新闻媒体会基于价值观和社会责任，对事件作出敏锐研判，进而选择合适的话语表达，实施有效的舆论引导。资本因素则可能出于对经济因素的考量，单纯采用删帖、封号等简单化的舆论处理方式，这不仅不会消弭异质声音，反而可能进一步激化矛盾，破坏传受关系，形成更大的舆论危机。民营资本、国外资本等非国有属性的"业外资本"对于传媒业的介入，会"成为中国媒

---

① 宋建武. 没有自主可控的平台，就没有主流媒体的一切[J]. 青年记者，2019（10）：4.

体管理上最大的一个影响变量"①，影响国家话语权力的实现。

### （二）多元呈现重构媒体话语能力格局

#### 1. 传统新闻媒体话语引导能力减弱

传统新闻媒体话语引导能力的弱化主要表现在两个方面。一方面，认知偏差导致传统媒体优势旁落。新媒体对传统媒体引导力的威胁来源于互联网技术引发的媒体关系及价值聚合本质的改变。在媒体深度融合的背景下，传统新闻媒体的技术焦虑导致其对自身短板的认知出现偏差，甚至简单地将自身话语能力的降低归结为信息数量的欠缺，从而片面追求信息数量的增加和信息传播形态的浅表"数字化""视频化"。这不仅未能改变传统新闻媒体引导力弱化的现状，反而在话语表达中滑向非专业化，甚至"以己之短搏人之长"，影响认同话语的构建能力。另一方面，技术依赖弱化了传统新闻媒体核心技能。对新技术的"本领恐慌"使得传统媒体放弃了在内容产品上的制作优势，盲目转向速度优先、数字优先、技术至上，传媒行业对新闻伦理、新闻价值的重视逐步让位于对数据的挖掘、分析与分发，"核心技能"的弱化在一定程度上降低了新闻媒体的话语引导能力。

#### 2. 新媒体话语引导能力不断增强

新媒体不仅实现了人人皆可表达，而且通过技术迭代不断优化产品设计，丰富自身的内容表现形式和话语表达方式，增强对用户的吸引力，提高用户的参与度，实现受众话语表达由被动向主动的转变。受众能够在观点的表达、交互与碰撞中进一步增强作为话语主体的能动性，这提升了新媒体与传统媒体进行话语竞争的能力。同时，新媒体通过技术优化，降低了信息泛滥所形成的信息泡沫和信息茧房等负面效应，增强了内容推送与表达的精准性，提升了新闻内容与用户之间的联结度。此外，将大数据技术应用于对用户的精准画像，有助于增强新闻话语的表达效力，推动新媒体的话语引导能力不断提升。

---

① 张洪忠. 资本影响下的中国传媒业［M］. 北京：北京师范大学出版社，2014：41.

### 3. 媒介伦理深度影响新闻媒体引导能力

技术无善恶，但使用有选择。新闻媒体的智能化理应包含基于正确价值取向的价值判断。作为网络创业的风口，一些具有新闻属性的自媒体和平台在资本回报率的压迫之下，对"爆款"畸形追逐，对流量过分执迷，导致新闻生产的社会责任让位于追求"爆款"的流量，于是媒体话语表达中逾越底线、博取眼球等失范行为时有发生。媒介伦理的缺失势必严重损害新闻媒体的引导能力，导致内容生产有"现象"无"真相"，信息传播有"爆款"却少"认同"。

## （三）社会深刻转型加大话语效力实现难度

### 1. 社会转型引发价值多元

社会转型过程中呈现出的发展"不平衡、不充分"、各种社会矛盾的相互叠加以及社会分层机制的变化，都会引发价值体系"质"的变化。这场涉及经济体制、社会形态等维度的全面转型，被称为"两千多年前汉帝国形成以来，中国最根本的变化"①。特别是1978年后，由计划经济向市场经济的深度转型，由传统社会朝着现代化社会持续转型，其变化之大、影响之广可谓前所未有。一方面，过度的平等与过度的不平等都会影响效率以及社会的安定。② 经济体制的转型导致收入差距不断拉大，而财富的过度聚集意味着风险的下沉及价值观念的离散，社会价值观的变化使得重构认同成为必然议题；另一方面，"贫富差距、收入分层"成为新的社会分层机制的基础，并逐渐对此前依托于户口、身份等的"政治分层机制"③产生消解，在社会结构体现"阶级阶层化"④的复杂过程中，分化所引发的多元价值导致此前相对稳定的认同体系发生变化。伴随利益分配的调整，人们的价值体系也在随之调整、重

---

① 傅高义.邓小平时代［M］.冯克利，译.北京：生活·读书·新知三联书店，2013：641.
② 杨继绳.中国当代社会各阶层分析［M］.兰州：甘肃人民出版社，2006：4.
③ 李强.转型时期中国社会分层［M］.沈阳：辽宁教育出版社，2004：378.
④ 李路路.改革开放40年中国社会阶层结构的变迁［J］.武汉大学学报（哲学社会科学版），2019，72（1）：168-176.

构，各种价值观念、意识形态的竞争使得认同实现的难度不断增加。

2. 管理转型导致认同多义

新中国成立之初，与计划经济相适应，以"单位"为核心的社会组织形式，构建了"自上而下、政社合一、界限清晰的社会治理体系"①，并形成了"单位对国家、个人对单位的依附关系"②。在这种社会管理模式以及基于"熟人"的社交网络中，社会成员"身份"相对单一、社会网络相对简单，也易于形塑较为一致的奋斗目标及团体精神，"认同"的达成也相对容易。因此，在计划经济时代，"单位"既可被视为国家对社会的一种管理方式，亦可被视为连接国家与个体的"媒介"，从而使党和国家意志的传递变得顺畅、有序、有效。

随着社会深度转型，特别是与之伴随的住房分配货币化及房地产热潮，公众生活场景由"单位"转为"社区"。"后单位"时代不仅意味着居住环境、地理空间的变化，也改变了人们基于日常交往所形成的社会关系及价值传递路径。社区生活呈现出从管理空间向生活空间转变的趋势。在以社区为主要形态的社会生活中，与居民发生密切关联的是物业公司，他们提供商业服务，但不具备行政管理职能。因而，社区对个体的约束相对有限，凝聚价值、引导认同的能力相对弱化。社区生活导致公共交往从"熟人社会"向"陌生人社会"转变，社区的"封闭管理"不仅意味着物理空间的隔离，也意味着伴随个体经济收入差距的拉大，不同社会群体物理空间意义上的阶层"茧房"不断形成。

因而，在基于市场经济体制的"后单位"时代，在交流、表达部分缺失的状态下，熟人社会中对个体及社会秩序产生维系作用的"伦理道德、风俗习惯、社会舆论等，失去了产生约束力的社会土壤"。③ 个体的多元身份状态导致认同实现更加难以统一。

---

① 冯猛. 中国社会治理转型的动力与路径 [J]. 探索与争鸣，2019（6）：24-26.
② 黄杰. 从家族、单位到社区：国家治理体系变迁的微观逻辑 [J]. 南京社会科学，2013（12）：85-91.
③ 郭星华. 新时期社会秩序重建的困境及对策 [J]. 人民论坛，2019（22）：108-110.

### 3. 媒体转型加大引导难度

当前，基于媒体融合的新型主流媒体建设呈现出高规格、高频次的特点，原因在于媒体技术不断降低信息发布的门槛，使得互联网空间的议程设置主体由少数专业媒体精英变为成千上万的普通民众，个体话语从被动的从属地位上升为积极的强势话语，形成对主流媒体转型的"倒逼"。公共事件的层出不穷，舆情燃点的逐渐降低，进一步引发价值观念的分化。基于社交媒体的"裂变传播"对舆论生态造成了多重影响，并使网络空间渐成公众舆论的策源地，新闻媒体急需寻求基于引导力的增强来重构公共生活结构和舆论格局的新路径，以达到凝聚共识、构建认同的目的，这也是新闻媒体融合转型的出发点。传统媒体受到体制、机制以及技术、资金等多方面的制约，转型进程相对滞后，致使认同构建为内涵的传统媒体在感染力、吸引力等方面存在欠缺，这影响了新闻媒体话语效力的产生与实现。

## 三、新闻媒体引导力的实现层次

认同的产生既是个体的心理诉求，也是新闻媒体在复杂的社会现代化转型中，应对"分化"现象的必然诉求。因此，作为新闻媒体与社会之间互动的结果，认同是一个动态的概念，在不同社会情境中呈现为不同的层次。这种分层的出现，既是一种个体认知上层层递进的关系，也是现代化转型中社会分层、价值多元的必然结果。在实现认同的过程中，对个人价值、多元价值的尊重既是现代社会的重要标志，也是促进理论分析的"应然"与新闻实践的"实然"良好结合的基础。

### （一）微观层面实现对新闻事实的认同

对新闻事实的认同是引导力实现的前提。现代社会是建立在认同基础上的契约社会，新闻媒体引导力是促进这种契约达成的"中介"。"人们面对的是符号世界，是简化了的符号世界；新闻是中介化世界，是简化了的中介化世界。要在这样一个经过修饰的世界里看到真实世界，自然是有相当距离的。"① 这个简化的过程，就是新闻媒体对世界进行阐释的过程。因此，新闻媒体引导力的实现首先体现在社会公众对由媒体阐释的新闻事实的认同的基础上。只有新闻事实正确，才能进一步增强受众对新闻报道承载价值的认同，可见新闻事实不仅是认同的载体，也是认同诉求的外在呈现和显性层面。当前，网络传播"把关弱化""后真相"等现象反映出新闻媒体引导公众"事实"认同的难度明显增大，这也是新闻媒体引导力建设的首要问题。

### （二）中观层面推进舆论上的共识

"共识"是在承认差异的前提下，通过舆论引导实现对于事物意义、价值等的认同，寻求价值认知上的最大公约数，形成共同的思想基础。"共识"是形成社会建设合力的前提，只有社会成员形成共识，才能进一步增强凝聚力与向心力，激发出行动力。

第一，要修复裂痕、重建信任。新闻媒体作为连接公众与"事实"的重要桥梁，承担着重要的价值引导功能。公众对于新闻事件价值、意义的"共识"是在"事实"认同上的认同进阶。

近年来，我国公共危机事件频发，由此带来的舆论危机极易撕裂社会情感，引发公众的不信任感。面对公共危机事件和由此形成的复杂舆情，新闻媒体往往面向不同的传播对象选择适配的话语体系，在揭示事实真相的基础上，通过在中观层面的"共识"构建，有效减少社会摩擦，削弱社会转型过程中产生的离散力，以修复社会心理裂痕，重建公众信任，并扩大主流意识的版图。这对于形成正确的价值判断，促进社会健康、良性发展，具有积极的现实意义。

第二，要回应关切、引导舆论。媒介技术部分消解了行政权力赋予的话语权力，兼具受众与信息发布者角色的网民通过"围观""求证"进行网络维权、网络问政，参与公共治理。同时，基于经济、政治等不同目的，部分网民发出与主流价值相悖的噪音、杂音，不同程度放大了社会转型带来的价值

---

① 杨保军. 摇摆不定的李普曼：读《公众舆论》眉批录[J]. 新闻记者，2017（5）：78-89.

离散，由网民引发的舆情事件层出不穷，舆论引导的难度不断增大。

换个角度看，社会转型期公众积极的网络表达，不仅是对个体利益的诉求，更是对"现代性"带来"危机感"的应激反应。现代社会对个体的尊重以及利益格局、价值取向的分化，形成了"多中心"的社会结构。面对外界变化带来的"不安全感"，新闻媒体增强对话与沟通，通过积极的话语表达推进认同，实现从"强制性认同"向"协商性认同"的范式转移，以构建新的"共同体"，成为减少不确定性的有效路径。

### （三）宏观层面促成对根本制度与核心价值的认同

在我国，对根本制度与核心价值的认同是新闻媒体引导力的更高目标，也是新闻媒体的政治自觉。这一新闻媒体引导力的宏观诉求是复杂国际形势的必然要求。当前，世界政治的竞争已经从武力冲突转向没有硝烟的意识形态斗争，国家间的较量更是包括了政治、经济以及意识形态等在内的全面斗争。以美国的新闻媒体为例，"将自己国家看得高于一切"，并以"在多大程度上遵从或效法美国的做法与价值"[1]作为评判其他国家的标准。因此有学者将世界政治解读为"观念的政治"，处理不好会导致"很多国家因此被颠覆"[2]。这更加凸显了新闻媒体发挥引导力、形塑公众对根本制度与核心价值认同的必要性。具体说来，包括以下几个方面。

第一，对国家的认同。国家认同是"一国国民最基本的身份认同，也是人类生产生活中形成诸种群体认同中的最高归属形式"[3]。国家认同除了对于领土及疆域的现实政治认同之外，更为重要的是"人们对于国家的归属感的状态、性质和表达方式的问题"[4]。也就是说，国家认同除了政治层面的认同之

---

[1] 甘斯.什么在决定新闻[M].石琳，李红涛，译.北京：北京大学出版社，2009：52.
[2] 杨光斌.论意识形态的国家权力原理：兼论中国国家权力的结构性问题[J].党政研究，2017（5）：5-14.
[3] 康玉梅."一国两制"下香港特别行政区的国民教育与国家认同[J].环球法律评论，2018，40（2）：165-177.
[4] 姚大力.追寻"我们"的根源：中国历史上的民族与国家意识[M].北京：生活·读书·新知三联书店，2018：17.

外，更强调归属感的达成。对于中国来说，基于多民族融合形成的政治共同体就是国家认同的核心。新闻媒体推进国家认同，就应该激发全国各族人民为实现中华民族伟大复兴的中国梦而团结奋斗的强大力量，这既是政治家办报的主要支点，也是马克思主义新闻观的现实要求。

第二，对根本制度的认同。制度是需要社会公众共同遵守的具有约束效力的规章与准则。制度的出现和执行是为了保障并实现公共利益、保障公共权力，也是一个国家政治稳定以及社会有序和谐发展的有力保障。虽然与道德的弹性约束不同，制度具有强制性，但是现代社会中，对于制度的认同与其他认同属于一种"政治情感上的归属感"[①]，这种归属感是经由理性选择形成的价值归依。因此，虽然制度本身具有强制性，但是其认同的实现，需要经由政治沟通，来引导社会公众作出对于制度的理性选择。

我国的根本制度是社会主义制度，对于根本制度的认同就是对中国特色社会主义制度的认同。根本制度具有顶层决定性，是制度体系之纲。如果没有公众对于根本制度的认同，再完备的制度体系设计也无济于事。新闻媒体发挥引导力，准确而生动地阐释党的路线方针政策，使公众自觉接受与拥护党的基本理论、基本路线以及基本方略，推进政治系统不断优化与提升决策的科学性，也是新闻媒体治国理政、安邦定国作用的具体体现。

第三，对核心价值观的认同。任何社会形态中，都会形成与生产力发展水平相适应的核心价值观，并成为上层建筑的重要构成部分。核心价值观是一个国家、民族"最持久、最深层的力量"[②]，"一定社会的核心价值观总是与一定的政治和社会运行方式以及生活方式相关联，并随之而发生改变"[③]。与社会转型带来的阶层多元分化相对应的是人们价值观的复杂多样性，"使意识形

---

① 秦国民.政治稳定视角下制度认同的建构[J].河南社会科学，2010，18（1）：112-114.
② 习近平.青年要自觉践行社会主义核心价值观：在北京大学师生座谈会上的讲话[J].中国高等教育，2014（10）：4-7.
③ 徐蓉.新中国70年来核心价值观建设及其演进的认识维度[J].同济大学学报（社会科学版），2019，30（6）：1-7.

态和原有的辨识框架受到挑战，甚至出现某种程度的认同危机"①。这种"认同危机"的出现，是对社会主义核心价值观的现实召唤。社会主义核心价值观从国家、社会、公民三个层面出发，是中国社会现代化进程中价值多元离散的黏合剂。弘扬、宣传并推动社会公众对社会主义核心价值观的认同，是新闻媒体引导力实现的重要方面。

第四，对中国方案的认同。我国新闻媒体特别是主流新闻媒体，通过加强自身渠道建设与借助国外新媒体平台，积极改进话语表达，构建融通中外的对外传播话语体系，推进中国方案为国际社会认同的目的，就是为中国发展建设营造良好的国际环境。中国新闻媒体不仅要展示一个真实而全面的中国，让世界了解中国，还应向世界阐释全球治理中国方案，让世界走向中国，从而实现更高层次的人类命运共同体的构建，这也是中国新闻媒体在国际舆论场中实现引导力的题中应有之义。

---

① 陈秉公.马克思主义意识形态理论与社会主义核心价值体系建构[J].马克思主义研究，2008（3）：19-24.

# 基于人类文明新形态的性别传播：价值拓展与实践升维*

党的二十大报告指出，当前，世界之变、时代之变、历史之变正以前所未有的方式展开，一方面，和平、发展、合作、共赢的历史潮流不可阻挡；另一方面，和平赤字、发展赤字、安全赤字、治理赤字加重，人类社会面临前所未有的挑战。① 中国式现代化为应对人类社会的新挑战提供了不同于西方现代化的全新图景。创造人类文明新形态是中国式现代化的本质要求之一，需要创造的是物质文明、政治文明、精神文明、社会文明、生态文明协调发展、全面提升的新型文明形态，以此文明新形态推动人类发展进步。

作为人类物质文明和精神文明的创造者、推动人类社会发展和进步的重要力量，女性在创造文明新形态的过程中发挥着不可替代的作用。在解决国际冲突、落实联合国安理会1325号决议等实践中，在国家全面建成小康社会、决战脱贫攻坚和推动高质量发展等主战场上，在解决人类面临的共同问题的中国实践中，各行业各岗位上的女性奋勇拼搏、敢为人先，功不可没。但不可回避的是，各国各地区女性发展水平不平衡、社会地位不平等的现象依然存在，社会对女性潜能、才干和贡献的认识仍存局限。全球范围内，面对贫困、疫病、战乱、暴力、歧视等，女性往往首先受到伤害。基于此，重新认识女性发展与人类文明新形态的关系，形成对性别传播价值的再思考、

---

\* 本文原载于《中华女子学院学报》2024年第2期，与黄馨茹合作，收入本书时有改动。
① 党的二十大文件汇编[G].北京：党建读物出版社，2022：45.

再认知、再理解，有助于为人类文明新形态的发展提供全新指引。

1995年，第四次世界妇女大会通过《北京宣言》和《行动纲领》，其中"妇女与媒介"被列为关切女性发展的12个重大领域之一。近30年间，伴随女性的主体意识、创新意识、参与意识、话语意识的日渐凸显，中国本土性别传播议题探讨的外延不断拓展。新时代的性别传播，除了传递性别平等文化、保障女性和儿童权益外，讲好中国女性故事、展示中国女性形象亦成为提升性别传播质量、深化性别传播价值的重要方向，更是描绘人类文明新形态的题中应有之义。

## 一、在双向催化语境中认识新时代的性别传播

习近平总书记指出："没有妇女，就没有人类，就没有社会。"[①] 理解新时代的性别传播，需要从文明生成和发展的高度重思女性发展与人类文明新形态的关系，塑造更为多元、立体的女性社会角色。

### （一）女性发展与人类文明的双向催化

女性的发展与人类文明新形态的创造创新同向而行、交互推动，形成双向互为催化的关系。女性以独特的视角和思维方式，不断为人类文明的创造创新注入新的活力，推动人类文明向更高层次发展；与此同时，人类文明的不断进步为女性的发展提供了更加广阔的空间，推动女性能够在更广领域更加充分地释放潜能。

一方面，女性的发展是人类文明新形态的缩影。在人类文明演进的历史中，女性的社会地位与发展状况折射着社会的发展变迁，是衡量社会文明程度的重要指标。女性在人类文明发展进程中不断突破传统观念的束缚，不仅在政治、经济、科技等领域崭露头角，还是家庭分工、后辈教育中不可替代

---

① 中共中央党史和文献研究院.习近平关于妇女儿童和妇联工作论述摘编[M].北京：中央文献出版社，2023：29.

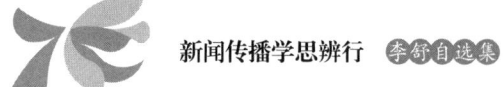

的力量。放眼国际，近代护理学先驱南丁格尔、科学家居里夫人、国际妇女运动活动家克拉拉·蔡特金等女性人物的出现，反映了人类文明对于性别平等的不懈追求和持续努力。聚焦国内，在科技创新、经济发展、文化教育、国防建设、体育赛场等舞台上，女性群体尽情释放能动性和创造力，人类文明形态的全新图景得以呈现。

另一方面，人类文明新形态推动女性全面发展。人类文明新形态是平等的、民主的新型文明，不仅为女性的全面发展提供了更加充分的空间，更为女性的深层次解放、与时俱进解决新的性别不平等问题提供了更加多元的方案路径，推动最终实现女性的全面发展。在全球范围，立足促进两性平等和妇女赋权实体机构联合国妇女署的成立，旨在促进全世界妇女事业发展的世界妇女大会的召开，以及各国女性生育保障政策的优化、联合国妇女地位委员会第67届会议《商定结论》的通过等，都为推进数字时代两性平等、促进世界妇女发展提供了观念指导和政策支持。立足本土，在中国共产党的领导下，中华全国妇女联合会的成立、中国妇女全国代表大会的召开、《中华人民共和国妇女权益保障法》等法律法规的出台，都切实推动了我国女性的政治地位不断提高、受教育水平不断提升、各项权益不断得到完善，女性的个体价值得以更好地实现。

### （二）双向催化语境中性别传播的新机遇

随着女性发展与人类文明新形态双向催化程度的不断加深，中国女性故事的书写与传播成为性别传播领域极具时代价值的重要议题。讲述中国女性故事，不仅形塑现代化进程中的中国国家形象，还传递马克思主义妇女观，特别是中国特色马克思主义妇女理论。中国女性故事已经成为中国与世界交流交往的重要资源与纽带。双向催化语境下历史逻辑与现实逻辑的交织，使新时代性别传播的价值得以拓展，性别传播的实践亦被赋予新的内涵。

从历史逻辑看，新时代性别传播拥有可资深化的话语资源。巾帼英雄秋瑾、赵一曼、刘胡兰、江姐等忠于信仰、敢于斗争，在艰苦卓绝的革命战争中为女性解放、民族解放做出了巨大牺牲；中华人民共和国名誉主席宋庆龄、中国妇女运动先驱邓颖超、新中国人民司法工作的开拓者史良、中国妇产科学的奠基人林巧稚等敢为人先、俯首躬耕，深刻诠释了建设和改革进程中的"妇女能顶半边天"；进入新时代，亿万女性敬业奉献、追求卓越、奋发有为，成为伟大事业的建设者、文明风尚的倡导者、敢于追梦的奋斗者，女性主体价值和社会价值得到充分体现。百余年来中国妇女事业的不断发展，为新时代的性别传播提供了丰富的话语资源。

从现实逻辑看，新时代性别传播具备可资延展的话语空间。现在，全球进入现代化的国家有 20 多个，总人口 10 亿左右[①]，约占全球总人口的八分之一。在全球范围内，现代化的任务具有艰巨性、复杂性，女性社会地位的提升和女性人口的现代化被裹挟其中，面临着巨大的挑战。经过数十年的努力，我国女性人均预期寿命超过 80 岁；义务教育阶段性别差距基本消除，高等教育中女生占比持续过半；女性就业人员占比四成以上，女性科技工作者占 45.8%，数字贸易、电商、直播等新业态中妇女约占三分之一，4416 万农村妇女摆脱绝对贫困[②]。这些中国妇女的故事是女性推动人类社会高质量发展的中国样本，是中国经验、中国理念在妇女事业上的具体体现。中国的女性脱贫和女性人口的现代化为世界提供了解决贫困问题、两性共同迈向现代化的中国方案，为各国携手共建共享对女性、对所有人更加美好的世界提供了丰富的话语资源。

## 二、文明新形态视域下性别传播的价值拓展

做好新时代的性别传播，对中国女性的深层次解放和性别平等基本国策的落实意义重大，也对促进全球善治、实现人类文明永续发展影响深远。

### （一）解读宏观政策，促进妇女事业高质量发展

中国妇女事业是人类文明新形态的重要组成。进入新时代，以习近平同志为核心的党中央高度重视妇女工作，妇女事业进而有为。"坚持男女平等基本国

---

[①] 习近平. 中国式现代化是强国建设、民族复兴的康庄大道［J］. 求是，2023（16）：1–3.
[②] 黄晓薇. 以习近平新时代中国特色社会主义思想为指导动员引领广大妇女为强国建设民族复兴而团结奋斗［N］. 中国妇女报，2023-10-28（1）.

策,保障妇女儿童合法权益"连续三次被写入党的代表大会报告;首部民法典、首部家庭教育促进法以及妇女权益保障法全面修订,维护妇女权益、促进男女平等的法治保障更加坚实;我国"十四五"规划纲要以单列章节的形式明确促进男女平等和妇女全面发展的目标任务,《中国妇女发展纲要(2021—2030年)》《"十四五"时期妇联事业发展规划》出台,政策支持力度不断加大。

在此背景下,一方面,要以更加生动的表达、更易理解的形式做好妇女事业法规政策的阐释解读,让更多女性了解法规政策之于自身权益保障、事业发展的重要作用,激发女性投入妇女事业发展的能动性和创造性,为中国妇女事业贡献更大力量;另一方面,要探索全方位、立体化展示中国女性之于乡村振兴、科技创新、高质量发展等时代命题的深度参与,通过多维度、立体化的报道全面呈现中国女性在政治、经济、文化、社会、生态文明建设等领域的作为与贡献,让中国女性故事看得见、传得开、记得住,推动中国妇女事业为更多的国家人民所了解、支持,进而推动中国妇女事业持续健康发展。

**(二)传递情感细节,深化中国理念全球理解**

中国理念的全球理解是创造人类文明新形态、提升中华文明传播力影响力的基础。皮尤研究中心2022年的一项调研报告显示,美国人对中国的负面看法"再创新高",82%的受访者对中国持负面看法,67%的受访者视中国为"主要威胁"[1]。长期以来,人类社会发展在意识形态、社会制度、宗教信仰等方面形成了诸多差异,这给文明的交流沟通带来了一定的隔阂与障碍,甚至引发了不同程度的摩擦、冲突,造成文明发展的危机。在"两个变局"的背景下,加强女性议题的对话和交流成为增进文明间、国家间沟通理解的有效路径。

中国女性故事天然地具有情感的温度,有助于让国际社会更好地读懂中

---

[1] Huang C, Silver L, Clancy L. China's partnership with Russia seen as serious problem for the U.S. [EB/OL].(2022-04-28)[2024-01-10]. https://democracy.oer.issuelab.org/resources/40192/40192.pdf.

国。相比较而言,不同于政治传播等意识形态表征显在、严肃度较高的传播领域,性别传播具有更强的文化属性,是促进中国理念全球理解的柔性力量。亿万中国女性用汗水、知识与奉献担当生动阐明了中华民族精神的内涵,是建设中华民族现代文明的巾帼力量。中国女性故事的书写与传播,彰显的是"中国之治"的强大力量,诠释的是中国共产党以人民为中心的发展思想,是"帮助妇女摆脱疫情影响、让性别平等落到实处、推动妇女走在时代前列、加强全球妇女事业合作"①的中国主张。可以说,读懂中国女性,才能读懂中国,才能读懂中国理念、中国方案,进而实现世界各国促沟通、增共识、添动力。

**(三)打破交往隔阂,实现世界文明交流互鉴**

多样性是文明的活力之源,不同文明间的交流互鉴是创造人类文明新形态的重要动力。全世界共有200多个国家和地区、2500多个民族和多种宗教。文明间的多边交往互动是历史的主流。实践证明,越是积极参与多边文明沟通,吸纳他国文化的先进元素,文明就越繁荣发展,否则将走向衰落。以讲好中国女性故事为切入点,促进多元文明相互尊重、和谐共存是新时代性别传播的重要使命。

中国女性故事是展示中华文明精神标识和文化精髓的重要窗口。中国女性故事的书写与传播,鲜活地展现了不同年龄、不同民族、不同职业、不同经历的中国女性和谐相处、共同追求人生出彩的画卷,将中华文明的历史与现在、习俗与文化真实呈现在世界面前,体现了中华民族秉持的平等、互鉴、对话、包容的文明观。同时,可以推动关于妇女理论、妇女发展思想的全球对话。这种对话应立足于平等对话而不是强加于人;立足于多向对话,而不是单一维度的话语主导。以讲好中国女性故事特别是中国女性与世界交往的故事为桥梁,有助于打破"文明隔阂论""文明冲突论""文明优越论"等,促进不同文明间的理解和尊重,形成文化交融、民心相通的新局面。

---

① 习近平. 习近平外交演讲集:第二卷[M]. 北京:中央文献出版社,2022:269-270.

## （四）聚焦女性赋权，推动全球治理变革与建设

《中国落实 2030 年可持续发展议程进展报告（2023）》指出，要"实现性别平等，增强所有妇女和女童的权能"①，性别平等是全人类共同价值不可分割的一部分。在全球范围内传播性别平等观念、聚焦女性赋权，能够为全球治理变革与建设提供全新的视角和路径。

一方面，女性是全球治理理应重点关注的对象。当前，性别预算缺乏、女性地位边缘化、女性权益弱化等问题仍是全球性的不可忽视的客观存在。中国是性别平等的倡导者，更是妇女赋权的行动派②。中国在女性的事业发展、权益保障等方面成绩显著：提前 10 年实现了《联合国 2030 年可持续发展议程》减贫目标③；1995 年以来，连续颁布三个周期的中国妇女发展纲要，提出不同时期妇女事业发展的目标任务并推动实现；形成并完善了以宪法为依据、以妇女权益保障法为主体、包括 100 多部单行法律法规在内的保障妇女权益的法律体系④，女性的政治权利、经济权益得到更有力的保障。以更大的声量、更畅通的渠道讲好中国女性故事，对于更多的国家解决女性发展与安全赤字具有启示意义。

另一方面，女性已经成长为参与全球治理变革与建设的重要力量。全球治理具有高度复杂性和不确定性，解决人类面临的所有全球性问题，必须开展全球行动、全球应对、全球合作。这种全球性合作不仅意味着国家间、文明间的新型关系，还意味着女性应当与男性一样，在政治参与、经济发展、文化进步、社会治理、生态保护、卫国成边等各领域发挥作用，在实现全人类共同价值的治理变革中彰显不俗的"她实力"。《中国妇女发展纲要（2021—2030 年）》增设了提高中国共产党女党员比例以及各级党

---

① 中国国际发展知识中心.中国落实 2030 年可持续发展议程进展报告（2023）[EB/OL].（2023-10-18）[2024-01-10].https://www.mfa.gov.cn/web/ziliao_674904/zt_674979/dnzt_674981/qtzt/2030kexfzyc_686343/zw/202310/P020231018366004072326.pdf.
② 中方代表呼吁国际社会加快兑现妇女、和平与安全议程承诺[EB/OL].（2023-03-08）[2024-01-10].https://www.chinanews.com/gj/2023/03-08/9967492.shtml.
③ 携手全球女性共建共享美好世界[N].中国妇女报，2022-09-08（1）.
④ 全面发展 顶起半边天：我国妇女事业成就斐然[N].人民日报，2020-09-15（6）.

代会中女党员代表比例,提高各级各类事业单位领导班子成员中女性比例,提高村(社区)党组织成员、村(社区)党组织书记中女性比例,支持女性参与社会组织等目标①;2022年3月发布的《数字经济与中国妇女就业创业研究报告》显示,在数字贸易、电商、直播等领域,数字经济已创造5700万个女性就业机会②,女性在劳动力市场的价值得以提升;《中国妇女发展纲要(2021—2030年)》统计监测报告显示,女性接受各类职业教育人数均有增加,高等教育男女比例基本均衡,男女科学素质水平差距缩小③。此外,服务大局、奉献社会的巾帼志愿服务关爱行动、守护"青山绿"的"巾帼环保卫士"、用最美芳华守护边疆的"英雄花",中国女性活跃于全球治理的各个领域。展示女性自尊、自信、自立、自强的精神风貌,能够为创造人类文明新形态、携手推动构建人类命运共同体凝聚更为强大的"她力量"。

## 三、中国式现代化进程中性别传播的实践升维

习近平总书记强调,以中国式现代化全面推进强国建设、民族复兴伟业,需要全体人民团结奋斗,妇女的作用不可替代。④在激励广大女性为中国式现代化建设贡献巾帼智慧力量的过程中,需要性别传播实践多维度全面升级。

### (一)以马克思主义妇女理论坚持价值守正

马克思主义妇女理论以辩证唯物主义和历史唯物主义为世界观和方法论,

---

① 李文.提升妇女参与决策和管理水平[N].中国妇女报,2021-10-20(3).
② 阿里发布女性就业创业研究报告:数字经济更加"女性友好"[EB/OL].(2022-03-05)[2024-01-10].http://www.mlt.com.cn/2022/0305/641398.shtml.
③ 2022年《中国妇女发展纲要(2021—2030年)》统计监测报告[EB/OL].(2023-12-31)[2024-01-10].https://www.stats.gov.cn/sj/zxfb/202312A20231229_1946062.html.
④ 坚定不移走中国特色社会主义妇女发展道路组织动员广大妇女为中国式现代化建设贡献巾帼力量[N].中国妇女报,2023-10-31(1).

以追求男女平等和妇女解放为目标①，是推动妇女运动、团结妇女力量、激发妇女价值的理论根基，为新时代性别传播实践提供了价值引领。

新时代的性别传播坚持价值守正，一方面要深刻理解习近平总书记坚持马克思主义关于妇女解放与阶级解放、人类解放一致性的思想，理解妇女发展与国家繁荣、民族振兴、人民幸福的内在关系，牢牢把握实现中华民族伟大复兴这一当代中国妇女运动的时代主题。要着力讲好中国特色社会主义女性发展的故事，以实现促进妇女事业全球合作与共同发展的价值追求。另一方面，要自觉抵制错误价值观的侵袭，避免价值偏离、价值扭曲和价值错位。随着文明交流的加深，性别传播不可避免地受到西方文明的影响。当前，西方现代性文明已面临危机，金融资本的剥夺性积累肆意发展，带来无法克服的社会分化与对立，女性问题的解决面临更大的挑战。在此背景下，新时代的性别传播特别是主流媒体的性别传播更应自觉以马克思主义妇女理论为武装，及时纠偏，自觉抵制物化、矮化女性等错误倾向，为讲好中国女性故事营造积极正向的舆论氛围。

**（二）以性别领域的"大传播观"推动开放合作**

习近平总书记指出，妇女事业发展离不开和平安宁的国际环境，离不开可持续发展，离不开发挥联合国的重要协调作用。②中国妇女事业与全球妇女事业命运与共，共建共享美好世界，需要全球女性携手同行。马克思主义具有胸怀天下的人类情怀，在向国际社会讲好中国女性故事的过程中，需要洞察其他国家的性别文化，以更加开放包容的心态吸收人类一切优秀文明成果。

要建立性别领域的"大传播观"，将性别传播的主体、载体不断拓展。一方面，继续加强政治路径建设，影响女性中的"关键少数"。除举办全球妇女峰会、上海合作组织妇女教育与减贫论坛等主场活动外，还可以策划更多类似"女外交官看中国""女企业家看中国"的交流考察活动，使更多外国政党

---

① 李舒，黄馨茹.跨越百年：马克思主义妇女理论传播的时代价值与行动逻辑[J].中华女子学院学报，2021，（6）：60-68.
② 习近平.习近平外交演讲集：第二卷[M].北京：中央文献出版社，2022：269-270.

和妇女组织骨干等具有影响力的女性对中国妇女发展、妇女议题中国方案形成新认知。另一方面，大力拓展教育、媒体等人文交流途径，增进不同国别、民族、文化背景女性的沟通了解。此前，彭丽媛教授在会见就读于中华女子学院"女性领导力与社会发展"社会工作专业硕士项目的留学生时，亲切地鼓励她们成为连接中国与自己祖国的桥梁纽带。不同国家的媒体也可就性别传播议题开展联合采访、女记者交流等活动，广泛凝聚共识、加强互学互鉴。深化多元主体的交流协作，有助于共同构建平等民主、开放包容、共同繁荣的人类文明新格局。

### （三）以辩证思维、系统思维发展两性权利

性别传播应具备以促进两性权利发展解决女性问题的意识。父权制贯穿我国历史数千年，既有话语体系中依然存在男性中心话语的色彩，女性作为"第二性"的附属者形象仍然存在，在话语权方面长期处于相对弱势地位。女性的解放与发展从来不是孤立的，女性问题的解决离不开男性认知的提升。实现中国式现代化要求性别传播树立辩证思维、系统思维，立足于促进两性的共同发展。

性别传播要准确把握好促进两性权利发展的尺度。一方面，要促进两性权利平等，使两性在政治、经济、社会、文化等所有领域中享有平等的权利和机会；另一方面，要避免机械的平等、形式的平等带来的实质上的不平等。要推动两性在互动对话中寻得最大公约数，切实提升中国女性的获得感、幸福感、安全感，推进男女平等基本国策落实，加速中国女性在更大范围、更深程度实现真正解放。

### （四）以多向度深层次融合探索话语创新

在当今国际舆论环境中，多元传播主体对文明形态的形塑带来了更为直接的影响。讲好中国女性故事是时代赋予性别传播的使命，需要进一步创新国际传播方式，以提升中国女性在国际舞台上的形象，为全球性别平等事业的发展发出中国声音。性别传播话语创新应努力做到三个融合。

一是个体与时代的融合。个人独立人格和主体性的获得、理性文化精神的形成以及自由个性的生成，这是"作为个人的个人"的必备内涵[①]。时代的发展阶段和特征制约着"作为个人的个人"能动性与主动性的发挥；同时，"作为个人的个人"的积极性和创造性也作用于时代的演进，二者相互作用、相互影响。因此，要探索个体与时代的融合，以二者价值并重、发展共享的理念指导性别传播话语创新。在中国女性故事的讲述中，要将个体在家庭职场、社会公益等各个领域的活力智慧、才华优势与中国式现代化、人类命运共同体等重大议题相结合，见微知著、以小见大，引领全球公众关注、理解女性之于人类文明进步的重要作用。

二是自我与他者的融合。中国传媒大学承办的发展中国家"国际传播"硕士项目，十余年来培养了五大洲近80个国家、约400名硕士博士层次的国际传播人才，其中不乏优秀的女性媒体骨干、政府新闻官和高校传媒专业教师。她们在以自身经历讲述各国女性故事的同时，也讲述了鲜活的中国女性故事和中国故事。这启发我们，多元化的讲述主体参与性别传播话语创新，使国际舞台上讲述中国与中国女性的故事成为一种联合叙事，真正将中国女性的发展优势转化为国际传播优势。性别传播领域的联合叙事，不仅需要知华友华的国际媒体人，更需要"国际媒体携起手来，在优化全球信息生态、促进经济合作、塑造国际关系、参与全球治理等方面发挥积极作用"[②]。

三是内容与技术的融合。中华女子学院院长刘利群曾提出，新媒体在消除性别数字鸿沟、凸显传播的边界性、去中心化交流、延展女性公共空间、调整性别权利结构等六个方面带来了可能和机遇[③]。当前，层出不穷的新技术使传播活动的影响力大为增强，性别传播也应进行内容与技术的融合，以智

---

[①] 赵坤，郭凤志.马克思关于构建个人与共同体共生关系思想及其当代价值［J］.思想教育研究，2017，（7）：32—36.
[②] 李舒.传媒教育：以人为媒，促进国际媒体合作［J］.中国记者，2023（12）：23—25.
[③] 姜奕名."第二届全球女性发展论坛暨纪念北京世妇会25周年学术研讨会"举办：回顾、反思与展望［EB/OL］.（2020—11—28）［2024—01—10］.https：//politics.gmw.cn/2020-11-28/content_34411016.htm?s=gmwreco.

能传播增强传播效能、优化传播效果，提升性别议题的关注度，促进全球妇女事业健康发展。

## 四、结语

探寻中国式现代化新道路、创造人类文明新形态的过程是复杂而艰巨的。这一过程不仅关涉当下政治、经济、科技、文化等领域的深刻变革，同时意味着对传统观念的挑战和突破。建设一个妇女免于被歧视的世界、打造一个包容发展的社会，不仅是中国式现代化的内在要求，也是推动人类文明进步的必由之路。文明新形态视域下性别传播价值不断拓展，性别传播获得了更加鲜活丰富的资源，迎来了全新的传播契机。在中国式现代化进程中，性别传播发挥着至关重要的作用。新时代的性别传播需与时代同行，讲好中国女性故事，展现女性在现代化建设中的积极作用，在全球范围内彰显巾帼力量，共同创造更加富强、民主、文明、和谐、美丽的人类文明新形态。

# 跨越百年：马克思主义妇女理论传播的时代价值与行动逻辑*

马克思主义妇女理论是马克思主义理论的重要组成部分。自百余年前传入中国后，以辩证唯物主义和历史唯物主义为世界观和方法论，以追求男女平等和妇女解放为目标，马克思主义妇女理论与中国的革命、建设和改革交织在一起，为中国妇女运动开展、妇女解放和发展提供了基本理论指导，也在实践中获得了进一步发展。

马克思主义妇女理论在马克思、恩格斯的《共产党宣言》《神圣家族》《1844年经济学哲学手稿》《家庭、私有制和国家的起源》等经典著作中均有呈现。马克思、恩格斯从资本主义社会中的妇女现实状况出发，站在广大劳动妇女的阶级立场上，从妇女的社会地位与社会作用、权利保障、妇女解放的途径等方面，寻求妇女在资本主义社会受压迫的根源，批判私有制和阶级压迫，主张妇女通过参加社会劳动实现自身解放。恩格斯强调："只要妇女仍然被排除于社会的生产劳动之外而只限于从事家庭的私人劳动，那么妇女的解放，妇女同男子的平等，现在和将来都是不可能的。"[①]

十月革命后，中国共产党人在推进革命进程的同时，推动无产阶级妇女

---

\* 本文系北京市社会科学基金项目"首都高校媒体治理与意识形态安全研究"（项目编号：17KDB009）的阶段性成果，与黄馨茹合作，原载于《中华女子学院学报》2021年第6期，收入本书时有改动。

① 恩格斯.家庭、私有制和国家的起源［M］.中共中央马克思恩格斯列宁斯大林著作编译局，译.北京：人民出版社，2018：180.

解放运动和马克思主义妇女理论的中国化、时代化、大众化。中华人民共和国成立后，马克思主义妇女理论在社会主义建设和改革开放的实践中不断完善，指导妇女工作的开展、妇女问题的解决。进入新时代，中国特色社会主义妇女理论不断发展，妇联组织工作不断创新，妇女权益法律体系渐趋成熟，妇女社会地位日渐提高。但在国内改革步入深水区、世界面临百年未有之大变局的背景下，妇女理论的传播需要从百年实践中总结经验，挖掘和拓展经典理论的当代价值，理顺新时代妇女理论传播的行动逻辑。

## 一、马克思主义妇女理论在中国传播的阶段特征

马克思主义理论不是教条，而是行动指南，必须随着实践的变化而发展。[①] 百年来，马克思主义妇女理论的内涵同样随着实践的变化而不断丰富完善，妇女理论的传播更是与政治环境、经济发展、社会进步、文化生态等密切勾连，在不同历史阶段呈现不同的传播特征。

### （一）1921年至1949年：与革命工作密切交织的妇女理论传播

五四运动前后，马克思主义妇女理论在中国开始传播。毛泽东、李大钊、李达等关注中国妇女的婚恋、就业等现实问题，妇女解放的思想萌芽出现。中国共产党成立后，早期共产党人通过实地调研考察，对中国各阶层妇女的生活状况有了充分的了解。1921年12月，中国共产党的第一本妇女刊物《妇女声》创刊，以"宣传被压迫阶级的解放，促醒女子加入劳动运动"为宗旨[②]，为党阐释关于妇女问题的观点提供了宣传阵地。结合中国妇女的现实处境，1922年党的二大通过了《关于妇女运动的决议》。这一决议通常被视为马克思主义妇女理论中国化的起点，马克思主义妇女理论传播由单纯的理论输入转向与实践相结合。在《关于妇女运动的决议》（1922年）、《妇女运动决

---

① 习近平.论党的宣传思想工作［M］.北京：中央文献出版社，2020：323.
② 宣言［N］.妇女声，1921-12-10（1）.

议案》(1923年)、《对于妇女运动之议决案》(1925年)、《妇女运动议决案》(1926年)、《妇女运动决议》(1928年)等纲领性文件指导下,马克思主义妇女理论传播与妇女解放、无产阶级革命相辅相成,互促互进。

一方面,中国共产党人以进步报刊为发声渠道,刊发有关妇女解放的言论,积极传播妇女理论。《妇女声》主张以妇女力量组织妇女运动,围绕妇女运动刊发《中国妇女运动的新趋势》《社会主义与女子底命运》等文章;上海《民国日报》的副刊《妇女评论》从唯物史观出发探讨妇女问题,宣传社会主义的妇女解放,将妇女解放与阶级解放、劳动解放联系在一起,改组为《妇女周报》后,关注女工权益,呼吁女界联合争取政治权利;毛泽东在中共中央机关刊物《向导》周报刊发《湖南农民运动考察报告》,尖锐地指出中国妇女遭受政权、族权、神权、夫权的多重压迫。另一方面,党的妇女工作者也意识到在特殊的革命战争环境中,谈话、讲故事、唱歌等鲜活的传播形式更为有效,党的三大提出"接触女工的初步方法,或办工儿院,或办女工夜校"[①],深入妇女群体的生产生活,以推动理论的通俗化传播。例如,以邓颖超等为代表的青年马克思主义者和进步分子成立进步团体女星社,出版《女星》和《妇女日报》,开办"女星星期义务补习学校",播撒理论火种,提高妇女觉悟,推动妇女解放。

然而,封建思想的束缚和帝国主义的侵略极大阻碍了这一时期马克思妇女理论的传播。在艰苦的革命战争中,妇女尚未获得公平的政治参与权、劳动权、受教育权等,妇女的力量仍在很大程度上被压制。1940年,毛泽东在延安"三八"纪念大会讲话中指出:"妇女的力量是伟大的,我们现在打日本,要妇女参加,生产要妇女参加,世界上什么事情,没有妇女参加就不能成功。"[②]这充分明确了妇女群体在阶级斗争、民族战争中不可或缺的地位,并呼吁唤醒妇女的主体意识,动员其参与社会劳动和革命工作。

---

① 全国妇女联合会妇女运动历史研究室.中国妇女运动历史资料(1921—1927)[M].北京:人民出版社,1986:68.
② 毛泽东主席论妇女[M].北京:人民出版社,1978:11.

## （二）1949年至1978年：与国家政治高度一致的妇女理论传播

中华人民共和国成立后，马克思主义妇女理论传播与妇女解放运动进入新阶段，呈现与国家政治高度一致的特质。毛泽东指出："真正的男女平等只能在社会主义改造中才能实现，妇女解放也必须继续走与社会主义革命相结合的道路。"① 伴随国家从革命走向建设的大转变，《中国人民政治协商会议共同纲领》《中华人民共和国婚姻法》《中华人民共和国宪法》以及党的八大确立的妇女工作的指导思想，加速了马克思主义妇女理论的中国化，妇女理论传播也从推动妇女个体解放转向鼓励妇女参与集体劳动，使妇女自觉成为社会主义建设的重要力量。

这一时期的妇女理论传播以报刊、广播、宣传画等为主渠道，注重抽象理论的通俗化转化。以《人民日报》为代表的主流媒体成为建构劳动妇女形象、号召妇女参与社会劳动的重要力量，《一个新型的农村妇女李玲》②《上海十万纺织女工对恢复发展纺织工业贡献巨大国营第八棉纺织厂选拔女工充当领班》③ 等报道记录了妇女参与社会劳动的新变化；《全国妇女动员起来，参加建设社会主义祖国，解放台湾、保卫和平的伟大斗争》④《充分发挥妇女在社会主义建设中的伟大作用》⑤《更充分地发挥妇女群众的社会主义积极性》⑥《行行都出女状元》⑦ 等社论则发挥社会动员作用，鼓励妇女为社会主义建设争做贡献。这一时期，全国上下掀起了办广播的热潮，农村"大喇叭"广播成为农民接收信息、了解外部世界的重要渠道。"大喇叭"广播传播快速、抵达率高，推动了农村妇女政治参与权、劳动权和受教育权的落地。

---

① 毛泽东主席论妇女［M］.北京：人民出版社，1978：15.
② 一个新型的农村妇女李玲［N］.人民日报，1949-03-21（4）.
③ 上海十万纺织女工对恢复发展纺织工业贡献巨大 国营第八棉纺织厂选拔女工充当领班［N］.人民日报，1951-03-08（2）.
④ 全国妇女动员起来，参加建设社会主义祖国，解放台湾、保卫和平的伟大斗争［N］.人民日报，1955-03-08（1）.
⑤ 充分发挥妇女在社会主义建设中的伟大作用［N］.人民日报，1956-03-08（1）.
⑥ 更充分地发挥妇女群众的社会主义积极性［N］.人民日报，1957-03-08（1）.
⑦ 行行都出女状元［N］.人民日报，1958-03-08（2）.

其间,《中国妇女》杂志复刊①、《中国妇运》创刊,为宣传男女平等和妇女解放等进步思想、展示妇女形象、解决妇女问题提供了阵地。另外,这一时期以劳动妇女为主角的宣传画极具代表性,可以视为马克思主义妇女理论具象化传播的有益尝试。《喜摘新棉》《女民警》《人人争当技术革命的标兵》等宣传画以及第三套人民币上的女拖拉机手等,展现了劳动妇女的新形象。这一时期,报刊、广播和宣传画虽以直观、生动、通俗的形式展现了妇女群体的力量,对妇女群体参与社会主义建设起到了一定的政治动员作用,但在传统父权思想根深蒂固的中国社会,马克思主义妇女理论的深入人心、妇女合法权益的保障以及妇女事业的发展都不是一蹴而就的。毛泽东提出的"妇女是一支伟大的人力资源,必须发掘这种资源,为建设一个伟大的社会主义国家而奋斗"②的主张,为在更大范围、更深程度实现妇女的真正解放、释放其社会价值提供了思想遵循。

### (三)1978年至2012年:与媒体实践同步发展的妇女理论传播

党的十一届三中全会后,中国改革开放逐渐推进,马克思主义妇女理论也在适应市场经济新环境中不断创新。邓小平有关妇女工作的思想贯穿于革命、建设和改革各个时期,改革开放后,他既鼓励妇女开阔眼界、关心政治、积极入党,又不断推动相关法律法规的完善,保护妇女权益,实现男女平等。1990年,在"三八"国际劳动妇女节80周年纪念大会上,江泽民第一次提出了"马克思主义妇女观"的概念,对妇女社会地位的演变、妇女的社会作用、妇女的社会权利和妇女争取解放的途径等基本问题做出了科学分析和概括;1995年,联合国第四次世界妇女大会在北京召开,我国提出"实现男女平等是衡量社会文明的重要尺度""把男女平等作为促进我国社会发展的基本国

---

① 《中国妇女》杂志于1939年6月创刊,受战争影响,于1941年3月停刊。1949年7月,《中国妇女》杂志复刊,定名为《新中国妇女》。1956年1月,《新中国妇女》更名为《中国妇女》。

② 中华全国妇女联合会.毛泽东 周恩来 刘少奇 朱德论妇女解放[M].北京:人民出版社,1988:64.

策"。① 胡锦涛则以科学发展观统领妇女解放与发展工作,指出:"各级党委和政府一定要充分认识妇女的重要作用和妇女工作的重大意义,牢固树立马克思主义妇女观,坚决贯彻男女平等的基本国策,通过扎实有力的工作促进妇女事业的发展。"② 与时俱进的中国化妇女理论传播在女性的政治参与、社会劳动、文化教育等诸多方面产生了积极影响。

随着我国政治稳定、经济发展、社会进步和科技创新,大众媒体迎来快速发展期。这一时期的妇女理论传播主要以书籍、报刊和电视等大众媒体为主,在网络平台上崭露头角。有关妇女运动历史、马克思主义妇女理论中国化成果的书籍陆续出版,如人民出版社1988年出版的《毛泽东周恩来刘少奇朱德论妇女解放》、中国妇女出版社1991年出版的《中国妇女运动历史资料》、人民出版社1994年出版的《邓颖超文集》等。与此同时,一批记录妇女生活、展示妇女形象、促进妇女发展的女性书籍和报刊出现,如中国妇女出版社于1981年成立、全国妇联主办的《中国妇女报》于1984年创刊、中国妇女外文期刊社主办的面向海内外华人女性的《中国女性》杂志于2001年创刊。此外,聚焦女性议题的《妇女研究论丛》《中国妇女管理干部学院学报》(1995年更名为《中华女子学院学报》)、《妇女学苑》(2010年更名为《山东女子学院学报》)等学术期刊也在这一时期创刊,与其他女性报刊一同成为妇女理论传播的阵地。

因应传媒形态发展,女性电视栏目和女性专业网站出现,为妇女理论传播提供了新阵地。1995年,中央电视台推出以"展现时代女性的风采"为主旨的女性栏目《半边天》,基于妇女发展历史制作了《20世纪中国女性史》等专题片,聚焦女性隐私、性别歧视、新《婚姻法》等现实性别议题,以真实的画面、客观的评述实现了抽象理论的生动化、具象化传播;2000年上线的中国妇女网等则为男女平等基本国策的宣传、妇女工作的开展、妇女事业的推进、妇女新形象的呈现搭建了专业网络平台,妇女理论传播的路径渐趋多

---

① 在联合国第四次世界妇女大会欢迎仪式上江泽民主席的讲话[N].人民日报,1995-09-05(1).
② 自强不息艰苦奋斗开拓创新 开创我国妇女事业的新局面[N].人民日报,2003-08-28(1).

元、形式更加丰富。

不可否认的是，这一时期市场经济快速发展，全球化进程加速推进，妇女理论的传播不可避免地受到西方消费主义文化的冲击，出现了物化、商品化女性形象的现象，这在一定程度上影响了女性的自我认知和价值判断。

**（四）2012年至今：与媒介化社会主动适配的妇女理论传播**

党的十八大以来，中国特色社会主义进入新时代，以习近平同志为核心的党中央高度重视妇女和妇女事业发展。习近平总书记指出，"做好党的妇女工作，关系到团结凝聚占我国人口半数的广大妇女"，"必须坚持男女平等基本国策，充分发挥我国妇女伟大作用"。[1] 新时代中国特色社会主义妇女理论不断丰富。

这一时期，移动互联网、大数据、5G等新技术深度应用于传媒领域，社交媒体平台出现，媒体进入融合转型时期，媒介化社会程度加深，妇女理论传播面临着全新的媒介环境。"媒介化社会是媒介、受众和社会共同作用的结果"[2]，在媒介化社会语境中，媒介对受众个体和社会系统的影响力增强，基于多元媒介的信息传递已经开始摆脱传统传播中的"中介性角色"，对社会形态的构型过程产生了更为直接的影响。

以新华社、《人民日报》、中央广播电视总台为代表的主流媒体在日常报道和专题策划中，以发展的思维将女性与中国梦、民族复兴、脱贫攻坚、人类命运共同体等时代议题相结合，为男女平等基本国策的落实营造了舆论环境。女性媒体积极适应社交媒体语境，探索采用微博、微信公众号和视频号、短视频等新形式传播妇女理论。例如，《中国妇女报》《中国妇女》杂志开通微博账号、微信公众号，弥补纸质媒体受制于出版周期而时效性弱的缺陷，使信息和观点能够快速呈现于舆论场；《中国妇女》杂志试水微信视频号，寓

---

[1] 习近平.坚持男女平等基本国策 发挥我国妇女伟大作用［J］.妇女研究论丛，2014（1）:5-6.
[2] 张晓锋.论媒介化社会形成的三重逻辑［J］.现代传播（中国传媒大学学报），2010（7）:15-18.

马克思主义妇女理论于短视频和直播等直观、生动的形式，优化理论传播效果；中国妇女网探索新技术应用，搭建妇女儿童家庭大数据中心、妇联系统新媒体中央厨房，并成为"网上妇联"的主阵地、主入口。

与此同时，公益广告在形式、话语等方面推陈出新，在传播妇女理论、促进女性主体意识觉醒、展现女性形象、提升社会对性别议题的认知水平等方面发挥了积极作用。例如，短视频《愿你出走半生，归来仍是少女》倡导中国女性自我意识和自我价值，共青团中央微博等予以转发；中国妇联、中国家庭文化研究会、中国妇女杂志社与某家居品牌共同发布的《中国式家庭情感表达方式》调查报告，为妇女家庭生活质量的提升提供了方案。

值得关注的是，职场"天花板"、婚恋歧视、家庭暴力等社会问题仍困扰着女性，新时代女性群体的再次解放需要继续坚持马克思主义妇女理论的指导，需要妇联组织、主流媒体、社会公众等多元传播主体共同参与。在此背景下，性别传播的研究内容更加丰富深入，推动马克思主义妇女理论学科化的呼声渐高。妇女研究机构和高校相关专业对女性的关注及研究专业化程度的加深，在发展妇女理论的同时，反哺妇女理论的传播，为马克思主义妇女理论大众化提供了新思路。

## 二、马克思主义妇女理论在中国传播的时代价值

历史上，马克思主义妇女理论为无产阶级妇女寻求解放提供了指导，也为无产阶级政党指导妇女运动指明了道路。马克思主义妇女理论在中国的百年传播，使妇女的合法权益得到保障、社会地位明显提高。未来，将不断推进中国特色社会主义妇女理论的广泛传播，这对于女性乃至社会的全面发展具有不可替代的时代价值。

### （一）推进男女平等基本国策落实

早在1954年，男女平等就已被写入宪法；1995年，国家第一次明确提出

将男女平等作为基本国策；2012年，党的十八大首次将男女平等基本国策写入党的报告。男女平等受到高度重视，反映了女性在国家发展和社会进步中的伟大作用，以及党和国家对广大妇女的关爱和保障。

但男女平等的真正实现同妇女解放运动一样，是一个长期的历史过程，且会随着时代环境的变化，面临全新的挑战。传统性别文化的局限性使得妇女在政治参与、接受教育、职业发展、婚恋生育、家庭分工等方面尚未获得完全公正的待遇，男女平等的基本国策落到实处依旧任重道远。

基于此，一方面，马克思主义妇女理论应与时俱进，以不断创新的思想回应时代之问，获得中国化、时代化发展；另一方面，马克思主义妇女理论应在更大范围内传播，不仅渗透于女性，更要在男性中达成共识，为女性获得平等的待遇创造良好的社会认知环境。

**（二）指导新时代妇女事业发展**

在中国共产党的领导下，妇女事业走过了百年发展历程。革命年代，在马克思主义妇女理论的指导下，妇女部、妇女运动委员会等妇女工作机构是妇女运动开展的组织依托，根据地、解放区颁布的法律、推出的政策是妇女权益的重要保障，广大妇女与党同心、跟党奋斗，英勇抗敌、踊跃支前，革命战争的胜利凝结着妇女的力量。在社会主义建设和改革时期，马克思主义妇女理论与中国实际相结合，婚姻法运动、废娼运动、扫盲运动等群众性运动推进了妇女解放进程，促进了妇女的基层政治参与；宪法、妇女权益保障法、婚姻法等法律法规为妇女权益提供了法律保障；联合国第四次世界妇女大会通过的《北京宣言》和《行动纲领》，标志着中国妇女事业逐渐走向国际舞台。进入新时代，以习近平同志为核心的党中央高度重视妇女事业的发展，《中华人民共和国反家庭暴力法》《中华人民共和国刑法修正案（九）》等法规的颁布以及保护妇女儿童权益等工作机制的建立，进一步加大了妇女权益保障的力度；《中国妇女发展纲要（2021—2030年）》《"十四五"时期妇联事业发展规划》为妇女事业的持续推进提供了行动指南；中国妇女不仅深度参与脱贫攻坚、乡村振兴、科技创新等时代命题，而且参与解决世界范围妇女健康、教育、减贫等领域问题,在国际舞台上展示风采。

2020年10月,在北京世界妇女大会召开25周年纪念大会上,习近平总书记指出,"世界的发展需要进入更加平等、包容、可持续的轨道,妇女事业是衡量的重要标尺",将妇女事业的地位提升到一个新高度。同时提出"帮助妇女摆脱疫情影响、让性别平等落到实处、推动妇女走在时代前列、加强全球妇女事业合作"[①]的中国主张,为妇女事业的发展贡献了中国方案。习近平总书记就妇女工作、妇联改革、家庭家教家风建设等作出的重要论述是中国化、时代化的马克思主义妇女理论。推动中国特色社会主义妇女理论在全新的时代环境中创新扩散,将为妇女事业与女性自身的进一步发展提供强有力的理论指导。

### (三)促进女性个体价值实现

马克思主义哲学的终极目标是实现人的全面解放和自由发展,马克思主义妇女理论即以实现妇女的全面解放和自由发展为目标。以马克思主义妇女理论为指导的妇女解放关注妇女个体价值的实现,而非价值本身,因为人们在实现个体价值的时候需要实践理性和知识智慧。

女性个体价值随着时代的变迁而不断发展、丰富。"妇女能顶半边天"的口号、"不爱红装爱武装"的诗句,折射出女性在新民主主义革命和社会主义改造中的作用。改革开放以来,随着妇女教育程度的提高和工作机会的增加,越来越多的女性有机会在职场展现自身的社会价值:公交楷模李素丽、"女神警"任长霞、敦煌守护者樊锦诗、中国首位女航天员刘洋、女校校长张桂梅等在各自的岗位上成绩卓越;在新兴的电子商务、网络传播等领域,李子柒等网络达人锐意创新,树立了网络时代独立向上的女性形象。但不能忽视的是,面对西方消费主义、拜金主义的冲击和传统落后文化的影响,女性时常

---

① 习近平在联合国大会纪念北京世界妇女大会25周年高级别会议上发表重要讲话[N].人民日报,2020-10-02(1).

面临个体价值迷失的困境，"宁愿坐在宝马车里哭，也不愿坐在自行车后面笑""学得好不如嫁得好""女子无才便是德"等错误的价值观依旧影响着女性个体价值的实现。

新中国成立70余年来，中国共产党领导的妇女事业在健全妇女权益保障法律体系、彰显妇女在家庭文明建设和经济社会发展中的作用、提高妇女的政治地位、提升妇女的受教育水平和健康状况等方面均取得了巨大的进步。新时代，推动妇女理论传播能够使更多女性了解、运用理论，以理论为实践服务，形成正确的价值观念，在社会转型中实现女性群体的再次解放，使其在能动性和创造力的释放中更好地实现个体价值。

**（四）丰富完善新时代马克思主义妇女理论**

马克思在《黑格尔法哲学批判》导言中指出："理论在一个国家实现的程度，总是决定于理论满足这个国家的需要的程度。"[①] 马克思主义妇女理论在中国的传播效果和接受程度，亦取决于妇女理论满足新时代妇女事业和社会发展需要的程度。

马克思主义妇女理论以阶级分析的方法来探讨妇女受压迫的根源，提出性别的劳动分工、异化等概念，对妇女受压迫的原因有着更为深刻的认识。改革开放以来，女性主义、社会性别、身份政治等有关性别的理论传入中国，与马克思主义妇女理论产生了碰撞。中国共产党人将马克思主义妇女理论与中国实际相结合，用事实证明，结合本土历史文化和发展道路的马克思主义妇女理论体现了文化自信和理论自觉，是最适合中国国情的妇女理论。

在百年未有之大变局中，全球化进程仍将持续，西方性别理论不可避免地继续对中国社会产生影响。马克思主义妇女理论的研究和传播应保持开放的心态，吸收借鉴其他性别理论的合理成分，建构马克思主义妇女理论学科体系、学术体系、话语体系，在学术交流、思想碰撞中保持马克思主义妇女

---

① 马克思，恩格斯.马克思恩格斯选集：第1卷[M].中共中央马克思恩格斯列宁斯大林著作编译局，译.北京：人民出版社，1995：11.

理论的生命力,在质疑、争论、释疑、解惑的过程中推动马克思主义妇女理论与中国国情和时代发展相适应。

## 三、新时代马克思主义妇女理论在中国传播的行动逻辑

### (一)以大众化和学理化传播拓展理论的覆盖面

为实现妇女理论最广泛的传播,对不同的群体应探求不同的传播路径,以差异化的内容满足受众的需求,拓展理论覆盖面。理论的覆盖面是衡量理论传播效果的重要维度,是理论抵达人心、形成认同的重要前提。

一方面,要持续推进妇女理论传播的大众化。要动员多元主体参与理论传播,在理性严肃的内容中注入情感元素,拉近受众与理论的距离,以实现马克思提出的"理论一经掌握群众,也会变成物质力量"①,拓展妇女理论传播的广度。

首先,妇联组织应自觉成为党密切联系妇女、沟通妇女的纽带,在倾听与交流中增强妇女群众对理论的共情。共情是人与人之间情绪情感的感染和投射,一个个体的情绪情感往往可以引发另一个体相同、相似、相关的情绪情感。除直接的理论宣讲外,妇联组织还可以探索深入妇女群众的传播形式,寓教于情、寓教于乐,实现共情传播。山西省太原市妇联组建"锦绣姐姐宣讲队",把发人深省的道理融入故事讲述,以原创舞台剧、经典诵读、合唱等文艺形式实现理论的沉浸式宣讲,通过共情议题、共情叙事、共情表达等,在理论的共情传播上进行了有益探索。其次,媒体机构应以马克思主义妇女理论为武装,积极寻求理论的创新传播路径,努力突破理论传播的圈层,提升妇女理论在整个社会的接受度。特别要以与女性群体密切相关的重要纲领性文件、热点社会事件、重大纪念活动为传播契机,推动整个社会对男女平等基本国策、妇女权益保障、妇女在经济社会发展中的作用、妇女参与国际

---

① 马克思,恩格斯.马克思恩格斯文集:第1卷[M].中共中央马克思恩格斯列宁斯大林著作编译局,译.北京:人民出版社,2009:11.

交流与合作的意义等形成正确的认知。

另一方面，要继续坚持妇女理论传播的学理化。恩格斯说："一个民族要想站在科学的最高峰，就一刻也不能没有理论思维。"① 坚持妇女理论学理化传播的过程即涵养理论思维、挖掘妇女理论传播深度的过程。

首先，要依托高校、学会、智库等力量，努力推进妇女理论学科化。我国妇女占人口的半数，有关女性议题研究的重要性日益凸显，在马克思主义理论学科下设立"马克思主义妇女理论"二级学科，有其时代必然性。2020年11月发布的《新文科宣言》提出，要"积极发展文科类新兴专业"。② 马克思主义理论是文科类专业的重要组成部分。马克思主义妇女理论既是马克思主义理论的重要部分，也是女性学基础理论不可或缺的部分，从学理层面探讨妇女议题，进而推动妇女理论的学科化，能够服务新文科建设，有助于实现妇女理论与中国妇女运动实践的有机结合，为妇女理论传播提供源泉。其次，要依托学术期刊、研讨会等妇女研究平台，搭建妇女理论学理化传播的阵地。既要"造船出海"，推动《妇女研究论丛》《中华女子学院学报》《山东女子学院学报》等专业性学术期刊的高质量发展，为相关议题提供思想交流、学术对话的平台；又要"借船出海"，依托综合类学术期刊或高校学报推出相关专栏或专题，拓展妇女理论学理化传播的空间。

**（二）以常态化和主题化传播提升理论的影响力**

在媒介技术的加持下，媒介产品的内容和形态日渐丰富，形塑着公众的价值观。理论具有抽象化的特质，我们应以丰富的媒介产品为载体，实现妇女理论的通俗化转化，进而提升理论传播的影响力。

一方面，要将理论成果寓于媒体的常态化传播活动。各级各类媒体的新闻报道与评论应以马克思主义妇女理论为指导，做中国特色社会主义妇女理

---

① 马克思，恩格斯．马克思恩格斯选集：第3卷［M］．中共中央马克思恩格斯列宁斯大林著作编译局，译．北京：人民出版社，1995：467．
② 新文科建设工作会在山东大学召开［EB/OL］．（2020-11-03）［2021-01-10］．http：//www.moe.gov.cn/jyb_xwfb/gzdt_gzdt/s5987/202011/t20201103_498067.html．

论最新成果的传播者和解读者，引导正确的性别舆论导向，建构健康的性别文化；以《中国妇女报》、中国妇女网为代表的女性媒体，应探索融合路径来讲好女性故事、传播女性声音、跟进性别社会问题的解决。1995 年，国家出台了《中国妇女发展纲要（1995—2000 年）》，这是我国第一部关于妇女发展的专门规划，明确了我国妇女发展的阶段性任务和主要目标。此后，国家每 10 年制定一部《中国妇女发展纲要》，对未来 10 年中国妇女事业发展做出规划与指导。以制定发展纲要推动妇女事业发展成为我国妇女工作的一大特色，也是党领导妇女工作的成功经验。对于《中国妇女发展纲要》的发布和实施情况，各级各类媒体应做好常态化的报道、阐释和监督，推进纲要落到实处。

另一方面，要以主题事件和主题节日为契机，策划主题宣传，形成妇女理论的规模化、集中化传播。主题事件是具有一定持续性和影响力，对于凝聚社会共识、形成理论认同具有重要作用的事件。与女性相关的主题事件凝聚着女性群体的智慧和力量：中国女排征战国际赛场，在比赛中团结协作，顽强拼搏，不言放弃，展现了鼓舞国人的女排精神；何泽慧、屠呦呦、陈薇等一代代女科学家坚持国家和人民利益至上，将科学追求融入国家使命，丰富了科学家精神；"全国脱贫攻坚楷模"中，妇女占半数，她们身体力行，以不懈努力诠释了脱贫攻坚精神。这些主题事件凝聚的精神力量成为中国共产党精神谱系的重要组成，是百年大党生生不息、薪火相传的力量源泉。马克思主义妇女理论传播应注重主题事件与精神力量的结合，使公众于潜移默化中形成对理论的正确认知。妇女理论传播还应把握好"三八"国际劳动妇女节和女性从业者占多数的护士节、教师节等契机，寓妇女理论于节日仪式的建构中，提升公众对妇女理论的认同度。2021 年 3 月 8 日，《中国妇女报》联合某护肤品牌发布题为《性别不是边界线，偏见才是》的短视频，将男女平等的观念置于日常生活场景，引发社会对两性在职场、家庭中存在的偏见的思考。该作品将理论与高质量的内容策划、吸引受众的呈现形式和具有象征意义的发布时间相结合，在微博、微信等社交媒体上引起公众高度关注，是妇女理论传播的生动探索。

## （三）以释惑和纠偏传播发挥理论的引导力

马克思主义妇女理论引导力的强化需要妇联组织、主流媒体等传播主体围绕在新的时代环境中出台的新政策、新规定，进行有针对性的解读，及时纠偏现实中的错误现象，在释惑和纠偏中彰显马克思主义妇女理论的科学性、进步性。

针对与妇女相关的重要讲话、纲领性文件、重大决策部署等，妇联组织、主流媒体等传播主体应及时进行深度解读。2019年9月，国务院发布《平等发展共享：新中国70年妇女事业的发展与进步》白皮书，全面宣传在贯彻男女平等基本国策基础上，中国妇女事业取得的历史成就、发生的历史变革，展现中国妇女在构建人类命运共同体、推动世界妇女运动发展中贡献的中国方案、中国力量。白皮书发布后，全国妇联网信中心及时制作了长图《新中国70年妇女事业的发展与进步》，帮助公众更好地理解白皮书内容；《谱写新时代中国妇女事业发展新篇章》[1]《70年妇女事业的发展进步昭示美好未来》[2]等评论文章，深刻解读了妇女事业与党的事业的关系、妇女发展与经济社会发展的关系；《中国妇女报》微博以九张图片直观呈现了白皮书九个部分的核心内容，《新京报》"新图纸"栏目从教育、就业、健康、政治地位四个维度展示了我国妇女事业取得的成就。这些有关妇女理论的通俗化转化，为公众更好地理解理论和政策起到了推动作用。

针对物化、矮化和丑化妇女以及封建化、污名化妇女的错误现象，妇女理论传播应及时予以纠偏。一方面，长期的父权制思想为封建化、污名化妇女提供了土壤，以此为基础形成的"女德""女子无才便是德"等认识对女性自我认知产生了错误的导向。近年来，披着国学、传统文化外衣的"女德班"不时出现，传统文化中的糟粕在利益驱动下沉渣泛起。另一方面，随着我国开放程度的不断提高，受西方消费文化的影响，时尚广告、商业推广中以女性为消费对象的错误倾向频频出现。例如，生活品牌"全棉时代"丑化女性

---

[1] 谱写新时代中国妇女事业发展新篇章[N].人民日报,2019-09-20(4).
[2] 70年妇女事业的发展进步昭示美好未来[N].中国妇女报,2019-09-20(1).

形象，将女性安全议题不恰当地娱乐化；奶茶品牌"茶颜悦色"低俗营销，侮辱女性的包装引发争议；内衣品牌 Ubras 直播时出现了"让女性轻松躺赢职场"的广告语，存在矮化、污名化女性的倾向。在传统落后思想、西方错误观念和网络传播非理性情绪的多重影响下，社会对女性认知的偏差在诸多领域均有体现。对此，中央政法委、共青团中央等及时发声，各级妇联组织联动跟进，主流媒体以马克思主义妇女理论为武装，及时纠正错误认知，为女性获得公平公正的待遇提供建设性意见，为维护妇女权益、治理歧视妇女乱象营造了正向的舆论氛围。

值得注意的是，基于价值观念、政治立场等因素的差异，西方媒体在呈现我国女性形象时，常常出现错误偏向。例如，在"春运母亲""新疆女工"等议题中，西方媒体发布了诸多丑化、污名化我国女性的错误言论，在国际舆论场上产生了极大的负面影响。我国政府部门、主流媒体和群众组织应坚持实事求是的原则，从中国妇女事业取得的成就和中国政府为落实男女平等基本国策所做的努力出发，给予西方媒体有力的回应与批驳。

### （四）以先进典型和普通个体传播增强理论的说服力

增强马克思主义妇女理论的说服力的过程，就是在全社会实现理论认同的过程。认同的实现可以理解为在社会转型过程中价值一致性的形成，即形成具有相对稳定性的共同价值，并使其成为维系社会稳定的基础。[①] 实现妇女对马克思主义妇女理论的认同对于形塑女性群体稳定的共同价值，激发其创造力，进而维系整个社会的稳定具有重要意义。先进典型的事迹宣传、普通个体的故事讲述，在不同的历史时期和不同的传播环境中发挥着各自的功能，对于优化妇女理论的说服效果，实现理论认同具有推动作用。

有关妇女的典型报道出现于 20 世纪 40 年代，这一时期多选择具有突

---

[①] 李舒，宋守山. 新闻媒体引导力的内涵、现状与实现层次：一种基于认同理论的分析[J]. 现代传播（中国传媒大学学报），2021（3）：27-32.

出贡献的先进人物作为典型。在革命战争时期和社会主义改造时期，革命烈士刘胡兰、救火英雄向秀丽、草原英雄小姐妹、"铁姑娘"战斗队等女性先进典型，调动了妇女的革命与建设热情，凝聚了民族解放和社会发展中的妇女力量。改革开放以来，在经济体制改革、社会主义现代化建设中涌现了诸多女性先进典型。她们在推动经济发展和社会进步中扮演了重要的角色，以实际行动成为马克思主义妇女理论的践行者。进入新时代，随着男女平等基本国策的持续推进，在中华民族伟大复兴的征程中，刘洋、陈薇、张桂梅等典型女性在科研、教育等领域绽放光彩，成为新时代妇女理论践行者的代表。从革命年代的女英雄、女战士，到社会主义建设时期的"铁姑娘"，再到改革开放以来在不同岗位上做出重要贡献的多元女性角色，女性先进典型的形象服务于不同时期国家发展和妇女事业进步的需要，先进典型的标准亦与时俱进，从去性别化、忽略女性自身特质发展转变为强调女性社会价值、尊重女性性别特点。贴近女性生活和工作实际的先进典型的塑造与传播有助于拉近马克思主义妇女理论与妇女群体的距离，动员更多妇女以实际行动实践理论、检验理论、发展理论。

此外，基于微观视角围绕女性普通个体的"身边人身边事"，也成为妇女理论传播的重要依托。各地妇联开展的妇女创业创新"带头人"实践、挖掘的红色家风故事等，激发了妇女参与社会劳动、建设和谐家庭的潜能；《中国妇女报》等女性媒体报道的"天问一号"的"90"后北京总调度鲍硕、黎乡茶姐符小芳、回乡创业的岳桂玲等普通女性的成长故事，通过视频号、微博等社交媒体在整个社会形成了立体化、生动化传播。这类典型和故事来源于妇女群众，所展现的平凡中的"不凡"，具有贴近性、可复制性等特点，对于推进妇女理论走进基层、走进妇女群众具有重要作用，能够打通妇女理论传播的"最后一公里"，激发女性群体共鸣，凝聚女性力量，促进马克思主义妇女理论认同"共同体"的形成。

## 四、结语

习近平总书记指出:"我们要坚持用马克思主义观察时代、解读时代、引领时代,用鲜活丰富的当代中国实践来推动马克思主义发展。"[①] 这启示我们,马克思主义妇女理论的发展与传播应扎根于时代,来源于鲜活的当代中国实践。在新时代,马克思主义妇女理论在指导妇女运动、团结妇女力量、激发妇女价值等方面仍焕发着时代活力,彰显着理论价值。推动马克思主义妇女理论传播从组织传播转向大众传播、从单向严肃走向互动活泼、从宣讲宣教变为内生激发、从面向女性发展为扩散到整个社会,需要多元化的妇女理论传播主体在实践中理顺理论传播的行动逻辑,以推动马克思主义妇女理论为更多人所理解,并在更大范围内形成认同。

---

① 习近平.论党的宣传思想工作[M].北京:中央文献出版社,2020:235.

# 传媒与执政党的互动关系探析*

进入 21 世纪以来，传播环境发生了深刻的变化。一方面，自媒体、融媒体的趋势越来越明显，信源主体多元化、大众化，信息形态上文字、图片、音视频共同呈现，传播媒介形态边界越来越模糊；另一方面，传媒组织规模发展迅速，传媒竞争的全球化趋势更加明显，信息传播的不平衡性进一步加大。现代社会中的传媒已经不仅是一种传播工具，而且深深地嵌入政治、经济、社会的发展运行，其对政治系统的影响尤为复杂而深刻。在新的媒体环境下，厘清政党、政府与大众传媒的关系的一般规律，对于让传媒成为党和政府的重要执政资源、执政工具，推动我国社会主义民主政治和转型期的社会发展意义重大。

## 一、传媒对执政党的影响

在民主政治机制中，必须有一个政治组织具有把各阶层的利益诉求传输到政治中枢去的职能，这就是作为联系社会民众与公共权力的桥梁的政党，政党参与和掌握国家政权，形成政党政治。传媒的发展对政党和政党政治产生了深刻的影响。

---

\* 本文原载于《中国广播电视学刊》2012 年第 2 期，收入本书时有改动。

## （一）对政党组织的影响

在传统模式下，民众需要通过各级组织逐层向上反映诉求，相对而言周期长、效率低。大众传媒特别是互联网等新兴媒体的发展为公众提供了一个公共平台，使利益诉求和意见表达迅速、广泛。这使得民众对政党的独立性相对增强，政党作为联系社会民众与公共权力的桥梁纽带作用正在弱化。

同时，现代社会的结构变迁以及人的流动性增强，推动政党更新组织沟通的途径与方式。能够有效跨越空间和时间，且具有较强互动性的新兴媒体开始成为政党进行组织沟通的工具，如中组部向全国党员发出 2012 年新年短信。政党自身的信息化改造和电子党务的推行，使党内运作的透明度增强，党内民主的进程加快。政党组织结构由"党中央⟷党的各级组织⟷党员"垂直式的层级结构向所有党员平等享有权利的扁平式网状结构转变。

## （二）对政党执政的影响

有学者认为，政党执政能力的高低直接反映在政党能不能在执政过程中履行相应功能，包括以下几个方面：利益表达，即把所代表的社会阶级、阶层、集团的利益、愿望、要求准确表达出来；利益综合，即把民众的利益、愿望和要求科学地转变成党的理论、路线、方针、政策；政治录用，即把社会精英接纳到党内来，使党成为社会各阶层、集团中最优秀分子的代表，成为给社会公共治理提供人才的可靠资源库；政治社会化，即通过宣传、教育把科学的民主政治理念提供给公众，促进他们公民意识的成熟，引导他们理性地参与公共生活。[①] 在信息社会，这些功能的充分实现都离不开传媒的作用。

社会主义人民民主的本质是人民当家作主。当前在我国社会转型和利益结构分化的背景下，体现人民当家作主的关键在于党能不能运用把握政权，通过国家治理实现对利益的公平、合理分配。在新的传播环境下，如果在自身建设和治理国家上仍旧局限于组织内部的传统做法，不能通盘考虑不同利益主体的诉求，不能广泛汲取社会智慧参与党的建设以及各项方针政策的决

---

① 王长江.中国政治文明视野下的党的执政能力建设［M］.上海：上海人民出版社，2005：45.

策、执行、监督，就有自身被边缘化的危险。

### （三）对政党执政环境的影响

传媒不但对政党组织、政党执政的发展和走向有着深刻影响，而且改变了政党生存的现实环境，对政党政治产生了不可忽视的影响。这主要体现在以下两个方面：一是传媒在传播内容上的选择性注意，形成了政党执政的舆论环境；二是通过对社会思想、公民意识、政治情感等的影响和塑造，形成了某种政治文化环境。这两个环境看似无形，实质上却直接影响到政治议程、政党形象乃至政党政府的决策走向。在经济全球化的背景下，跨国、跨文化传播的趋势不断加强，党执政环境的复杂性加剧，如何维护社会主义核心价值体系，确保意识形态安全，巩固执政基础是必须要面对的严峻现实问题。

此外，传媒机构作为有着自身政治、经济利益追求的特殊组织，也会把自身的利益诉求通过传播行为施加给政党政治。西方垄断传媒集团的出现使得传媒和政党都出现了异化，传媒垄断资本贪婪的逐利性与公共权力的寻租效应相结合的结果是，二者都背离了各自的本质，在丧失了自我的同时戕害了社会，新闻集团的"窃听丑闻"就是最好的例证。我国经济体制改革确立了市场经济的主体地位，如果任由市场经济追求利润和交换原则覆盖新闻传播领域，传媒就存在着被物异化的危险。不过，新闻界已经意识到了这一问题，目前正在广泛开展的"走转改"活动就是在价值观上的自觉扬弃。

## 二、执政党的传媒治理

执政党如何处理好和媒体的关系，是当今时代政党必须破解的新课题。面对传媒的巨大作用，世界各国的政党都在寻找能够对媒体施加有效影响的策略。在我国，党对媒体实施领导，是由党的性质和宗旨决定的，是中国共产党领导下的新闻事业的根本原则。传媒体现无产阶级政党的思想意志、政治要求和组织原则，是完成党的历史任务的重要保证，党必须正确把握党管媒体的内涵，通过构建科学的传媒治理结构和改善管理方式，让媒体为党执政发挥积极作用。

### （一）传媒治理存在的主要问题

新中国成立后，在吸收我国历史文化传统并部分照搬苏联模式的基础上，我国建立起了高度集中的政治体制和计划经济体制，媒体也被纳入其中，这对树立社会主义信念、维护共同的价值观、贯彻党的理论和路线方针政策、巩固党的执政地位，起到了十分重要的作用。改革开放特别是建立社会主义市场经济以来，这一传媒体制的局限性正在显现，主要体现在三个方面。

一是行政体系的"科层制"被移植到了传媒体制上。传媒也因此划分出了中央、省市、区县的层级和诸多行业系统。传媒在传播内容上更多地体现不同层级、不同行业系统的政治意图，客观上掩饰和淡化了社会的声音。对社会生活的反映不够充分，导致公众对传媒的信任度下降，传媒的社会功能难以实现。

二是行政体系的"归口"管理被移植到了传媒体制上。传媒因传播形态、内容、技术、载体等因素，接受着包括中央宣传部、国新办、广电总局、新闻出版总署、工信部、文化部等诸多党政部门的交叉管理。"多头管理"难免出现边界不清、管理重叠或空缺、相互抵牾、效率低下等负面效应，在影响传媒社会功能发挥的同时，制约了传媒自身的发展。

三是传媒自身的内在逻辑不清甚至矛盾重重。自20世纪80年代以来的传媒改革，一方面强化着党管媒体的原则，另一方面无疑又带有强烈的产业发展意识：1979年允许刊登广告；1983年允许电台、电视台下设公司实行企业化经营，不少媒体开始自办发行、内部融资；1993年广播电视业被正式列入第三产业，但其组成仍然是事业单位，采取事业单位企业化经营的模式；2001年中央提出，要全面深化文化产业体制改革，传媒业按资源属性的不同分为公益性事业和经营性产业两类，允许以资本和业务为纽带，组建多媒体兼营和跨地区经营的媒介集团，媒介改革向着市场化的方向纵深发展；2010年"十二五"规划提出"推动文化产业成为国民经济支柱性产业"；2011年十七届六中全会确立了文化产业在整个文化建设乃至在全面建设小康社会目

标中的战略性地位。纵观30多年的传媒改革历程,其实质是一种在传媒为政府所有的一元体制下的二元运作。在这一体制中,传媒既要完成党的宣传任务,又要通过市场行为来维持生计。这就难免使政府与传媒陷入两难境地:政府既要维护国有媒体的垄断地位,又要充分运用市场机制来推进整个传媒产业集约化发展,这样很难产生真正的竞争;而传媒在执行党和政府的政策的同时,难免首先考虑自己的利益,组织的发展目标、发展模式、组织架构、激励约束等内在的冲突和矛盾不可避免。

### (二)构建科学的传媒治理结构

从根本上看,无处不在、无时不有地制约中国传媒业发展的关键点,仍旧是体制,传媒治理的核心问题就是体制问题。事实上,每个国家的传媒制度和政策体系,都在维护特定社会制度的根本方向上发挥着重大作用。我国推进传媒体制改革,也要把握为人民服务、为社会主义服务、为党和国家工作大局服务的方向。努力构建科学的传媒治理结构,重点要解决三个问题。

一是破解传媒的层级问题。在身份定位上宜弱化其行政级别,逐步用全国性、区域性媒体取代中央级、省市级媒体,用专业性媒体取代行业性媒体,从而赋予传媒以平等的竞争主体地位。打破传媒管理上条块分割的格局,实施统一审批、监管,需要全面统筹、逐步实施、稳妥推进。

二是明晰所有制、产权等体制层面的根本性问题。当前传媒双重属性的问题突出,公益的和商业的逻辑同时存在于一家媒介组织内部的状况,不仅制约了传媒发挥维护公共利益的作用,也使其无法真正释放出参与市场竞争的活力。要通过政策的动态调适,使两种不同属性的传媒保持某种平衡,让公益属性和市场属性的传媒各得其所,共同服务于社会的发展和人民生活需要,从而实现政治利益、经济利益与公众利益的共赢。

三是从宏观上加强对治理思路的调控和引导。应通过制度设计、法规供给和经济调控等多种手段,使传媒在宏观调控和引导下实现执政意图。

## 三、执政党的传媒运用

有效运用传媒,是政党对传媒施加影响的另一个方面。"更好地发挥新闻宣传工作在推动经济发展、引导人民思想、培育社会风尚、促进社会和谐等方面的重要作用"①是党在新时期执政必须要用实践作答的现实问题。

### (一)基于认识论的不同功能下的传媒运用

传媒的行为从根本上说是一种制度化的社会传播,任何国家、社会都不存在脱离特定社会制度的传播行为。但长期以来,我国传媒被视作政治系统的一部分,政治系统与传媒的关系被简化为管理与被管理、使用与被使用,其局限性已经显现。

近年来,党在与传媒关系的认识上发生了变化,传媒不再是简单的传声筒。2008年,胡锦涛在全国宣传思想工作会议上指出:"各级领导干部要充分认识新闻舆论的重要作用,善于通过新闻宣传推动实际工作,热情支持新闻媒体采访报道,正确对待舆论监督,提高同媒体打交道的能力。"2009年,习近平在出席中央党校开学典礼时强调:"要提高同媒体打交道的能力,尊重新闻舆论的传播规律,正确引导社会舆论,要与媒体保持密切联系,自觉接受舆论监督。"2010年,李长春在全国宣传部长会议上强调:"切实做到善待媒体、善用媒体、善管媒体,充分发挥媒体凝聚力量、推动工作的积极作用。"这些重要表述的认识论价值在于,将传媒作为可资运用的执政资源、执政工具看待。

执政党更好地发挥传媒的政治功能,重点在于对其能够发挥的政治功能的充分挖掘与运用,主要包括以下四个方面。

一是作为执行宣传的工具。包括运用传媒公开党务政务信息,传达政令,促使政令畅通;宣传党的主张,使其为民众所理解,为推进党和国家事业发

---

① 胡锦涛.在人民日报社考察工作时的讲话[N].人民日报,2008-06-21(4).

展凝聚强大精神力量和塑造良好的舆论环境;弘扬社会正气,传播社会主义核心价值体系;等等。

二是作为沟通协调的渠道。包括通达社情民意,尽可能地反映不同主体的利益诉求,为党和政府决策提供参考;化解矛盾,疏导情绪,密切党群干群关系;建立参政问政的沟通平台,推动政党与民众之间的良性互动;等等。

三是作为舆论监督的途径。包括对公共政策的制定、执行情况实施监督;对党政干部的廉洁自律、政府公务人员的工作作风、工作态度实行监督;对党内民主和人民民主的落实实施监督;等等。这对公共权力实施监督,对于落实"权为民所用",遏制腐败,维护执政党的威信意义重大。

四是作为社会控制的手段。政党为实现一定的价值目标而存在,运用传媒对一定社会的思想、文化、意识形态、价值观等进行软性控制,有利于促使社会达成共识,实现目标以及政治系统长期的平衡与稳定。软性控制比国家政权、法律、军队等硬性控制影响更深远,成本却小得多,因此具有某种不可替代性。

### (二)基于方法论的具体情境下的传媒运用

政党政府的政治传播主要在以下几种情境中进行:一是日常工作,如政党政府的政务信息公开,一般性的新闻发布等;二是专项工作,如重要方针政策的宣传、重大活动的新闻发布、先进典型的宣传等;三是特殊时期,如发生突发性事件、公共危机等。不管是哪种情境,政治传播都要力求取得良好的实际效果。

好的传播效果取决于正确的传播策略和恰当的方法手段,换句话说,就是要尊重传媒及传播活动自身的规律。传媒在信息的生产、传播、消费上有一定的原则和规范,并形成了自己的方法论体系。随意干涉、违背这些规律,就可能造成传播的低效、无效,甚至反向效果。一段时期以来我国主流媒体的影响力下降,与此不无关系。

近年来,党和政府在运用传媒的方法论上发生了很大的变化:从盖着、瞒着、拖着,到完善日常新闻发布制度,第一时间发布有关突发事件的权威信息；从"舆论一致认为"，到加强舆情分析，再到"从社会舆论多层次的实际出发"①；从"自说自话"，到把握媒体分众化、对象化的趋势，研究各类受众群体的心理特点和接受习惯；等等。但总体看来，党和政府在运用传媒的方法论上还存在一些问题。例如，各地区各部门运用传媒能力水平不一，在运用传媒推动工作的主动性和自觉性上还有待增强，具体运用中仍有不尊重事实、不符合传受规律的现象，不善于适应国内外形势的新变化和人民群众的新期待，不善于创造性地开展工作，等等，这些问题都需要不断改进。

---

① 胡锦涛.在人民日报社考察工作时的讲话［N］.人民日报，2008-06-21（4）.

# 中编
# 践律：实践之"辨"

# 中国共产党百年来党报新闻评论功能的嬗变与启示\*

中国产生了共产党,这是开天辟地的大事变。① 党从诞生之日起,就十分重视发挥传媒的作用,党报"以发挥功能作用的方式为党的事业服务"②,从某种意义上说"没有党报,便不能有党的存在"③。

新闻评论是媒体的旗帜和灵魂。中国共产党通过各级机关报发表新闻评论,传递党的理论、思想、路线、方针、政策,进而实现政治意图。在建党百年的历史节点,探究中国共产党党报新闻评论在不同历史时期功能的嬗变并从中得出启示,对于党报在推进党的组织建设、政治沟通以及社会治理等方面更好地发挥作用具有重要意义。

## 一、革命宣传的报刊武器(1921—1931年)

从1921年7月中国共产党成立到1931年抗日战争爆发前夕,党的传媒活动与党的政治活动紧密相联。1922年7月,党的二大决定组织"民主的联

---

\* 本文系国家广播电视总局部级社科研究项目"社会治理视角下视听新闻评论的舆论引导力提升研究"(项目编号:GD2004)的阶段性成果,与张寅合作,原载于《出版发行研究》2021年第9期,收入本书时有改动。

① 毛泽东选集:第四卷[M].北京:人民出版社,1991:1514.
② 杨保军.论当代中国"党媒"理论体系的构建[J].新闻界,2021(1):16-25.
③ 立三.党报[N].红旗,1930-05-10(1).

合战线"，党内也取得了党必须拥有机关报的共识。①1922年9月，中共中央第一份机关报《向导》周报诞生。十年间，党先后创办《向导》（1922年9月13日—1927年7月18日）、《布尔塞维克》（1927年10月24日—1932年7月1日）、《红旗》（1928年11月20日—1930年8月14日）、《红旗日报》（1930年8月15日—1931年3月8日）等机关报。

党的二大明确提出反帝反封建的革命纲领。《向导》发刊词说，要将"统一、和平、自由、独立"四个观念传递给国民。倘若军阀与外患阻挠中国"近代政治，即民主政治立宪政治"，那么按照政治进化的规律，人民就不得不以革命的手段，进行取代。②这鲜明体现了党报新闻评论革命武器的功能。发表评论是早期党报的主要传媒实践活动之一，革命斗争的现实需要为党报新闻评论注入了论战的动力，党的机关报为党的政治言说提供了传播平台。这一时期的党报评论不仅表征了党投身大革命、掀起土地革命的革命意愿，更在关键的历史节点建构了党的重要政治主张，具体体现在三个方面。

一是撒播革命指导思想。陈独秀为《向导》撰写评论，阐明对中国革命的判断："中国产业之发达还没有到使阶级壮大而显然分裂的程度，所以无产阶级革命的时期尚未成熟，只有两阶级联合的国民革命的时期是已经成熟了。"③党报新闻评论用"国民革命"代替"民主革命"、推进国共合作，这些论断影响了广大工人、农民、知识青年，发挥了唤醒与团结民众的重要作用。读者称赞《向导》的评论："实是引导一班被压在帝国主义和军阀之下的人向光明路上走的一盏明灯，实是真正能够解放一班被压迫的人们的言论。"④可见，这一时期的党报新闻评论具有"思考、酝酿并推动社会变革的'政治抱负'"⑤，堪称撒播革命斗争思想的宣传武器。

---

① 王晓岚.中国共产党报刊发行史［M］.北京：中国社会科学出版社，2009：序章4.
② 本报宣言［N］.向导，1922-09-13.
③ 独秀.造国论［N］.向导，1922-09-20.
④ 喜子.读者之声·我们应注意反帝国主义运动的消息［N］.向导，1925-07-16.
⑤ 刘涛.作为知识生产的新闻评论：知识话语呈现的公共修辞与框架再造［J］.新闻大学，2016（6）：100-108，150-151.

二是诠释党的政治主张。关于中国革命的组成力量,《向导》的评论有明确的判断。"中国国民革命运动中,若没有工人阶级有力的参加奋斗,决没有得到胜利的可能。"① "这个贫农领导是非常之需要的,没有贫农便没有革命。若否认他们便是否认革命,若打击他们便是打击革命。"② 这些关于中国革命领导权的论述,与党的纲领、决议的精神是一致的。无产阶级与各种敌对势力的斗争也包括话语斗争,因而通过新闻评论诠释中国共产党的政治主张、影响党员和社会公众,是有效的革命武器。

三是建构意识形态认同。党报新闻评论作为言论武器,会建构一个意识形态认同的团体,这也是党报组织功能的具体体现。《红旗》第 100 期 "党报问题专号" 刊文指出: "党报的作用就在阐明党的纲领与政治路线,聚集广泛的同一政治主张,拥护同一政治路线的份子,结合成为统一的党,以整齐的阵线,进行一致的斗争。"③ 此外,这一时期的党报新闻评论还注重将建构理论与指导实践相结合,某种意义上说就是党的各级组织开展革命的 "指导物"。《红旗日报》针对 "四一二" 反革命政变发表社论《反对残酷的白色恐怖》,指明了具体的斗争方向: "我们应起来为着工农的解放,反对国民党屠杀工农劳苦群众的清乡,推翻国民党资产阶级的统治,建立保护自己的苏维埃政权。"④ 党报新闻评论的组织功能并非从其诞生之初就自然拥有,而是在党报与革命现实的不断互动中逐渐形成,进而对党组织的严密性、战斗性发挥了重要的助推作用。

如上所述,党报新闻评论的革命宣传武器功能经历了一个累进的过程。起初,党报新闻评论宣传鼓动功能的色彩非常鲜明,并且发挥了革命思想和意识形态的撒播作用。随着党报传媒系统与革命进程互动的深入,党深刻地意识到党报新闻评论的强大组织功效以及这种宣传武器对革命斗争的指导作用,从而加大了以党报社论指导具体革命工作的力度。这不但强化了党员的

---

① 独秀.中国国民革命运动中工人的力量[N].向导,1925-02-07.
② 毛泽东.湖南农民运动考察报告(二月十八日长沙通信)[N].向导,1927-03-12.
③ 立三.党报[N].红旗,1930-05-10(1).
④ 反对残酷的白色恐怖[N].红旗日报,1931-02-28(1).

政治身份认同，也使得党组织这个意识形态认同团体对革命斗争产生了重大现实影响。

## 二、政治动员的话语建构（1931—1949年）

九一八事变后，民族危机日益严重，中国共产党最先高举武装抗日的旗帜。党不仅通过党报充分传递"一致抗日"的政治主张，更是在14年的抗日战争中通过《红色中华》（1931年12月11日—1937年1月25日）、《新中华报》（1937年1月29日—1941年5月15日）、《新华日报》（1938年1月11日—1947年2月28日）和延安《解放日报》（1941年5月16日—1947年3月27日）等媒体，动员各方力量，争取国际舆论支持。抗战结束后，党为夺取新民主主义革命的全国性胜利，运用《人民日报》①等党报阵地宣传党的主张，与军事行动紧密配合，同敌对势力展开斗争。从抗日战争到解放战争，党报新闻评论的功能主要体现为政治动员。党报评论不断地建构各类动员议题，并努力在动员的过程中扩大公众对中国共产党的政治认同。

一是建构建立抗日民族统一战线、反对国民党反动势力等政治议题。抗战时期，党报发表了大量主张"一致抗日"的言论，不仅推动了国内政治格局的改变，也鼓舞了广大的中国民众。如《红色中华》的社论《评日本新闻界对中国的毒计》②号召要以"民族统一战线扩大与巩固"来反对日本帝国主义各种"新的毒计"；《新中华报》的社论《抗战一周年》③强调抗战具有持久性和残酷性；延安《解放日报》的评论《为反法西斯的国际统一战线斗争》④

---

① 1946年5月15日，晋冀鲁豫《人民日报》创办，系中共晋冀鲁豫边区机关局机关报；1948年6月15日，晋冀鲁豫《人民日报》与《晋察冀日报》合并，形成中共中央华北局机关报——华北《人民日报》；1949年8月1日，华北《人民日报》改为中共中央机关报。
② 评日本新闻界对中国的毒计[N].红色中华，1936-11-23（1）.
③ 抗战一周年[N].新中华报，1938-06-30（1）.
④ 为反法西斯的国际统一战线斗争[N].解放日报，1941-06-25（1）.

《世界政治的新时期》①等明确提出"建立国际反法西斯统一战线"这一具有深远意义的主张。可以说，党报新闻评论的政治动员功能，对第二次国共合作起到了不可低估的推动作用。

解放战争时期，党报新闻评论集中火力及时驳斥错误认识，与敌对势力做斗争。面对《大公报》为国民党发动内战的帮腔，《新华日报》发表了《与大公报论国是》②《可耻的大公报社论》③等评论，与《大公报》展开论战，有力地驳斥了错误认识；《东北日报》（1945年11月1日—1954年8月31日）的社论《中国共产党与东北人民的血肉关系》④生动形象地阐释了党的群众观，建构了中国共产党的政治形象；《解放日报》针对"沈崇事件"刊发的《号角响了，奋勇前进！》⑤等文章，促成了反对国民党反对美帝国主义的群众运动，加速了国统区"第二条战线"的形成。党报新闻评论从战略高度出发，通过有理有据地论说时政，实现了认同聚合的政治动员。

二是建构打破教条主义、反对经验主义等思想议题。1942年4月1日，延安《解放日报》改版。改版社论《致读者》⑥提出要让《解放日报》成为"各种运动底积极的提倡者组织者"，成为"天下人的报"，这可以看作党对办报工作的自评与思考；社论《党与党报》⑦指出，作为集体宣传者、集体组织者的党报"要依靠党的意志办事"，每一句话、每一个字都要考虑到党的影响。在《解放日报》社论的倡导下，党的媒体积极地改造文风，完完全全地成为党的"组织喉舌"⑧，也成为党团结、联系群众的纽带，党报的延安范式从此确立。

---

① 世界政治的新时期［N］.解放日报，1941-06-26（1）.
② 与大公报论国是［N］.新华日报，1945-11-21（2）.
③ 可耻的大公报社论［N］.新华日报，1946-04-18（2）.
④ 中国共产党与东北人民的血肉关系［N］.东北日报，1946-03-18（1）.
⑤ 号角响了，奋勇前进！［N］.解放日报，1947-01-09（1）.
⑥ 致读者［N］.解放日报，1942-04-01（1）.
⑦ 党与党报［N］.解放日报，1942-09-22（1-2）.
⑧ 李金铨.文人论政：知识分子与报刊［M］.桂林：广西师范大学出版社，2008：275.

这一时期的党报新闻评论还深刻促进了思想的改造，推动了延安整风运动的开展。《解放日报》刊载了一批具有思想改造性质的评论：一方面，促使有经验主义、教条主义倾向或错误的干部，撰写文章展开深刻自我反省；另一方面，促使根据地的知识分子抛掉"旧阶级和旧意识"，坚定革命思想，成为"鼓动群众"的重要力量。

三是建构鼓励农业生产、学习先进典型等生产生活议题。这类议题从抗日战争延续至解放战争，始终是党进行政治动员的重要议题。毛泽东撰写的社论《游击区也能够进行生产》①阐释了人口稀少的地方同样可以搞生产，《论军队生产自给，兼论整风和生产两大运动的重要性》②强调"催耕催种"的重要性，分析了整风和生产的关系。社论《边区农民向吴满有看齐！》③与典型人物报道相配合，号召边区群众"抓紧时机，努力开荒，努力生产"；晋冀鲁豫《人民日报》的《发刊词》④对农业生产作出了"保卫边沿区的麦收，及麦收后的耕种，目前即应加以准备"的具体指导。党报新闻评论通过对思想认识和意识形态的引导，组织并连接起民众，使他们自发地团结在党的周围，齐心投入生产运动，为党的组织发展和政权巩固提供物质保障。

总之，党报的延安范式确立后，党报新闻评论的话语体系逐渐形成，其政治动员功能效果显著：不仅推动了公众对党的政治认同，成为实现认同聚合的推动器，而且使党的政权更加稳固，成为凝聚组织合力的中介物。

## 三、执政主张的言论阐释（1949—1976年）

无产阶级全面取得政权后，百废待兴的局势和全新的任务，给党报新闻评论提供了全新的言说内容。为了与变化的政治系统、社会系统相匹配，传

---

① 毛泽东选集：第三卷［M］.北京：人民出版社，1991：1021-1024.
② 毛泽东选集：第三卷［M］.北京：人民出版社，1991：1105-1109.
③ 边区农民向吴满有看齐！［N］.解放日报，1942-04-30（1）.
④ 发刊词［N］.人民日报，1946-05-15（1）.

媒系统于1956年进行了一场全面的新闻工作改革。《人民日报》社论《致读者》①表示，要从"扩大报道范围""开展自由讨论""改进文风"着手改版，并明确指出"报纸是社会的言论机关"。"社会"二字意味着，党报已不仅是"党—人民"的关系纽带，也成为"人民—人民"沟通的桥梁。党的意志不能停留在组织层面，而应通过党报得以社会化。遗憾的是，随着反右派斗争扩大化，这次新闻工作改革夭折了。不过，这一时期的党报新闻评论在阐释党的执政主张、推进党的执政思想转化为社会现实方面，仍旧发挥了不可替代的作用。

一是阐释执政方针。中华人民共和国的成立，标志着中国进入人民民主的新时代。全新的社会主义制度、人民代表大会制度、政治协商制度、新中国第一部宪法等国家的重要政治制度、方针政策，首先成为党报新闻评论的阐释对象。在经济领域，同样有大量的新现象、新问题需要准确认知。李立三的《学会管理企业》②、陈云的《为什么要统一国家财政经济工作》③、薄一波的《税收在我们国家工作中的作用》④等三篇社论，中央高度肯定其"解决了当前财政经济工作中的重大问题"，号召各级党委和政府各部门的负责同志要"经常亲自动手在报纸上写这种能够透彻解决问题的社论"。⑤三篇社论不仅为财经工作提供了新知，更为党报新闻评论指导具体工作树立了样本。《必须大张旗鼓地向农民宣传过渡时期的总路线》⑥《帮农民算三笔账》⑦清晰地传递了过渡时期总路线的深刻内涵；《私营工商业的光明大道》⑧集中笔墨论述了资本主义工商业社会主义改造的问题。不过，在"大跃进"中，党报新闻评论

---

① 致读者[N].人民日报，1956-07-01（1）.
② 学会管理企业[N].人民日报，1950-02-06（1）.
③ 为什么要统一国家财政经济工作[N].人民日报，1950-03-10（1）.
④ 税收在我们国家工作中的作用[N].人民日报，1950-03-22（1）.
⑤ 中国社会科学院新闻研究所.中国共产党新闻工作文件汇编·中卷[M].北京：新华出版社，1980：3-4.
⑥ 必须大张旗鼓地向农民宣传过渡时期的总路线[N].人民日报，1953-11-09（1）.
⑦ 帮农民算三笔账[N].人民日报，1953-11-15（1）.
⑧ 私营工商业的光明大道[N].人民日报，1953-11-14（1）.

出现了错误判断,助长了"浮夸风"。党的八届九中全会后,这种局面得到扭转。《大兴调查研究之风》①《从实际出发》②《一切经过试验》③等评论助力国民经济按照"调整、巩固、充实、提高"的方针运行。整体上看,这一时期的党报新闻评论对国家制度、执政方针起到了较为充分的阐释作用,推进了实际工作。

二是启迪社会思想。在干部层面,党报新闻评论开展批评与自我批评,《要反对保守主义,也要反对急躁情绪》④《不要蛮干》⑤等强调做任何工作都要从实际出发,不能在指导思想上出现偏差;在广大群众层面,《人民日报》开设了"长短录",围绕生活中的具体现象,言之有物地引导社会认知。这一时期的党报新闻评论在全面启迪社会思想的同时,对《武训传》的批判等问题做出了错误判断,给文化事业带来了一定程度的伤害。

三是表达国家立场。尽管新中国受到西方国家的遏制,但党报新闻评论仍然坚定地表达国家立场,从未在国际舆论场缺席。《为什么我们对美国侵略朝鲜不能置之不理?》⑥《美帝国主义的侵略政策必将继续失败》⑦《和平解决朝鲜问题的第一步》⑧等国际评论旗帜鲜明地表达了中国人民热爱和平的主张;《历史潮流不可抗拒》⑨深刻地诠释了中国重返联合国的重要历史意义。特别值得一提的是,党报新闻评论参与了长达九年的中苏论战,《人民日报》先后发表28篇论战文章,在国际舆论场上勇于发声,坚定维护国家利益。

在党全面执政初期,党报新闻评论可谓"凯歌奋进",为党的全面执政提供了极其重要的建设性新知;到"文化大革命"时期,党报新闻评论则发生

---

① 大兴调查研究之风[N].人民日报,1961-01-29(1).
② 从实际出发[N].人民日报,1961-02-02(1).
③ 一切经过试验[N].人民日报,1961-04-03(1).
④ 要反对保守主义,也要反对急躁情绪[N].人民日报,1956-06-20(1).
⑤ 不要蛮干[N].人民日报,1956-09-01(1).
⑥ 为什么我们对美国侵略朝鲜不能置之不理?[N].人民日报,1950-11-06(1).
⑦ 美帝国主义的侵略政策必将继续失败[N].人民日报,1951-01-26(1).
⑧ 和平解决朝鲜问题的第一步[N].人民日报,1953-07-28(1).
⑨ 历史潮流不可抗拒[N].人民日报,1971-10-28(1).

了异化，给整个社会思想和具体工作带来了负面影响。党报新闻评论功能的"曲折发展"，说明了传媒系统坚持正确思想的重要性，一旦错误思想充斥传媒系统并得以社会化，就会给整个社会带来严重危害。

## 四、真理探讨的言说回归（1976—1992年）

党的十一届三中全会实现了历史转折，其后两次思想讨论为党报新闻评论提供了发展的动力，"八二宪法"的出台给予了党报评论发展的法律保障，党报工作重回正轨也为新闻评论提供了正常的言说空间。这一时期党报新闻评论的功能呈现出一种复合性，不仅推动思想观念转变为国家的方针政策，也坚实地传递党的改革主张，促使政治理念转变为社会发展路线图。

一是冲破思想禁锢。党报新闻评论打破"两个凡是"的精神枷锁，在真理标准大讨论中发挥着不可磨灭的组织和思想引领作用。《实践是检验真理的唯一标准》①深刻阐明了实践不仅是检验真理的"唯一标准"，也是检验党的路线是否正确的"唯一标准"的道理，经由《人民日报》《解放军报》和新华社转发后，引起全国性反响和公众普遍共鸣。此外，《人民日报》还刊发了《伟大转变和重新学习》②《把全党工作的着重点转移到现代化建设上来》③和《解放思想 实事求是》④等评论，进一步推动思想观念的解放及其现实转化。

与真理标准大讨论聚焦政治思想的重大转变不同，"人生观"大讨论反映的是改革开放初期青年一代对人生价值的思考。1980年5月，《中国青年》杂志发表了一封读者（署名"潘晓"）来信《人生的路呵，怎么越走越窄》，表达了其对人生的困惑。这封坦诚、真挚，又带有幽怨、沉重情绪的来信具有很强的代表性，旋即引发了历时半年的全国性大讨论。《人民日报》刊发评论

---

① 本报特约评论员.实践是检验真理的唯一标准[N].光明日报，1978-05-11（1-2）.
② 本报特约评论员.伟大转变和重新学习[N].人民日报，1978-12-24（2）.
③ 把全党工作的着重点转移到现代化建设上来[N].人民日报，1978-12-25（1，4）.
④ 解放思想 实事求是[N].人民日报，1978-12-29（1，4）.

员文章《人生观的讨论值得重视》①，认为这场讨论恢复了我们党思想政治工作的好传统，为党的思想政治工作提供了可贵的新鲜经验。毫无疑问，在两场全国性的大讨论中，党报新闻评论卓有成效地帮助人们打破思想禁锢、消除思想困惑，为改革开放奠定了社会思想基础。

二是传递改革信号。改革开放以来，无论是农村还是城市，各种新事物、新现象、新问题层出不穷，成为党报新闻评论的关注对象。在农村，"联产承包责任制"是改革的焦点，范敬宜的《分清主流与支流 莫把"开头"当"过头"》②破除了当时很多干部群众的思想存疑，《把联产承包制引向更广阔的领域》③明确地肯定"联产承包责任制是我国农民的伟大创造"，《把农村生产转上商品经济轨道》④深刻分析了农村产业结构问题的根本所在。在城市，"企业租赁改革"备受争议，《经济日报》就"关广梅现象"展开讨论，强调不要用"社"和"资"的陈旧尺度去衡量改革现象、改革人物；《人民日报》直斥"大锅饭"现象的七篇新闻评论有力推动了经济体制改革和公众观念的更新。这些密切关注改革进程中现实话题的党报新闻评论，一方面清晰地传递着改革的信号，另一方面也及时廓清了改革初期公众的一些模糊认识。

三是坚定改革方向。随着改革的推进，特别是民营和个体经济的发展，关于改革姓"社"姓"资"的质疑和"和平演变"的担忧越来越多。改革是否应该继续推进、向哪里推进，成为关乎国家发展的关键问题。党报新闻评论准确把握方向、及时发声，对改革的向前推进起到了言论引导作用。1991年新春，上海《解放日报》的"皇甫平"系列评论明确指出改革开放是强国富民的唯一道路，传递了发展社会主义市场经济、扩大开放的重要意义。1992年新春，《深圳特区报》的"猴年新春八评"传达了邓小平同志南方谈话精神，强调不要陷入姓"社"姓"资"的框框，要敢闯、多干实事，坚持走

---

① 本报评论员.人生观的讨论值得重视［N］.人民日报，1980-07-29（1）.
② 分清主流与支流 莫把"开头"当"过头"［N］.人民日报，1979-05-16（1）.
③ 本报评论员.把联产承包制引向更广阔的领域［N］.人民日报，1983-03-23（1）.
④ 把农村生产转上商品经济轨道［N］.人民日报，1984-12-31（1）.

社会主义道路。在改革开放的前沿上海和深圳,党报新闻评论从历史和现实出发,于关键时刻发出了"黄钟大吕"之声,在思想的交锋中发挥了定盘星的作用,为坚定改革方向贡献了媒介力量。

总之,随着"拨乱反正"的完成,传媒系统与政治系统的关系回归常态,党报新闻评论的主体性得以体现。在改革开放初期,党报新闻评论不但扫清了启动改革的社会思想阻碍,还在关键节点上推进了改革的历史进程,发挥出强大的媒介动力。

## 五、市场经济的舆论助推(1992—2012年)

1992年,党的十四大明确提出建立社会主义市场经济体制。第二年召开的党的十四届三中全会通过的《关于建立社会主义市场经济体制若干问题的决定》,勾画出社会主义市场经济体制的基本框架。这一时期,在经济社会转型、全面建设小康社会过程中,要面对一系列关乎党和国家命运的重大理论问题,党报新闻评论始终积极介入,自觉反映和引导舆论。同时,党对舆论监督的重视与信息公开制度的健全,为党报新闻评论发挥舆论监督功能提供了条件。

一是指引经济转型。党报新闻评论针对经济改革"再度发言",明晰了经济重心转移、经济观念转换的重要意义,很多是具有前瞻性的时代思考。例如,任仲平首篇文章《从十一届三中全会到十四届三中全会》[1]指出要重点突破"市场体系""宏观调控""现代企业制度""社会保障制度及分配制度"四个领域的改革;《了不起的"软着陆"》[2]强调"把宏观调控与微观搞活更好地结合起来,积极促进经济适度快速增长"。《节约是全社会的共同责任》[3]剖析了"建设节约型社会"的经济意义。诚然,经济的转型并非一帆风顺,亚洲

---

[1] 任仲平.从十一届三中全会到十四届三中全会[N].人民日报,1993-12-22(1,4).
[2] 了不起的"软着陆"[N].人民日报,1996-12-06(1).
[3] 节约是全社会的共同责任[N].人民日报,2006-07-04(5).

和全球的金融危机给中国经济发展带来了巨大冲击。《过度创新与金融风暴》①《呼唤公平合理的国际金融新秩序》②等评论深度解析了2008年国际金融危机发生的原因、危害与应对策略，强调国际金融新体系应该充分体现发展中国家的利益；《不是所有弯道都是超越好时机》③理性地分析了金融危机背景下的经济发展问题，及时纠正了急功近利的错误认识。整体上看，党报新闻评论运用特有的话语力量建构经济改革的共识，引导国民经济向正确方向转型。

二是关注社会转型。社会转型期呈现出明显的"分化"特征，而新闻评论则肩负着"整合"的使命。④《警惕"电脑犯罪"》⑤关注非法出版物对青少年的身心影响，推动全国开展了一场声势浩大的扫黄打非斗争，电子黄毒得到有效遏制；"孙志刚事件"发生后，党报言论从事实出发，回应社会关切，媒体系统合力推动了"收容遣送制度"的废止；"非典"疫情警示"风险社会"的到来，《把保护人民群众身体健康和生命安全放在第一位》⑥不但阐明了预防、治疗和控制非典的极端重要性，更体现了党全心全意为人民服务的根本宗旨。这一时期时评再度兴起，时评关注的对象往往趋向具体，但党报新闻评论对社会转型的关照，并不局限于反映具体个体的现实诉求，更多的是代替某一社会群体进行利益表达，从社会治理的角度予以深度介入，给出富有建设性的意见，从而起到社会整合的作用。

三是聚焦重大事件。任仲平文章《论九八抗洪精神》⑦点明了"万众一心、众志成城，不怕困难、顽强拼搏，坚韧不拔、敢于胜利的'九八抗洪精神'"

---

① 国纪平.过度创新与金融风暴：初析国际金融危机的成因、危害及应对：上[N].人民日报，2008-11-05（3）.

② 国纪平.呼唤公平合理的国际金融新秩序：初析国际金融危机的成因、危害及应对：下[N].人民日报，2008-11-06（3）.

③ 孙秀岭.不是所有弯道都是超越好时机[N].大众日报，2009-04-13（4）.

④ 李舒.转型期新闻评论的政治传播功能及其实现[J].现代传播（中国传媒大学学报），2012（4）：43-46.

⑤ 本报评论员.警惕"电脑犯罪"[N].人民日报，1995-12-18（1）.

⑥ 本报评论员.把保护人民群众身体健康和生命安全放在第一位[N].人民日报，2003-04-14（1）.

⑦ 任仲平.论九八抗洪精神[N].人民日报，1998-09-17（1，4）.

的意义。汶川大地震发生后,《四川日报》评论员文章《万众一心 众志成城 战胜特大地震灾害》①指出,要最大限度地降低和消除群众的恐慌情绪,全力维护社会稳定;《人民日报》刊发评论,"为顽强的灾区人民祝福,向伟大的白衣战士致敬"②,号召举国上下"凝聚起民族复兴的力量"③。除了聚焦重大突发事件,党报还对重大历史性事件发表言论。例如,《人民日报》对香港回归祖国冠以"百年盛事"④,对澳门回归祖国冠以"光辉史篇"⑤,对北京奥运会冠以"伟大的历史丰碑"⑥。总之,党报新闻评论既可以挖掘重大事件的价值,深刻表征其内在精神并加以弘扬;还可以对重大事件的解决给予指导或建议,为事件的发展提供媒介动力。

四是拓展对外传播。这一时期,党报的国际评论能够从维护和提升国家形象出发,掌握话语的主动权。以美国为首的北约悍然轰炸了中国驻南斯拉夫联盟共和国大使馆,《人民日报》连续九天发表评论谴责美国暴行,表达了"维护世界和平,促进共同发展"的立场;中国申请加入世界贸易组织成功后,《中国大步走进世界》⑦等评论向其他国家传递了"建立全球文明社会""建立公正的国际政治新秩序"等观点。

社会主义市场经济体制建立后,党报新闻评论不仅指引经济转型,引导社会舆论,还给出了破解社会转型期种种阵痛的方案。可以说,经济社会的全面发展与党报新闻评论的舆论助推密不可分。

## 六、政党观点的多维表达(2012—2021 年)

党的十八大以来,以习近平同志为核心的党中央提出了一系列治国理政

---

① 本报评论员.万众一心 众志成城 战胜特大地震灾害[N].四川日报,2008-05-13(2).
② 本报评论员.在废墟上托起生命的方舟[N].人民日报,2008-05-22(2).
③ 任仲平.凝聚起民族复兴的力量:论伟大的抗震救灾精神[N].人民日报,2008-07-04(1).
④ 中华民族的百年盛事:热烈庆祝香港回归祖国[N].人民日报,1997-07-01(3).
⑤ 中华民族的光辉史篇:热烈庆祝澳门回归祖国[N].人民日报,1999-12-20(3).
⑥ 一座伟大的历史丰碑:北京奥运会成功的启示之一[N].人民日报,2008-08-27(4).
⑦ 古平.中国大步走进世界[N].人民日报,2001-11-12(7).

的新理念、新思想、新战略。中华民族伟大复兴的中国梦为党报新闻评论提供了创新动力，移动互联技术的应用推动了党报评论的融合发展，也给其发挥舆论引导作用带来了挑战。党把新闻舆论工作放到了"治国理政、定国安邦"①的高度来认识，要求各级领导干部养成"媒介阅读"的习惯，其中就包括"读人民日报的时政报道和重要评论"②。

一是以融合传播凝聚社会共识。一方面，党报新闻评论将"党的全面领导""全面深化改革""脱贫攻坚"等国家方针战略转化成媒介议题，激发实现伟大复兴的精神力量。《让改革旗帜在中国道路上飘扬》③《以造福人民为最大政绩》④《乘势而上开启新的伟大征程》⑤等评论传递了党"以人民为中心"的理念和全面深化改革的决心。另一方面，党报新闻评论积极进入互联网的"主战场"，转变话语方式，探索运用多种符号的融合评论，努力增强自身引导力。人民日报"中央厨房"推出的任仲平系列微音频、微视频将传统报纸评论和音视频相融合，浙江新闻客户端推出的"画里有话"将文字和动图相融合，中国青年报推出的"中青融评"，"人民日报评论"微信公众号推出的"睡前聊一会儿"将文字和声音符号相融合……党报新闻评论不仅将自己的传播阵地扩展到微博、微信、抖音等社会化媒体平台，更是灵活地使用各种传播符号传递党的主张，使其成为网络舆论场的"主心骨"，发挥新型主流媒体"定海神针"的作用。

二是以公共说理促进社会治理。在推进社会治理体系和治理能力现代化的进程中，新闻评论因其表达意见性信息的属性，直接或间接地参与社会治理。例如，《"怎么证明我妈是我妈！"》⑥聚焦行政审批的时效与信息化问题，

---

① 习近平谈治国理政：第二卷[M]．北京：外文出版社，2017：331．
② 习近平．在中央和国家机关党的建设工作会议上的讲话[J]．求是，2019（21）：4-13．
③ 让改革旗帜在中国道路上飘扬[N]．人民日报，2013-11-13（2）．
④ 本报评论员．以造福人民为最大政绩：习近平主席2018年新年贺词启示录①[N]．人民日报，2018-01-01（1，4）．
⑤ 乘势而上开启新的伟大征程：元旦献词[N]．人民日报，2021-01-01（3）．
⑥ 黄庆畅．"怎么证明我妈是我妈！"[N]．人民日报，2015-04-08（17）．

《不要让"拒收现金"成为新顽疾》①聚焦数字经济下消费者权益问题,《魏则西事件下的污名化狂欢要不得》②聚焦网络舆论暴力问题……党报新闻评论关注公共议题,通过与参与观点交流的公众的互动,探求更加有效的社会治理方式与手段,推动社会治理不断优化。

三是以高度自信传递中国观点。习近平总书记强调,要"下大气力加强国际传播能力建设,形成同我国综合国力和国际地位相匹配的国际话语权。"③国际话语权不仅体现为讲好中国故事,更要在国际格局加速演变的背景下,寻找西方话语霸权的突破点,以高度的道路、理论、制度和文化自信传递好中国观点。一方面,党报新闻评论在国际舆论场中呈现出主动性,不仅将传播渠道延展至国际社交媒体平台,还十分注重将政党理念、国家观点依托时政议题主动传递出去。《人民日报》针对中美贸易战连发的"九评"尤为典型,系列评论有力驳斥了"中国强制转让技术论""中国盗窃知识产权论"等错误论调,传达了"交流互鉴、取长补短、美美与共"的中国主张。另一方面,党报新闻评论的国际传播具有鲜明的针对性,面对西方舆论的有意抹黑、歪曲,能够从中国立场、全球视角出发,以坚实的事实基础和高度的逻辑自洽予以精准有力的回击。《绝不允许暴力绑架香港未来》④明确指出"暴力就是暴力",绝不会让暴力毁掉"东方之珠";《以科学精神抵制"政治病毒"》⑤清晰地传递了"政治病毒比新冠病毒更可怕"的观点。总体上看,党报新闻评论能够直面敌对声音挑战,在国际舆论场的较量中能够旗帜鲜明地表达中国观点,阐发"人类命运共同体"理念的深刻内涵。需要指出的是,党报新闻评论的对外传播,尚存在目标受众不够明确、说理的方式方法不够讲究、论断不够专业等问题。⑥如何掌握有力的国际舆论话语权,使更多的观点获得跨

---

① 王俊勇.不要让"拒收现金"成为新顽疾[N].杭州日报,2020-11-20(3).
② 张杰.魏则西事件下的污名化狂欢要不得[N].福建日报,2016-05-08(1).
③ 加强和改进国际传播工作 展示真实立体全面的中国[N].人民日报,2021-06-02(1).
④ 本报评论员.绝不允许暴力绑架香港未来[N].人民日报,2019-08-31(4).
⑤ 任平.以科学精神抵制"政治病毒"[N].人民日报,2020-05-18(4).
⑥ 李舒,陈菁瑶.新闻评论与国家形象传播[J].新闻大学,2013(4):45-49.

文化认同，是摆在党报新闻评论面前的现实课题。

总体而言，新时代的党报新闻评论不断在话语风格、表达方式和传播阵地上自觉优化，不仅重塑了党报"定海神针"的角色，还提升了"公共说理"的现实作用，并有力地诠释了中国观点与外交主张。

### 七、百年来党报新闻评论功能嬗变的启示

在百年的历史长河中，传媒系统与政治系统、社会系统的互动促使党报新闻评论的表征与建构发生了深刻变化，带给我们以下启示。

一是党报新闻评论是形成党内共识的主要传播体裁。党报运用新闻评论这一新闻体裁，宣传党的政治主张、推动党的政治行动，在政党内部发挥着正向的组织合力作用。无论是革命战争时期的"组织喉舌"，还是国家建设时期的"社会喉舌"，党报新闻评论始终发挥着一种凝聚合力的作用。这种合力虽然面向全社会，但着重作用于党组织自身。当政党组织内部出现错误现象时，党报新闻评论可以发挥言论的警示作用，对党内的错误言行和权力的不正当使用进行舆论监督。这种媒介行为对组织的净化作用，从另一个向度增强了党组织的凝聚力。

二是党报新闻评论是表征政党意志的有效媒介武器。政党要想让自己的主张被民众广泛认同，就不得不通过媒介进行传递。党报新闻评论作为媒介化的文本，能够实现"人与人"的联通，使政党所要传递的意识形态、价值观念等得以大众化表征，成为全社会的共享性意义。随着技术的发展，承载这种表征的媒介也从新闻纸拓展到了广播、电视与互联网。党报新闻评论只有与媒介形态适配性发展，才能在国内国际舆论场中凝聚更广泛的共识。值得特别一提的是，与西方媒体惯于隐藏政党倾向性不同，中国共产党机关报始终坚持为党立言，在以新闻评论传递其政治主张时，是"公开的、旗帜鲜明的，不是遮遮掩掩的"[1]。

---

[1] 杨保军.新闻规律论［M］.北京：中国人民大学出版社，2019：292.

三是党报新闻评论是增进政治沟通的鲜活媒介实践。党报的新闻评论是一种主观色彩较强的政治沟通行为，旨在通过观点的沟通建构政党与公众的关系。党报新闻评论的政治沟通功能越强，越能正向增加政治的稳定程度。倘若党报新闻评论在话语方式上缺乏沟通的品质，就会成为单向度的政治宣传，甚至沦为对空言说。进入数字时代，党报新闻评论不能沉溺于既有的印刷媒介和文字符号，而应努力建构与新的传播技术、新的媒介形态相匹配的政治沟通理念与文化，从而在社会转型期最大限度地汇聚向心力。

四是党报新闻评论是促进社会变迁的重要媒介动力。党报新闻评论天然沟通着传媒系统与政治系统，百年来还与社会系统保持着深刻的互动。在党报新闻评论的推动下，社会系统延伸了交流的范围和层次，自身不断获得优化。新的媒介环境下，党报新闻评论努力实现话语表达的创新、传播实效的增强和舆论引导力的提升，对于确保社会转型平稳进行，推进社会治理现代化意义重大。党报新闻评论充分发掘自身优势，积极参与社会治理，在重塑治理关系、确保治理规范、提升治理效能、推进治理协同、创新治理手段方面大有可为。

纵观百年来党报新闻评论的实践，我们可以清晰地看到，党报评论的价值绝不止于一般性的政治沟通，更为重要的是，党利用言论形塑媒介武器，提升政治稳定度，为党的政治活动提供强大的媒介保障，而这正是新百年党的理论传播创新的逻辑起点。

# 转型期新闻评论的政治传播功能及其实现*

当前中国正在经历质的意义上的社会整体嬗变，具体体现在以下几个方面：经济层面上，从计划经济体制转向市场经济体制，从农业社会转向工业社会、信息社会；社会层面上，从乡村社会转向城镇社会，从封闭、半封闭社会转向开放社会；制度层面上，从人治转向法治；思想文化层面上，从同质的单一性转向异质的多样性。在转型的过程中，新问题、新矛盾集中显现，正视并科学地分析这些问题，治理乃至消除社会转型的负面效应，推动社会整合，对于中国平稳度过现代化的过程意义重大。

近年来，我国政府在社会整合过程中，越来越注重发挥新闻媒体的政治传播功能，如各级党委和政府普遍设立了发言人，扩大了重要活动的媒体开放，运用微博等途径开展电子政务等。这些具体措施多将注意力集中于信息告知，一定程度地忽略了在影响、引领社会舆论上更为有力的新闻评论。新闻评论作为一种表达观点的新闻体裁，在发挥社会整合作用方面意义重大。

## 一、转型期的"分化"特征与新闻评论的"整合"使命

转型以前，我国是高度刚性的封闭型社会，社会分化程度较低、分化速度缓慢，具有较强同质性和稳定性，但社会整体发展缓慢。市场经济承认个

---

\* 本文系国家社科基金项目"新时期新闻评论发展研究（1978—2013）"（项目编号：11CXW003）的阶段性成果，原载于《现代传播》（中国传媒大学学报）2012 年第 4 期，收入本书时有改动。

体对利益的追求,社会财富得以迅速增加,但也带来了社会分化。这种分化主要体现在三个方面:一是社会群体的类别增多,即利益主体在利益关系中处于不同地位;二是社会群体间的差距拉大,即由于不同利益主体占有的资源和条件不同,社会不平等程度发生变化;三是思想文化领域异质性的增加,以及社会分化程度加大带来的社会心理的分化。

一般说来,适度的分化有利于社会发展进步,如有利于打破"身份社会"的不平等,推动民主和法治建设,有利于解放思想,激励和强化竞争和进取意识等。但分化有着无限扩大和不择手段的自发倾向。在自由放任的条件下,利益主体会在追求自身利益最大化的过程中置他人和整体利益于不顾,当分化发展到产生了较为普遍的利益矛盾和冲突时,就会影响社会稳定。美国著名政治学家亨廷顿指出:"事实上,现代性孕育着稳定,而现代化过程却滋生着不稳定。……产生政治秩序混乱的原因,不在于缺乏现代性,而在于为实现现代性所进行的努力。"[①]这时就需要通过各种方式,将社会结构不同的构成要素、互动关系及其功能结合为一个有机整体,从而提高整个社会的一体化程度,推动社会的发展,这就是社会整合。社会结构的不断分化与整合正是转型期社会发展和现代化的主要内容和根本动力,在"分化—整合—再分化—再整合"的螺旋式上升过程中,转型得以完成,社会得到不断的发展和进步。

我国正处在加速转型期,社会分化的速度、广度、深度和烈度比任何时期都要复杂和深刻,分化已经由促进发展的动力、活力转化为发展的离散力、破坏力,社会问题大量涌现,如不予以高度关注,社会最终将出现"断裂和失衡"。如何适应这一变化,通过恰当的整合,应对中国正在发生的结构转换、机制转轨、利益调整和观念转变,平稳度过现代化,是我们必须要面对的课题。

与分化的自发性不同,社会整合是具有高度自觉性的活动。社会整合从

---

[①] 亨廷顿.变化社会中的政治秩序[M].王冠华,等译.北京:生活·读书·新知三联书店,1989:28.

根本上说不是解决具体利益主体的直接利益，而是他们的间接利益，即共同利益、长远利益。由于任何具体的主体都无力承担起维护社会共同利益的全部职能，因此必须依靠由各具体利益主体"权力让渡"所组成的共同利益的合法代表来履行这一职能，于是政府成为推动社会整合的主体。

新闻媒体因其特殊的社会功能，有利于潜移默化地将意识形态、价值观、社会认识等内化为人们的自觉言行，成为政府进行社会整合的有效手段。其中，新闻评论作为新闻媒体的旗帜和灵魂，其政治传播功能的发挥在转型期具有特殊的价值。因由转型期"分化"的社会特征，新闻评论在发挥舆论反映、舆论导向、舆论监督等具体功能方面历史地肩负着"整合"的使命。这种"整合"既包括通过对各种不合理、无序现象的关注与批判缓和利益冲突、消除不合理，进而弥合社会结构的分化；也包括正确分析与认识意识形态领域发生分化的态势，通过引导不同利益主体的思想认识，弘扬有利于推动经济社会协调发展和全面进步的理想信念、价值观念，进而形成构建社会主义和谐社会的精神合力。

## 二、转型期新闻评论的政治传播功能

谈及新闻评论的政治传播功能，有人会提出疑问，与这一功能相对应的评论主体究竟是谁？是政党政府还是新闻媒体？还是进入"公民写作"时代的每一个具体的评论作者？

政治传播是个人或组织通过大众传媒等多渠道传播政治信息、讨论政治活动的传播行为。在我国，对政治传播的理解大致有两类走向：一类侧重以党和政府的宣传为本位，强调新闻媒体作为舆论工具的作用；另一类则侧重在社会历史发展进程中考察政治传播对社会总体的意义。前者着眼于工具理性，后者着眼于价值理性。笔者认为，现阶段我国的政治传播应是工具理性与价值理性的统一，主要理由有二：第一，政治传播系统是由政治系统、传播媒介和公众三个要素互动而构成的有机整体，其中大众媒介是一个包含工具理性和价值理性的混合体，以大众传媒为主渠道进行的政治传播也应是工具理性和价值理性的统一；第二，对于转型期的政府与大众传媒来说，尽管前者有时表现为加强对后者的控制，后者有时表现为从前者那里争取一定的独立性，但它们通过社会整合构建合理的政治秩序、实现社会均衡、全面和可持续发展的目标从根本上说是一致的。因此，无论是党和政府通过新闻媒体还是新闻媒体自身抑或是公民以个人名义发表的评论，都应纳入新闻评论发挥政治传播功能的范畴来理解。

具体说来，新闻评论的政治传播功能通过以下几个方面实现：

### （一）表达利益诉求

新闻评论是代表一定利益主体（特别是在话语权上处于弱势的社会群体）表达利益诉求的有效手段和途径。新闻评论在向社会表达利益时，比新闻报道更具有综合的特征。新闻评论往往不拘于一时一地，而是经过了更广范围的调查研究和更多的事实积累，在时代和社会的大背景下对利益分配不合理现象作出分析和判断，进而对利益分配机制的调整施加影响。例如，2010年初全国房价持续高涨，房地产市场健康与否关乎经济全局，房价高低更关乎百姓利益。从3月28日到4月2日，新华社一连六天发表"新华时评"[①]，矛头直指地方政府，痛批当前房地产市场的根源所在——土地财政以及腐败酿生的高地价高房价。系列评论刊出后，立即在社会上引起了重大反响，随后中央政府出台的一系列调控措施，不能说与新闻评论代表民众表达利益诉求没有关系。

### （二）设置政治议题

大众传播具有议程设置功能，即在一定时间内选择某个议题进行强化处理，使之成为社会舆论的中心议题。与新闻报道相比，新闻评论政治议题设置

---

① 这6篇关于房价的评论是：《红火景象下的楼市之忧》（3月28日）、《不能让楼市成为投机者的乐园》（3月29日）、《坚决清除房价中的"腐败成本"》（3月30日）、《疯狂的房价叫板土地招拍挂》（3月31日）、《土地财政还能维持多久》（4月1日）和《税收杠杆应发挥更大作用》（4月2日）。

的特点在于，不仅会使某一议题被社会公众广为关注，还会对政府或公众的态度产生方向性影响。一般说来，政治议题有两种流向：一是新闻评论集中关注的某一社会问题形成舆论压力，公众议题上升为政治议题，进而带来政策或制度方面的改变，如"孙志刚案"直接推动了《城市流浪乞讨人员收容遣送办法》的废止以及《城市生活无着的流浪乞讨人员救助管理办法（草案）》的颁布，"黄静案"促使《关于司法鉴定管理问题的决定》的颁布等。二是政治系统借助新闻评论（常常是社论级别）传播政治意图，使议题具备公共舆论的基础，如在办好奥运会、抓好"三农"问题、建设好"十二五"等党和政府的中心工作上，新闻评论就进行了社会动员，将政治系统所需要的议题转化为公众议题。

### （三）引导社会舆论

舆论是大众对某一事件或现象共同持有的观点和意见，其主体实际上是一个"心理群体"，成员在心理上有着趋同的倾向、情绪和观点，并相互感染和影响。媒体是舆论的旗舰，新闻评论是媒体的旗帜。今天，传播技术的发展和经济的全球化使得中国这个巨大的舆论场呈现出"舆论多元"的总体态势，西方媒体的强势带来信息流向和倾向性的不平衡，复杂的舆论环境给运用新闻评论整合社会舆论带来了巨大的挑战。今天理解"舆论引导"不能停留在简单的"制造同意"上，无论是新闻媒体还是党和政府在调动新闻评论这一手段引导社会舆论时，既要重视显舆论，也不能忽视潜舆论，要准确地把握不同舆论的力量对比，有效地控制舆论走向，调节舆论强度。

### （四）推动政治社会化

政治社会化功能主要是指宣传某种政治观念、政治态度与政治情感，在公众的头脑中塑造出一种政治秩序和政治合法性，使之形成对现有政治系统的认同，这种认同甚至得以作为一种政治文化代际传承。近年来，党和政府在推动"科学发展观""和谐社会""社会主义荣辱观""社会主义核心价值体系"等观念社会化的过程中就普遍地运用了新闻评论这一手段。历史经验表明，政治社会化的本质在于实际效果，说得多、喊得响并不意味着实际形成了某种政治态度与情感。近来，《人民日报》对"雷锋传人"郭明义的报道与评论、《光明日报》对河北农业大学园艺系果树93（1）班的同学十五年默默资助病逝同学的父母的报道与评论等生动而深刻地弘扬了社会主义核心价值体系，产生了广泛的社会认同。这提示我们，新闻评论的说理要有所选择，是紧密联系实际进行分析，还是"等因奉此"式地照本宣科？是针对受众的疑难有的放矢地解疑释惑，还是高谈阔论，从概念到概念的推演？是晓之以事、说之以理、动之以情，还是板着面孔，"应该""必须"式地强灌？这些评论实践中的问题不解决，政治社会化就无从实现。

### （五）塑造政治形象

通过各种途径有目的地塑造政治家、政府组织或国家形象也是新闻评论政治传播功能的一个重要方面。无论是在国内民众心中还是在国际社会中，可信赖的、权威的、负责任的形象总是追求的方向。良好的政治形象的形成既以日常积累为基础，也讲究把握特别的契机。例如，在2008年汶川大地震后，《人民日报》、中央电视台等媒体及时抓住党的领导人、各级党组织和党员干部在抗震救灾中的表现，纷纷发表了以树立共产党员形象、弘扬党的精神为主旨的评论，既鼓舞了抗震救灾的信心，也让全世界看到了一个负责、自信、成熟的执政党，看到了一个不断进步、自强不息的伟大民族。

社会控制既包括国家政权、法律、军队、警察等硬性控制，也包括思想文化、道德习俗、社会舆论、宗教等软性控制。新闻评论的政治传播功能是一种软性控制，目的在于实现政治系统长期的平衡与稳定。它的作用比硬性的控治影响更深远，成本却小得多，具有某种不可替代性。

## 三、影响新闻评论政治传播功能实现的因素

### （一）新闻媒介对政治系统的反控制

政治传播对信息流动目标导向明确，政治传播系统中的各要素之间却存

在着控制与反控制的冲突，处理不好会对传播效果产生较大影响。在我国，市场经济的建立使媒体不再是单一的、作为工具的"传声筒"，它既要服务于党和政府的中心工作，又要谋求自身的经济利益，还要独立思考、实施监督和自由表达。政治的、商业的与社会的价值取向交织，客观上形成了对政治系统的反控制，政府与媒体的关系日趋复杂。这种复杂表现为：政治系统既要加强对媒体的管理，又要为媒体提供服务和接受媒体的监督；既要尊重媒体的新闻自由，通过媒体了解社情民意，又要牢牢掌握舆论主导权；既要推动传媒产业发展，又要避免市场化带来的负面效应，防止媒体权力的异化……

政治传播系统中这种控制与反控制不可能一蹴而就地解决，原因在于我国现行的"双轨制"媒介体制存在着某种内在矛盾，传统意义上的堵、卡、压式的"加强管理"只能解决某一具体问题，而新的问题又会层出不穷。因此可行的选择是，政治系统、媒介、公众应当保持一种合理的张力，保证政治系统的控制性、传播媒介的独立性与公众的知情权、表达权都得到一定程度的保障。笔者不主张新闻媒介打破这种平衡，一味地追求反控制，这在新闻媒体社会功能的发挥上往往适得其反，2011年两会期间的"十三报联合社论"就是例证。

### （二）西方媒体对舆论环境的负影响

在信息时代，受众接受信息的渠道更加丰富，选择信息的自主性大大增强。西方发达国家媒体凭借先进的传播技术和话语霸权，不断对我国进行文化入侵和意识形态渗透。同时，市场经济肯定人的自然欲望，社会生活的世俗化追求娱乐性和消遣性，导致注重占有和消费的社会意识滋生，而转型期社会主义核心价值体系的建立和深入人心又有些滞后，社会公众对理想和信仰的追求正在弱化。改变主流意识形态的宣传教育在时空上受到挤压的状况，应对意识形态的认同危机，这对新闻评论的政治传播来说是一个巨大的挑战。

另外，我国政府在运用新闻媒体应对西方媒体制造的舆论压力的意识和经验方面都还有限。2010年5月，美国有线电视新闻网（CNN）在转播北京奥运火炬在旧金山传递时，评论员卡弗蒂发表了攻击中国的言论。对此，我国外交部三次公开表态,对卡弗蒂发表恶毒攻击中国人民的言论表示震惊和强烈谴责,同时严正要求 CNN 和卡弗蒂本人收回其恶劣言论,向全体中国人民道歉。对于西方媒体恶意攻击的言论进行回应是必要的,但如果在手段上有所考虑,能够充分调动媒体的力量效果会更好,美国一位学者就提出了"鼓励在欧美的中国爱国学者积极参加新闻谈话节目""在《纽约时报》周末版的评论专刊里设立一个每周专栏"[①]的建议。

### (三)新闻评论方法论尚不成熟的制约

考量新闻评论的社会效果是一个复杂的问题,要从整体效果与具体效果、显性效果与隐性效果、立竿见影和潜移默化等方面去综合判断。新闻评论的传播长期存在着"强势信源弱势影响"的现象,尽管这一表述可能不尽准确,但处于"上位"的主流媒体的言论在社会公众中的知晓度和影响力有时逊于市场化的媒体的现象的确存在,而主流媒体恰恰是政治系统实施政治传播的主渠道。实现新闻评论社会效果的最大化,决不能建立在主观臆想的基础上,要在方法论上产生根本的转变,避免陷入单纯从评论主体出发,以我为主的"自为"泥淖。

近年来中央在治理方法论上发生了根本转变——越来越注重"顶层设计"。顶层设计指站在一个战略制高点,明确目标逐层设计实施。与当年"摸着石头过河"相对照,顶层设计讲究系统性,由过去的自发性逐渐转向有意识、有目的的自觉性。在新闻评论的政治传播系统中,亦应该强调这种能动性,改变过去零散、被动、以自我为中心的状态。新闻评论的"自为性"是通过"为他性"实现的,这个"他"就是政治传播系统的另一端——社会公众。近年来新闻评论实践中出现的"社论时评化"从某种程度上可以看作在选题上对"为他性"的一种响应。新闻评论方法论的建立是多方面的,如思维的方法、判断问题的角度、话语体系的形成等等。只有建立科学的方法论,才能让新闻评论的政治传播获得预期效果。

---

① 诺兰.谣言止于智者[N].白澜,译.东方早报,2008-04-18.

# 我国报纸评论版的优化路径探析*

纵观当前我国报纸评论版的实践，存在着反映社会不够全面，认识问题不够深刻，版、报间缺乏统筹协调，编、读间互动不充分，评论版的定位模糊、特色不鲜明等问题。我国报纸评论版要想更好地发挥舆论功能，还需要从观念到实践的全面优化。

## 一、建立"对版"制度（Op-Ed），优化言论生态

1920年《纽约世界报》设立评论"对版"[1]，即在首页刊登代表编辑部意见的社论，对页刊登报社以外的作者（特别是专栏作家）撰写的评论文章，此后评论版"对版"制度逐渐形成。

从本质上说，评论对版是现代评论观中重视观点表达的平等性和平衡性的具体体现。长期以来，我国的言论生态并不平衡，表现为主导性评论多，认识问题角度相对单一，不同认识主体之间、认识主体与读者之间交流不充分等。《人民日报》"观点"版的"谈治论理"专栏原本设置了"治理者说"和"旁观者言"两部分，即由政界和学界分别表达对同一现象、问题的看法，后来"旁观者言"时常不见踪影，只剩下"治理者说"。从传播规律上看，讲"单面理"看似纯度高、强度大，却未必能取得相应的效果。评论对版加大了

---

\* 本文系国家社科基金项目"新时期新闻评论发展研究（1978—2013）"（项目编号：11CXW003）的阶段性成果，原载于《现代传播》（中国传媒大学学报）2013年第3期，收入本书时有改动。

[1] 迈克尔·埃默里，埃德温·埃默里. 美国新闻史[M]. 北京：新华出版社，2001：250.

评论在一份报纸上所占的比重，物理空间的拓展为不同意见的充分表达提供了客观条件。如果说单篇评论文章的深刻性更多地来自评论主体深入的剖析、独到的见解，那么评论对版开放地对待不同的观点，通过不同评论主体多元观点的呈现，帮助读者实现对某一现象、问题的深刻认识和倾向性选择，有助于发挥评论版的聚合效应，提升舆论引导的效果。因此，建立评论对版的重要意义并不在于简单地增加了一个版面，而在于用"对版"这一外在形式推动和保障不同身份、职业的人都具有表达观点的权利与机会，不同的观点也都具有呈现和交流的权利与机会。

更为重要的是，当前我国正处在加速转型期，社会分化的速度、广度、深度和烈度比以往任何时期都要复杂和深刻，分化已经由促进发展的动力、活力转化为发展的离散力、破坏力，正如美国著名政治学家亨廷顿指出："事实上，现代性孕育着稳定，而现代化过程却滋生着不稳定。"[1]这时就需要通过各种方式，将社会结构不同的构成要素、互动关系及其功能结合为一个有机整体，从而提高整个社会一体化程度，推动社会的发展。评论对版汇聚多种言论主体、多种言论形态，在发挥意见整合乃至社会整合方面具有不可替代的作用。例如，长期以来，我国报纸评论版上代表"上面的精神"的文章处于核心地位，而对"下面的声音"的反映则相对弱化，"对版"则凸显了"下面的声音"在评论版中的地位。评论对版强调"下面的声音"，并不是要弱化"上面的精神"的主导地位，相反，是要通过对基层声音的呈现，呼应"上面的精神"，促进言论生态的多样性、平衡性，从而更好地发挥评论版在反映舆情、引导舆论中的积极作用。

## 二、明确自身定位，打造自身特色

评论版通过明确定位，进而打造特色，进行差异化竞争，是其扩大自身

---

[1] 亨廷顿.变化社会中的政治秩序[M].王冠华，等译.北京：生活·读书·新知三联书店，1989：28.

的竞争力与影响力的有效手段。在我国，言论专栏的历史发展有经典案例可循，如邹韬奋的《小言论》、邓拓的《燕山夜话》、林放的《未晚谈》等都是不同时期颇具特色的个人专栏；《人民日报》的《今日谈》和《人民论坛》，《中国青年报》的《冰点时评》等则是改革开放以来特色鲜明的言论专栏的代表。相较之下，当前我国许多报纸的评论版多具综合性特征，在内容的把握上缺乏目标读者意识，在打造特色、形成品牌方面也薄弱得多，迄今尚未有评论版面获得中国新闻奖版面奖项。

相当一部分评论版之所以没能形成自己鲜明的特色，成为本报的旗帜，是因为没能根据自身具有的资源、本报的读者特征等情况，对评论版与本报的关系、评论版与读者对象的关系、评论版与其他媒体评论版的关系等进行准确的定位，从而在论题选取、表达方式等方面形成有别于其他评论版的特质。评论版形成自身特色的途径有很多：例如，在内容选择上不追求综合性，而是进行受众细分，《环球时报》的国际评论版就聚焦于国际话题，形成了自己稳定的读者群；又如，在表达风格上形成自己的特色，既可平和大气，又可敏锐泼辣，或者亲切随和，但无论哪种风格，都要注重与本报总体风格的和谐。

从根本上说，评论版的定位及在此基础上形成的特色应与所在报纸的市场战略保持一致。媒体的市场类型可以按照地域进行划分，也可以按照人口统计方式（年龄、收入、教育程度等）或心理图式（喜好、态度、信仰等）进行划分。评论版也应遵从上述因素有选择性地确定议题与表达风格，如《华尔街日报》的目标受众为全美工商和金融界的精英人士，其评论就直接瞄准这些商界精英感兴趣的议题，《华尔街日报》的欧洲版和亚洲版评论则根据地域的变化作出相应的调整。可以说，对目标受众的准确把握是评论版走向成熟的重要标志。

### 三、强化编辑功能，理顺多重关系

评论版着眼于整体的编辑功能十分重要，重点体现为理顺以下几重关系。

一是要理顺版、报之间的关系。与西方报纸大多由"社论委员会"确定和统筹报纸的评论和编辑方针不同,我国媒体在机构设置上多按内容的性质划分(如新闻部、专题部、评论部等),不同的部门分管一定的版面。这使得有时评论版与其他各版之间缺乏一种总体上的协调:一方面,评论版的版次游移不定,评论版与其他版的地位关系不明确;另一方面,同一家媒体的评论版与其他各版的观点缺乏呼应,难以发挥言论的聚合效应。

社论与评论版的关系处理不当,也会影响版、报间的和谐。目前,社论与评论版的关系大致分为两类:一种是社论在评论版之外,且不定期出现,党报大多如此;另一种是社论在评论版之内,每期刊发,并呈现出"社论时评化"特征,都市报大多如此。如果评论版不能与独立在外的社论相呼应,并起到一定的支撑作用,抑或是评论版内"时评化"的社论不能有力地统率报纸的编辑思想,无论哪种情形,都会对一家媒体的言论在整体上发挥作用产生消极影响。

二是要理顺编、读之间的关系。一家报纸的权威性与影响力,不仅在其高屋建瓴的社论,还在其别具特色的来论。国际上把"读者投书"(Letters to the editor)作为评论版的重要组成,欧美报纸的读者来信有单篇、单题发表的,也有按照主题组合编发的,见报时常常在上方标注"Re"某日某文,表明该读者来信是针对之前刊发的文章发表看法的,增强了讨论的针对性以及评论版的历时互动性。我国报刊历来也有刊登读者来论的传统,当前不少评论版也比较重视读者来论,如《人民日报》"观点"版设立了"议言广场"专栏,专门刊登来论;《新京报》以"社论·来信"为评论版命名,体现了对"上""下"两头的同等重视,等等。

但是目前评论版对读者来论的把握仍旧存在以下几方面的问题:一是言论的思想性不强,有的来论专栏在内容上甚至成了读者投诉,只是反映问题,缺乏举一反三的思考;二是言论的互动性不强,一些来论专栏成了七嘴八舌、自说自话的"观点拼盘",编读之间、读者之间缺乏历时性交流;三是来论与评论版当期主打言论之间常常缺乏内在的逻辑关联,也没有相互呼应,影响了评论版的整体力量。这些都提醒我们,读者来论作为评论版的重

要组成，决不是可有可无的摆设。评论版有必要在拓宽作者来源、增强编读互动上采取更有效的手段，以发挥来论在实现观点的多元和平衡上的独特作用。

三是要理顺评论版内部的逻辑层次。评论版作为一个呈现多种表达形式与多元思想内容的载体，必须对各种要素如何组织、编排有所考虑，以发挥要素的互补和叠加效应。既要处理好社论、专栏评论、读者来论等的关系，又要处理好视觉中心（新闻漫画、图片）与内容中心（社论、重点言论）的关系。理顺逻辑层次特别要抓住"社论"和"读者来信"这两方面。对于社论来说，编辑不仅要在篇幅和位置上突出社论的核心地位，更要通过对其他同主题评论文章或读者围绕该话题进行的讨论，形成对社论的支撑与呼应，从而实现对舆论的积极引导。评论版逻辑层次的把握直接关系到评论版能否在呈现多元观点的同时，发挥整合舆论的作用。

## 四、完善评论机制，重视调查研究

当前，以媒体既有报道提供的事实为评论对象，已成为我国评论实践中的"常规"做法。这一方面直接导致了评论选题的趋同与窄化；另一方面，不对事实做进一步核实，难免因事实不准确导致判断上的偏离。古语云："君子之言，信而有征"[1]，可靠而且有证据是言论立得住、有说服力的基础。在这一点上，中西方有着共同的认识，美国社论撰稿人大会《基本准则声明》也指出："社论撰稿人应当诚实、全面地提供事实。把社论的基础建立在只具部分真实性的报道之上是一种欺骗。"[2] 近年来"八毛门""鲁迅从教材大撤退""国税47号文"等事件中，基于"假新闻"的"伪评论"都造成了极其负面的社会影响。与之形成鲜明对比的是，普利策社论写作奖获奖作品有许多选题来自评论作者的调查研究，类似"勇敢地报道了……""有力地揭露

---

[1] 左传·昭公八年［M］.郭丹，程小青，李彬源，译注.北京：中华书局，2012：1704.
[2] 芬克.冲击力：新闻评论写作教程［M］.柳珊，顾振凯，郝瑞，译.北京：新华出版社，2002：7.

了……""深入地调查了……"这样的表述常常出现在获奖理由中。[①] 通过深入、细致的调查，不但可以发现新问题，在内容上形成独家优势，更为重要的是，可以提出切合实际的解决方案，推动问题的解决。

评论版追逐甚至炒作"热点"，鲜有独立的调查研究，选题雷同现象严重的根源在于评论工作机制。评论版现有工作机制（人员数量有限；发稿周期短，多为每日一版；评论队伍社会化等）决定了需要花费一定时间、精力的深入调查很难被纳入新闻评论的工作范畴，新闻评论难以做到真正意义上的"发现"问题。新闻评论缺乏更深入的调查研究和更广范围的事实积累，其危害不仅在于做出了错误判断，误导社会公众，降低公众对媒体的信任感；更在于评论者放弃了发现问题的责任和机会，无法践行推动社会进步的时代使命。目前，已有新闻媒体意识到这个问题，开始探索记者的"工作休假"制度，即给记者半年左右的时间，使其从繁重的发稿量和工作考评中解脱出来，能够专注于某一主题或事件的深入调查研究，以求发现更有社会意义的问题和更切合实际的解决之道。这一制度如果能延伸到评论领域，将有利于新闻评论更好地履行社会责任、发挥社会功能。

## 五、丰富言论形式，改善版面形象

丰富言论表现形式，是评论版形成层次、优化结构、吸引读者的必然选择。评论版要有意识地组织多种表现形式来传递观点，使得评论版内既有完整成篇的评论文章，也有微言大义的片言只论，更不能缺少图文配合式的评论和生动形象的新闻漫画。特别是新闻漫画，它能够迅速抓住读者的注意力，并引发思考，其受关注度不亚于社论。正因如此，国际上有影响的报纸评论版往往都重视聘用漫画家，其地位甚至与主笔不相上下，如《华盛顿邮报》的政治漫画家赫伯特·布洛克、《纽约世界报》的罗林·科尔比等，前者更是

---

[①] 李舒，姜波．普利策社论写作奖95年历程及其启示［J］．现代传播（中国传媒大学学报），2012（11）：52-54，78．

获得过三次普利策奖①。我国评论版中，《人民日报》的"风凉画"、《北京晚报》的"漫画新闻"等版块也十分受读者欢迎。从调节读者阅读状态、调动读者积极思考等方面来看，拓展新闻评论的表现形式是十分有益的。

评论版要打造特色、形成品牌，既要重视内容问题，也不能忽视表现形式、表现手法。当前一些评论版对视觉识别系统的设计不够重视，有的评论版没有内报头、没有栏头；有的版面编排体现不了内容之间的内在逻辑、主次地位；有的版面设计相对单调，缺乏表现力，极易造成阅读疲劳。这些都提示我们，评论版要优化视觉识别系统，重视版面形象管理，实现内容与呈现方式的和谐统一。设计呈现方式时，既要把握现代受众的心理需求和审美兴趣的发展变化，又要与本报风格相一致、与其他竞争版面相区别。要通过对版面结构、内报头、分栏、色彩等的精心设计，形成一个个性鲜明、功能合理的版面，能让读者在"芸芸众报"中轻松辨认该版的媒体归属。特别值得一提的是，要通过版面上一些内容元素的恰当呈现，如对标题、导读、图片说明等的字体、字号、装饰等的精心处理，调节评论版节奏，提高传播效果。

---

① 迈克尔·埃默里，埃德温·埃默里. 美国新闻史［M］. 北京：新华出版社，2001：250.

# 新闻评论"事实判断"失真的表现与应对*

作为表达观点的新闻体裁，人们更关心新闻评论提供了什么有价值、有启发的认识，因而评论作者往往在价值判断上更下功夫，努力探求事实背后更为本质的规律性认识。但近年来，由于事实判断缺失或失误导致价值判断出现偏离的情况屡屡出现，给新闻评论发挥社会功能带来了不小的负面影响。

## 一、事实判断失真的表现

概括说来，新闻评论中事实判断失真的情况主要有以下几种。

### （一）不加判别，事实把关缺位

当前，在媒体刊发的新闻评论中"时评"占很大比重，"时评"多将经过媒体报道的新闻事件或社会现象作为评论的由头。对于评论作者来说，新闻报道提供的是"二手"甚至"三手"的事实，因此必须进行二次把关。如果评论者不加鉴别，就会让那些越过记者把关的虚假信息进入评论，其后果就是使评论成为毫无意义的"伪命题"。

虚假信息能轻松越过"把关"，往往与貌似权威的信息来源和专业性的内容不无关系。2011年8月12日，两家专业会计网站发布了所谓《关于修订征收个人所得税若干问题的规定的公告》（国家税务总局公告2011年第47号

---

* 本文原载于《中国记者》2013年第4期，人民网"传媒"频道转载，收入本书时有改动。

公告）"（以下简称"47号文"）。8月13日，南方某报刊发了《9月起年终奖计税方法调整 避免奖金越多所得越少》，对47号文进行了详尽解读。媒体报道引发了广泛评论，主流的观点是为这一"减负"措施叫好。8月15日，国税总局发文辟谣，称有人盗用了国家税务总局的名义对外发布了47号文并作解读，严重误导了纳税人。在权威的信息来源（国税总局和主流媒体）面前，正是由于评论作者辨真伪意识的淡薄，才导致了"伪评论"的产生，而这些"伪评论"又进一步助长了假新闻的传播。

评论作者必须习惯于质疑，要对评论对象进行严谨、细致的事实判断，特别是要对新闻报道提供的事实进行二次把关，只有去伪存真，价值判断才能有可靠的逻辑起点和推理依据。

**（二）迎合"成见"，臆测代替事实**

在进行事实判断时，评论作者必须坚持从实际出发，提出社会生活中确实存在、亟待解决的问题，排除任何主观臆断。不可否认，在现实中确实存在着种种问题、矛盾，一些问题、矛盾还具有普遍性。这些普遍存在的社会问题影响着社会认知，使人们在认识上形成了某种惯性（如说起"富二代"就容易产生负面的联想等），一些习惯性认识并不符合客观实际，但评论作者却难免受其影响。

例如，2011年一家长带新生儿到深圳儿童医院就医，医生诊断称需花数万元做手术，家长拒绝后将孩子转到另一家医院治疗，并声称花八毛钱就治好了病。这使得深圳市儿童医院和当事医生一时成为众矢之的，不少评论作出了"医院乱诊断乱收费"的论断。可不久后孩子病情恶化，家长将孩子带到武汉的医院，诊断结果与深圳儿童医院完全一致，处置方法也基本相同。家长因此向此前受到舆论冲击的医院公开道歉。事实的真相与之前媒体作出的判断相去甚远。

围绕"八毛门"的大量评论在事实判断上"失真"，与先入为主地选择站在某一方立场上不无关系。在当下医疗卫生领域的公共服务水平和质量不那么令人满意的情况下，评论者带着"抨击医疗乱象"的预设，未付诸任何调查和专业评判，将"乱诊断乱收费"的主观臆测等同于客观事实。结果是，错误的判断把本已敏感脆弱的医患关系进一步撕裂。

"成见"对认识活动的影响是普遍存在的，评论作者要做的，就是充分认识并尽可能地避免"成见"在"事实判断"中的消极作用，力求对事实作出实事求是的判断，以免造成对舆论的误导和对当事者的伤害。

**（三）框取局部，所见未必为真**

客观世界是复杂的，也是不断发展变化的。评论者如果无法掌握全面情况，仅仅依托局部事实进行判断，即便这个局部是真实的，也会带来评论者认识上的谬误。

例如，在一幅张海迪参加全国政协会议的照片中，张海迪正聚精会神地聆听报告，她坐的轮椅停在过道上，她与挨着过道的一位女同志共用一张写字台。于是某媒体根据照片提供的事实，以人民大会堂"没有残疾人专用座位"为由发表评论，呼吁社会应保障残疾人的权益、树立关爱残疾人的意识。事实上，照片反映的张海迪坐在轮椅（而不是残疾人专用座椅）上开会的情况是真实的，但取景框里的事实并不能说明取景框外的整个人民大会堂没有残疾人专用座椅。两天之后，该媒体又刊发了人民大会堂管理办公室的来信《人民大会堂设有残疾人设施》，做了事实的订正。可见"以点见面""以小见大"的确是一种认识事物的方法，但这"见"的过程中包含了逻辑推导，如果逻辑错误，推导出来的结果便无法作为议论的基础。

在事实判断中，人们容易误将"局部真实""具体真实"等同于"总体真实"的原因在于，那些具体的事实往往是人亲眼所见。如果"眼见"的不是事实的全部，依靠直觉或简单类推进行的判断很可能就要"失实"，人们只有通过深入、全面地了解才能知道真相。

## 二、强化事实判断的途径

### （一）强化意识，注重鉴别"事实"

当评论作者以媒体既有报道提供的事实为评论对象时，务必要强化意识，对"二手事实"进行审慎的鉴别。对于那些因为"异常"而成为新闻的事实，评论作者特别要从符合常识，合乎常理的角度进行理性的判断。

媒体对"小悦悦"事件的传播值得反思。2011年10月13日，2岁的小悦悦在佛山市某五金城相继被两车碾压。某电视台根据监控视频做了报道，主要内容为，7分钟内18名路人路过却视而不见，漠然而去，最后拾荒阿姨陈阿婆上前施以援手。该报道被国内外媒体广泛转发，此事件也迅速引发了媒体和公众关于社会道德的广泛议论。电视评论《道德向善呼唤媒体理性传播》[1]通过调取原始监控视频、访问相关人士等一系列调查求证事件的真相，发现实际情况是，在当时的光照条件下，路人是很难发现小悦悦的，而陈阿婆是在驶来的一辆车的灯光下发现了躺在地下的小悦悦。这一事实判断与一些法律界人士运用证据学和逻辑学做出的判断基本一致。可以说，媒体报道对视频亮度的调整和剪辑，在一定程度上误导了社会公众。

"八毛门""小悦悦"等一系列事件经由媒体的广泛传播和评论，不但引发了公众的普遍关注，更形成了几乎一边倒的舆论倾向，干扰了正常的社会认知。在经历了一系列这样的事件之后，媒体需要反思，如何才能为公众提供真实的新闻、负责任的言论。从新闻评论的角度来说，特别要做好事实判断，避免任何"预设"，剥去种种表象和伪相，让人们了解真相，进而做出有价值的判断，承担起应尽的社会责任。

---

[1] 该作品于2011年11月20日在苏州台经济社会频道《社会传真》栏目播出，获第二十二届中国新闻奖一等奖。

### （二）主动开掘，善于发现"事实"

许多老评论工作者经常强调多看、多听、多想，强调调查研究，把选题建立在对客观实际真知真解的基础上。然而，由于近年来媒介竞争节奏的加快和评论机制（评论部人员有限，发稿周期短，评论队伍社会化）的束缚，评论工作者深入基层去发现有价值论题的做法越来越少了。

对比国际新闻界，特别受到肯定的往往是那些经过主动开掘，发现问题进而解决问题的评论作品。比如，相当一部分普利策社论写作奖的选题来自评论作者的调查研究。2002年《洛杉矶时报》的亚里克斯·瑞克辛和鲍伯·赛普琴通过对精神病患者全面、深入的调查，给出了对街头露宿的病患实施具体救助措施和相关立法的建议。通过深入、细致的调查，不但可以发现问题，有利于新闻评论监督功能的发挥，还有助于提出切合实际、富有建设性的解决方案。

总之，"真"是新闻评论实现社会价值的基础。评论作者要像重视价值判断一样重视事实判断。唯有如此，评论作者才能为公众提供有价值的观点，践行时代赋予新闻评论的责任和使命。

# 新闻评论与国家形象传播*

国家形象是人们在对一个国家的政治、经济、文化、生活方式以及价值观等方面的总体认知基础上形成的综合印象。在我国,改革开放以前更多地使用"国际形象"这一表述;20世纪90年代后期,政策层面开始重视"国家形象"的展现。这一变化体现了国家在认识上的两个重大转变:国际形象强调面向国家间,国家形象则包含了面向个人、组织以及国家多个层面;国际形象更多地通过外交途径来实现,国家形象则渗透于官方和民间交往的方方面面,是一个"国家文化软实力的重要标志"[①]。

随着人类社会信息化程度的不断加深,国家形象既是媒介传播的产物,也是媒介塑造的对象。以往我国更重视事实性信息在建构国家形象中的重要作用,强调讲好"中国故事";事实上,中国国家形象在很大程度上受西方媒体传递的观念性信息的影响。一些西方媒体通过传播带有明显倾向性的观点,控制国际舆论走向,给中国国家形象带来负面影响,对中国的发展形成了某种"软遏制"。这提醒我们,表达"中国观点"与讲好"中国故事"同等重要,而新闻评论就是媒体表达"中国观点"的重要载体。

---

\* 本文原载于《新闻大学》2013年第4期,与陈菁瑶合作,收入本书时有改动。
① 王晨.抓住难得历史机遇 塑造良好国家形象[N].人民日报,2010-06-01(7).

## 一、新闻评论建构国家形象的三个着力点

新闻评论建构国家形象与新闻报道有所区别，主要表现在以下三个方面。

### （一）表明"国家立场"

根本上说，传媒与本国政府在国家利益层面是一致的，因此新闻评论应着眼于国家战略与利益的实现，明确表明在相关事件上的"国家立场"。在2009年底的哥本哈根气候大会上，美国、日本、澳大利亚等发达国家的媒体纷纷把碳排放的责任归咎于发展中国家；英国气候变化大臣埃德·米利班德更是在《卫报》上撰文，指责中国"挟持"哥本哈根会议，英国媒体也将中国涂抹成气候谈判的搅局者。对此，中国媒体纷纷发声，《指责中国"挟持"气候大会毫无道理》[①]等评论文章对西方国家在碳排放问题上的错误认识予以了坚决驳斥，维护了国家利益。各国媒体你来我往，其目的都是通过对舆论格局的影响，维护国家形象，实现本国利益的最大化。

### （二）唤起正向情感

心理层面是评论在国家形象传播中最不容易把握的方面。理性可以说服人，但情感更容易打动人。长于"说理"的评论在严谨的逻辑推论之外，还应该注重从心理层面塑造本国在他国公众中的正向情感，如亲近感、仰慕感等。2008年、2013年发生在四川的两场大地震，中国军民在党和政府的指挥下万众一心抗震救灾，《人民日报》就此发表了《悲痛中凝聚不屈的力量》[②]《灾难中挺立伟大的中国》[③]《雅安平安 中国加油》[④]等一系列高规格评论。这些评论总结了抗震救灾体现出来的中国速度、中国力量和中国精神，气势磅

---

① 指责中国"挟持"气候大会毫无道理.[N]光明日报，2009-12-24（8）.
② 悲痛中凝聚不屈的力量.[N]人民日报，2008-05-20（4）.
③ 任仲平.灾难中挺立伟大的中国.[N]人民日报，2008-06-02（2）.
④ 雅安平安 中国加油[N]人民日报，2013-04-21（2）.

礴而又情感充沛，既鼓舞了人们战胜灾难的决心，也唤起了各国民众的关注、支持与肯定。这种正向情感对建构关心民众、负责任的国家形象起到了积极作用。

我国新闻评论的表达传统偏向严肃，实现以情动人还需积极转变语态。特别是在词汇、句法、辞格、劝说策略等的选择上，评论要充分顾及传播对象的文化传统和接受心理，才能实现预期的效果。

### （三）促进价值沟通

价值层面在构建国家形象上处于核心地位，从某种程度上说，国家形象就是传受双方意识形态博弈的结果。如果双方既有意识形态存在较大的一致性，就容易形成"优先式解读"（preferred reading），很容易建立良好的国家形象；如果意识形态差异较大，便容易形成对所传递信息的"谈判式解读"（negotiated reading）甚至"对抗式解读"（oppositional reading），最终建构的国家形象与目标形象很有可能产生较大差异。

在所有新闻体裁中，评论对意识形态特别是价值观的传播与塑造最为直接。需要指出的是，其越是"直接"，我们越应该正确认识意识形态在国家形象传播中的特殊性，赋予其恰当的位置。事实证明，不附带意识形态的国家形象传播是不存在的，但国家形象完全由意识形态主导也会带来很大的问题，受众往往对完全由意识形态操纵的宣传反感。美国在输出价值观时一向注重依托载体，其标榜的"自由、民主"的国家价值常常渗透在新闻报道乃至好莱坞大片中。因此，在处理国家形象传播中的意识形态、价值观问题时，我们应该承认其"主体间性"，在承认不同价值观"共在"的基础上，进行高明地价值输出，促进国际社会对我国思想文化、价值观念的理解。

## 二、当前我国新闻评论国家形象传播中的问题

近年来国家对外宣传力度很大，但效果仍与预期有差距，特别是在运用新闻评论进行国家形象传播方面，存在着一些根本问题。

### （一）目标形象不清晰

国家形象是由一个国家对自己的认知及国际体系中其他行为体对该国的认知相结合而形成的，国家形象传播的前提是本国对国家形象的自我定位。只有传媒对国家形象的内涵有了充分的理解，才能实现更好的传播效果。当前我国新闻评论在国家形象传播中的首要问题就是目标形象不清晰，特别是缺乏一种核心价值，这导致大量的观点只是就事论事，没有形成集中而统一的力量。

近代中华民族命运多舛，没有独立自主的国家；新中国成立后，意识形态属性一度成为国家特征。新时期，中华民族在世界民族之林、中国国家在国际大家庭中究竟应该呈现出什么样的总体风貌、体现出哪种核心价值？如果这一根本问题不从国家层面加以解决，传媒的国家形象传播就有成为空中楼阁的危险。

### （二）策略方法不讲究

当前一些媒体特别是主流媒体，常常混淆了政党政府与媒体的身份，使用两者"一体""同声"的传播策略。西方更注重大众传媒的相对独立性，传媒直接以政党政府的身份和口吻说话，在国际传播的语境中极易产生"对抗式解读"。同样是为政府代言，西方国家往往采取隐蔽的策略。曾获普利策奖的美国记者大卫·巴斯托（David Barstow）在其《电视评论员的背后：五角大楼的幕后黑手》一文中披露，自反恐战争以来，美国国防部通过精心策划和巧妙安排，将大量军事分析家安排到各大电视网担任电视节目评论员，为美国虐待战俘、维持伊战辩护，同时充当军火商的代言人。[1]

此外，我国媒体的新闻评论还存在着被动回应多、主动发声少，单篇刊发多，集群效应少，单向度色彩重，考虑受众少，理性评价多，情感动人少等问题。传播策略、方法直接关系到传播效果，评论要想在国家形象传播中

---

[1] Barstow D.Behind TV Analysis, Pentagon's Hidden Hand [N/OL].The New York Times，2008-04-20 [2012-12-12] .http: //www.nytimes.com/2008/04/20/us/20generals.html?pagewanted=all.

有所作为，就必须进行全面的提升。

**（三）分析判断不专业**

评论的本质是判断，一些评论的判断之所以在国际舆论中尚不具备无可辩驳的说服力和感染力，是因为缺乏专业理论的支撑。理论具有一定的普遍性和权威性，向专业理论借力有助于增强传播的有效性。例如，同样是政府的救市行为，西方媒体借用自由主义理论将中国政府的行为解读为"对自由市场经济的干预"，而对本国政府则换成了国家主义视角，看作"以第三只手弥补市场的不足"。显然，借用不同的理论进行的意义解读对国家形象产生了完全不同的影响。

特别值得重视的是，近年来西方一些智库和学者在"中国形象"问题上主动扮演起舆论领袖的角色，以媒体撰稿人、评论员的身份在媒体上频频"发声"。例如，美国彼得森国际经济研究所所长伯格斯滕在2010年3月做出了中国操纵汇率使人民币对美元低估40％的判断。诺贝尔经济学奖得主、普林斯顿大学经济学教授克鲁格曼2010年1月在《中国的新年》一文中称，由于人民币被低估，美国损失了140万个工作岗位；3月又在《中国的绝笔》一文中建议美国财政部公开指控中国操纵汇率。[①] 他们的观点被《经济学家》等权威媒体在分析汇率问题时广泛引用，成为媒体指控中国操纵汇率的"理论依据"，中国国家形象因此受到负面影响。相比之下，中国的回应显得有些乏力，究其原因在于，媒体对某些专业性很强的政策问题并不具有独立分析的能力，因此如何借助专业的力量增强评论的权威性和可信度，是新闻评论需要考虑的重要方面。

---

① Krugman P.China's Swan Song [N/OL].The New York Times，2010-03-11 [2012-12-12] http：//krugman.blogs.nytimes.com/2010/03/11/chinas-swan song/.

## 三、优化新闻评论的国家形象传播

在运用新闻评论建构良好国家形象的过程中，特别要处理好以下几个方面。

### （一）强化主体意识，大力塑造中国的新形象

中国拥有辉煌而悠久的历史，长期以来在国际交往中也习惯于展示传统文化和传统元素，于是京剧、武术、长城等成为国家形象的表现符号，甚至形成了某种"刻板印象"。改革开放三十多年来，中国的发展进步有目共睹，国家对外政治经济影响力都在不断扩大，但遗憾的是，当代中国的新形象在国际社会远未形成普遍认知。

无数事实证明，在国际社会上如果你不去表达自己，就必然被别人所表达。这就要求媒体要增强主体意识和能动性，多把评论的落脚点放在当代中国新形象的塑造上，通过"增进国际社会对我国基本国情、价值观念、发展道路、内外政策的了解和认识，展现我国文明、民主、开放、进步的形象"，特别是"向世界展示我国改革开放的崭新形象和我国人民昂扬向上的精神风貌"[①]。

### （二）善于把握契机，积极进行正向引导

建构正面的国家形象，内宣偏向于日常持久，外宣则更注重对关键时机的把握。2011年10月5日发生在金三角地区12名中国船员遇害、1人失踪的"湄公河惨案"举世震惊。10月14日16名船员及家属在云南公安巡逻艇武装护卫下启程回国，这是中国历史上首次动用公安巡逻艇为在海外的中国商船护航。评论《这一刻，我们明白了国家的意义》[②]敏锐地把握住了时机，把该事件与2008年中国军舰赴索马里海域护航和2011年中国政府从政局混乱、硝烟弥漫的利比亚大规模接回中国公民联系起来，指出"国家是为人民

---

① 中共中央关于深化文化体制改革 推动社会主义文化大发展大繁荣若干重大问题的决定[N]. 人民日报，2011-10-26（6）.
② 姚文晖. 这一刻，我们明白了国家的意义[N]. 春城晚报，2011-10-15（4）.

而存在……这一刻,我们明白了国家的意义"。文章让人们在悲愤中看到了希望,并激发出民族自信心和自豪感。又如,利比亚战争接近尾声,《人民日报》适时发表国际评论《不能削弱联合国主导作用》①前瞻性地提出了利比亚政权过渡和战后重建问题,指出必须由联合国发挥主导作用。评论有力地服务了外交大局,直接向世界传递了中国维护世界和平的国家形象和主张世界各国共同发展的价值取向。

契机是事物发展变化的关键甚至具有决定性的环节。新闻评论对于契机的把握,一方面意味着抓住新闻事件发展的节点,推动事物向积极的方向发展;另一方面意味着抓住舆论形成或变化的节点,影响舆论的走向,这也是建构正面国家形象的关键。

### (三)坚持原则立场,坚决维护国家利益

《中国的和平发展》白皮书明确指出,中国的核心利益包括:国家主权,国家安全,领土完整,国家统一,中国宪法确立的国家政治制度和社会大局稳定,经济社会可持续发展的基本保障。②媒体评论表达意见、引导舆论,也应树立维护国家核心利益的观念,准确地输出一个独立自主、不容侵犯的国家形象。

近些年,主流媒体在这方面做出了很大的努力。针对诺贝尔委员会将2010年和平奖授予刘晓波的事件,《环球时报》第二天就发表了《诺贝尔和平奖又砸自己的牌子》③的评论,严肃指出这是"对中国司法制度的蔑视和挑战","是希望中国现在就推行政治多元化,让中国的发展'西方化'"。2011年初随着中东、北非局势动荡的加剧,一些境外人士推动北京等中国城市搞"街头政治",《人民日报》(海外版)敏锐

---

① 钟声.不能削弱联合国主导作用[N].人民日报,2011-09-01(3).
② 国务院新闻办公室.中国的和平发展白皮书(全文)[R/OL].(2011-09-06)[2024-03-16]. http://www.scio.gov.cn/ztk/dtzt/58/3/Document/999959/999959_2.htm.
③ 诺贝尔和平奖又砸自己的牌子[N].环球时报,2010-10-09(14).

地察觉到了这一问题，及时发表社评《中国不是中东》①对该图谋予以批评，表明了坚决维护国家稳定的立场。应该看到，西方国家在涉及一些国家根本利益的时候，往往进行有计划、有目的的传播，相比之下我国媒体还缺乏一种整体联动意识。如何发挥整体优势，避免陷入简单化的"以我为主"，在言论上相互呼应、共同发力、逐步深入，瓦解和反击敌对舆论，形成有利于己的舆论态势，是中国媒体面临的一道新课题。

**（四）讲究方式方法，妥善回应质疑与责难**

近年来在国际舆论中，一些带有偏见的西方媒体和媒体人对中国妄加质疑甚至诋毁，严重影响了中国的国家形象，如借西藏3·14事件、新疆7·5事件攻击中国的民族和宗教政策，在南海问题上制造旨在遏制中国发展的舆论，对伦敦奥运会中国运动员毫无依据地进行"有罪推定"等。面对种种不利言论，国内媒体必须讲究方式方法，予以回应乃至反击。

2008年CNN报道北京奥运会火炬在洛杉矶传递时，其一档时事评论节目中评论员卡弗蒂使用了相当具有侮辱性的语言。针对这一事件，中国外交部提出了三次严正交涉，要求CNN收回恶劣言论并向全体中国人民诚恳道歉，国内媒体也纷纷对CNN的言论予以回击。中央电视台没有只是单方面表态，而是邀请了中国媒体人杨锐和美国学者庞博达教授围绕这一事件展开对话②，这一做法显然比CNN任由评论员恣意发声要大气、平衡得多。通过双方的平等讨论，得出的"中美交往应该尊重事实，尊重彼此"的结论传递出有理有节的国家形象。

特别要指出的是，中国正处于发展的上升期，西方媒体从维护本国利益出发，会抓住各种机会营造遏制中国发展的舆论环境。面对质疑与责难不绝的处境，评论建构国家形象最好的方法不是守土回应，而是要像"文化走出去"那样，积极推进"观点走出去"。美国一位学者就提出了应"鼓励在欧美

---

① 江上雨.中国不是中东[N].人民日报（海外版），2011-03-10（1）.
② 中央电视台《新闻会客厅》栏目，2008-04-18.

的中国爱国学者积极参加新闻谈话节目","在《纽约时报》周末版的评论专刊里设立一个每周专栏"①的建议。

从根本上讲,能否消除那些负面的声音,塑造良好的国家形象,取决于一个国家能否集中精力办好自己的事情。党的十七届六中全会在提到国家形象问题时,使用了"展现"和"展示"(而不是"塑造"),这表明政府既重视媒体的作用,也不持媒体工具论。毕竟,策略和方法只是技术层面,影响中国国家形象的核心问题仍然是中国事务本身。

---

① 诺兰. 谣言止于智者[N]. 白澜, 译. 东方早报, 2008-04-18.

# 县级融媒体中心建设：打通服务群众的"最后一公里"\*

2018年8月21日，习近平总书记在全国宣传思想工作会议上强调，要加强传播手段和话语方式创新，让党的创新理论"飞入寻常百姓家"，"要扎实抓好县级融媒体中心建设，更好引导群众、服务群众"。9月20日，中宣部作出部署，要求2020年底基本实现县级融媒体中心的全国覆盖。由此，打通服务群众"最后一公里"的县级融媒体中心建设正式拉开序幕。

对于县级融媒体中心的发展定位，习近平总书记提出了"两个中心"的要求，即在扎实抓好县级融媒体中心建设的同时，推进新时代文明实践中心建设，进而"不断提升人民思想觉悟、道德水准、文明素养和全社会文明程度"。4年多来，"两个中心"建设实现了同步发展与融合互促：县级融媒体中心的线上空间为新时代文明实践中心提供舆论支持，新时代文明实践中心的线下阵地为县级融媒体中心聚集用户群组。两者相互补充、协调统一，进一步巩固了党中央与基层的联结。大力推进"两个中心"建设，是新时代群众工作落地、打通"最后一公里"的创新探索，是加强城乡精神文明建设、助力乡村振兴的强大支撑，是建构"新时代共建共治共享的社会治理格局"的有效路径，是推进中国式现代化的重大举措。

---

\* 本文原载于《学习时报》2023年3月27日第5版，与赵国宁合作，收入本书时有改动。

## 一、统筹全局设计 指明发展方向

顶层设计层面，县级融媒体中心建设是以人民为中心的发展思想和群众路线在新闻舆论工作中的创新发展。面对信息形态和传播方式的不断发展，习近平总书记指出"读者在哪里，受众在哪里，宣传报道的触角就要伸向哪里，宣传思想工作的着力点和落脚点就要放在哪里"，与时俱进地提出了构建全媒体传播格局的发展思路，进一步强调，"过不了互联网这一关，就过不了长期执政这一关"。当前，我国网民规模已达 10.51 亿，互联网普及率达 74.4%，"两微一端"和各种社交媒体正在成为人民群众，特别是年轻人的第一信息源。媒体融合战略正是中国共产党在新媒体传播语境下，给出的顺应时代潮流的契合性方案。县级融媒体中心建设则是完善媒体融合纵深发展，打通服务群众"最后一公里"的重要一环，是让互联网成为党凝聚共识、汇聚力量新空间的系统性顶层设计。

战略规划层面，建成主流舆论阵地、综合服务平台和社区信息枢纽是县级融媒体中心的目标方向。县级融媒体中心建设被中央纳入顶层设计后，"十四五"规划强调要"抓好县级融媒体中心建设"，"推进媒体深度融合，实施全媒体传播工程，做强新型主流媒体，建强用好县级融媒体中心"。2019年、2021年、2022年、2023年中央"一号文件"多次强调县级融媒体中心的工作方向，要依托新时代文明实践中心、县级融媒体中心等平台开展对象化分众化宣传教育，弘扬和践行社会主义核心价值观。在一系列政策的指引和推动下，各地县级融媒体中心不断强化引导群众、服务群众的核心功能，向着建成主流舆论阵地、综合服务平台、社区信息枢纽方向持续努力。

标准规范层面，建立县级融媒体平台规范体系，为与各层次融媒体中心的纵向融通和跨区域融媒体中心的横向联动提供保障。2019年1月，中宣部和国家广电总局联合发布《县级融媒体中心建设规范》《县级融媒体中心省级技术平台规范要求》；4月19日，中宣部新闻局和国家广电总局科技司联合发布《县级融媒体中心网络安全规范》《县级融媒体中心运行维护规范》《县级融媒体中心监测监管规范》，明确了县级融媒体中心建设 5 项标准规范。一系列规范为全国县级融媒体中心建设提供了关键性、基础性技术指导，为完善公共服务体系、推进基本公共服务均等化和可及性发挥了关键作用。2023 年 2 月，中宣部新闻局和国家广电总局科技司联合发布《市级融媒体中心接口规范》，对市级融媒体中心与省级技术平台、县级融媒体中心之间的接口类型与技术规范做了详细规定。县级融媒体中心与推进媒体深度融合技术标准的制定，有力推动了全国基础设施的通联互动和数据服务的资源共享，为建成全媒体传播体系奠定了物质基础。

落地执行层面，探索县级融媒体中心在内容生产、人员管理等方面的体制机制创新，建立"新闻＋政务/服务/商务"的运营模式。一是优化机构结构，盘活媒体资源。县级媒体融合采用一中心多平台的"中央厨房"架构，打造集约高效的内容生产体系和传播链条。甘肃玉门建立了"祁连云"数据中心和融媒体生产系统、报道指挥系统、融合媒资管理系统、全景演播室系统等"一中心四系统"体系，浙江长兴建立了"融媒眼"融媒中心指挥平台，形成了一次采集、多元生成、多渠道传播的灵活高效的生产传播机制。二是深化薪酬改革，释放人才活力。江苏邳州广电探索事企并轨，以"企业化"薪酬招聘全媒体新闻采访记者，打破编内编外的身份差别，用"一把尺子"量人才、评业绩，为融媒体中心的发展提供了人才支撑。三是推进功能延伸，加强公共服务。北京市引导 16 个区县融媒体中心立足于"新闻＋"，将新闻传播与政务、服务、商务相结合。朝阳区融媒体中心通过对新闻信息发布平台、市民诉求平台、政务与生活服务平台、新时代文明实践中心网上平台的统合，实现融媒体中心、新时代文明实践中心、政务服务中心"三个中心"的贯通；大兴区融媒体中心通过"融媒中心＋国有公司"，形成了"中心创优、公司创收"的双创模式，年创收额达千万级别。"新闻＋政务/服务/商务"的整合运营模式不仅大大拓展了县级融媒体中心的功能，也有效增强了用户黏度。

## 二、壮大主流舆论 优化国家治理

坚持正确导向，壮大主流舆论。国家主流声音不仅要"传播"，更要"触达"，推进媒体融合目标之一就是"要把我们掌握的社会思想文化公共资源、社会治理大数据、政策制定权的制度优势转化为巩固壮大主流思想舆论的综合优势"。四年多来，县级融媒体中心根据地域文化特点和话语习惯，以地方戏曲、民歌、快书等群众喜闻乐见的艺术形式，接地气、有温度、有高度地对理论、方针、政策进行通俗化解读，大力弘扬社会主义核心价值观。为进一步壮大主流舆论声量，县级融媒体中心实行"统一策划，共同采集、分类编辑、多种生成、多端发布、立体传播"，将移动 App、微博、微信、短视频账号、客户端、报纸、网站等多终端媒体互融互通，实现了"主旋律"传播的全方位覆盖、全天候延伸、全领域拓展。

为提升传播效果，县级融媒体中心注重打造"媒体引领、群众呼应"的多级传播格局。一方面，县级融媒体中心与党委宣传部门和中央级、省市级主流媒体相联通，第一时间准确传达权威主流声音，推动中央精神的精准落地。另一方面，县级融媒体中心运用全媒体传播矩阵组织联系群众，调动基层群众参与党和国家方针政策传播的积极性，推动党和国家方针政策深入人心，凝聚广泛社会共识。

收集民情民意，预警舆情动态。县级融媒体中心是深入基层群众的第一端口，在收集民情民意方面具有天然优势。用户在留言板、评论区表达的意见、流露的情绪，皆是相关部门研判舆情、科学决策的重要参考信息。《县级融媒体中心建设规范》明确了统一的数据采集跟踪等基础设施与数据格式，包括实时用户行为数据、访问流量数据、互联网内容热点数据、媒体发布跟踪反馈数据等，并且支持党建、政务、民生等其他业务平台数据内容接入，为准确把握民情民意提供了扎实的数据基础。当前，各县级融媒体中心指挥大厅的大屏上，通常实时滚动着热点舆情、传播数据、民情公意，为舆情预警与有效引导提供了科学依据。

整合多方资源，推进协商治理。建设县级融媒体中心的逻辑是以信息服务为依托，成为吸引用户、聚集流量的平台，进而借助聚合优势，打造新闻信息服务与基层政务服务、生活服务、经济服务相结合的一体化综合服务社区，成为政府与群众连接的枢纽。从某种意义上说，这个过程也是基层政府实现由"管理"向"治理"的转变，是推动国家社会治理体系和治理能力现代化的重要路径。

一方面，县级融媒体中心广泛吸纳群众意见，进一步密切了党群关系。江西省的"赣鄱云"在融媒体智慧平台上开通了省人大、省政协、省纪委等20多个省直单位的政务分端；长沙雨花区融媒体中心将分散的政府行政资源和社会服务资源聚合到"开放雨花"App，还建设了移动问政系统"雨花实说"。这些系统化的问题反馈与处理机制强化了跨部门的协同沟通，实现了把服务延伸到基层、问题解决在基层，推动基层治理向多主体协商的方向转变。

另一方面，县级融媒体中心主动疏解社会矛盾，营造和谐社会氛围。湖南浏阳市融媒体中心2020年开发了线上"党建＋微网格"社会治理平台，将浏阳市委组织部网格长工作与浏阳市委政法委矛盾调解工作合二为一，成为社会创新治理的实践平台。该平台上线仅一年就实现了在浏阳大部分乡镇、街道落地，注册网格长9000余名、网格信息员近20000名，各类民生诉求事项、矛盾纠纷案件化解成功率达96.75%，群众满意度达95.79%。这不仅极大地维护了社会的和谐稳定，也树立了高效、务实、勤政的基层政府形象。

### 三、嵌入数字经济 助推区域发展

用媒体积聚流量，用流量置换经济效益。县级融媒体中心回应地方用户关切，发布的在地化信息能够获得较大用户流量，而流量就意味着市场。一些县级融媒体中心积极探索将新闻用户向商务平台引流，进而带动本地产品销售。形成规模效应后，就可以进一步打造地理标志品牌，推动地方产品走向全国，促进乡村数字经济发展。浙江安吉县融媒体中心于2022年7月9日在上海启动了区域公用品牌"安吉优品汇"的全国配送，到2022年底创收超过 6000 万元，不但带动了大批劳动力就业，为农民增收创收，还解决了城乡供需不对称、产销梗阻的问题，丰富了城市居民的农产品供给。

深挖数据赋能，推进跨部门、跨区域、跨层级的数字经济联动。实现"数据"从"资源"到"资产"的转换，也是县级融媒体中心助力区域经济发展的有效路径。一方面，借助大数据分析实现精准助农，展现区域经济发展中的党媒力量。江苏江阴市融媒体中心的"最江阴"App 在新冠疫情期间适时推出助农公益项目"澄农帮"，通过对全市困难用户数据和农产品销售数据的分析，以全媒体传播、直播带货等方式销售农产品 20000 斤，成功解决了农产品销路受阻问题。另一方面，通过搭建大数据分析平台，将数据价值渗透到经济运行各个环节，推进跨部门、跨区域、跨层级的联通互动。江阴市的"一网通办"平台整合各级系统 146 个、事项 13511 项，对接省统一物流平台、无锡大数据局办件系统等 17 个平台，将涉及企业运转的招商引资、商事登记、获得场地、员工招聘、生产经营、权益保护、注销退出等所有业务部门相关功能全部上线，极大压缩了行政运转流程和审批时间，提高了综合服务效能。

## 四、普惠公共文化 挖掘地域文化

普惠公共文化，共享精神文明。一方面，县级融媒体中心打通了数字文化资源，实现了基层公共文化服务空间的线上转移，推动了数字图书馆、数字文化馆、数字博物馆、数字文化长廊、数字艺术展示厅等公共文化平台的城乡共享。另一方面，县级融媒体中心贯通了主流媒体与自媒体，叠加了大众传播与人际传播，在用群众故事、典型案例弘扬主流价值观、促进地区精神文明发展上发挥了独特作用。2022 年，北京怀柔区融媒体中心联合短视频平台快手推出"星"推官系列视频，深挖各界人士与怀柔的渊源故事，《赓续国粹文脉，赋能怀柔文明》《唱念做打颂文明，礼乐浸润共创城》等 50 多部短视频作品将区内外文化资源送到群众身边，网络累计播放量超 8000 万，有力促进了区域文化建设和文明城区创建。

挖掘地域文化，创新文化传承。一方面，县级融媒体中心立足本地，可以为地域文化的挖掘与传播提供更好的展示平台。北京怀柔区融媒体中心自2020年起连续3年推出文化类系列短视频《100秒说怀柔》，既挖掘了地域传统文化底蕴、红色文化印迹，又展示了区域影视产业蓬勃发展、"首都后花园"生态文明建设，体现了文化传承与文化创新的和谐统一。另一方面，县级融媒体中心积极发挥组织作用，激发群众的文化创造力，让人民成为书写文化和历史的主体，进而培养全民族的文化自信。近年来，乡村春晚成为乡村振兴的重要载体。以2023年张家港长江村第七届"村晚"为例，这场在线直播观看人数突破100万的晚会，除了村民自编自演的文艺节目，还开展了"我读党报给你听"理论宣讲活动，安徽省凤阳县小岗村党委书记、村委会主任周群之与4位来自基层一线的党的二十大代表一同"读党报"，使得"村晚"不仅是一场乡村文化盛会，更是学习宣传贯彻党的二十大精神的实境课堂。国家文化和旅游部在全国遴选了百余个"村晚"示范展示点，所在县融媒体中心通过多媒体矩阵进行了广泛传播，"国家公共文化云"还开展了展播活动，进一步拓宽了文化传承创新的群众基础。

发展文化产业，带动经济增长。县级融媒体中心不仅努力满足人民群众的精神文化需求，同时大力打造地方特色文化IP，实现文化传承、文化普惠与文旅产业互促共赢。例如，"多彩贵州文化云"覆盖全省9个市、州，开通66个县公共文化云子平台，大力传播贵州丰富的民族文化、红色文化、生态文化。在提供公共文化服务的同时，"多彩贵州文化云"结合各地文化特色打造乡村文化品牌专区，推介贵州乡村特色文创、文化旅游路线等。截至2022年10月底，该平台已涵盖全省3553家文化场馆及旅游景区，发布公共文化活动信息25000余条，产生公共文化服务订单33700个。县级融媒体中心通过解放和发展文化生产力，培育发展新型文化业态，助推乡村文化产业高质量发展。

### 五、强化技术赋能 推进融合创新

技术创新与技术应用是媒体融合发展的重要驱动力。《关于加快推进媒体深度融合发展的意见》明确指出，要以先进技术引领驱动融合发展，用好信息技术革命成果。各地区依据自身实际情况，在县级融媒体中心建设中创新技术接入路径，突破技术瓶颈，多样化完成了融媒体中心的落地。比较典型的是，以浙报集团"浙江媒体云"、江西日报社"赣鄱云"、郑报集团"中央厨房·新闻超市"、《人民日报》"全国党媒公共平台"等为代表的"云端共联"模式，以新华智云科技、成都华栖云科技有限公司等外部技术支撑为代表的"技术购买"模式以及以浙江长兴传媒集团和安吉县融媒体中心为代表的"自主技术"模式。

强化技术赋能，提高传播效果。与一些商业互联网平台意在积累流量、迎合用户需求的推荐算法不同，县级融媒体平台挖掘数据潜能，开发服务于公共利益和社会主流价值观的"主流算法"。让信息与目标用户需求相匹配的同时，更加注重传递具有社会价值的信息，提高了主流内容的触达率和影响力，优化了信息生态。浙江省委网信办指导的"主流媒体算法"——新蓝算法，将主流价值观与个性服务相结合，根据县级融媒体中心新媒体产品的需求和特点，优化数据模型，拓展应用场合。针对县级融媒体信息数据量较小、难以形成有效规模数据训练的困难，运用深度学习的机器算法模型，研发了内容智能聚类、内容自动提取、负面内容自动感知等人工智能技术，不仅提高了推荐效率和精准度，也缓解了县级融媒体冷启动的问题。自2020年底县级融媒体中心投入运行以来，新蓝算法在加大正能量、主旋律内容传播，营造风清气正的网络空间方面发挥了重要作用。

关注技术发展，推动融合创新。县级融媒体中心建设恰逢社会加速信息化、智能化，各地融媒体中心都强化了创造性应用新技术的行动自觉，推动县级融媒体中心的转型升级与融合创新。自2020年起，北京市广播电视局实施了"年度媒体融合创新技术与服务应用遴选推广计划"，已有数十项创新技术与服务应用获得推广。例如，"方正星空云"为用户提供一体化、多终端、全方位、云服务的新型媒体解决方案；星环科技围绕"用户画像"与"产品洞察"，推出"基于分布式技术和多模型数据管理技术的大数据视频推荐系统"，为决策分析提供有力支持；网晴科技"基于AI人工智能的全栈式、系统化内容生态治理系统"在"AI+人工"智能审核方面表现突出，是网络内容生态治理的创新型系统解决方案；"红旗"多模态融媒体数据智能分析平台实现了对数据资产的统一融合、语义理解、高效管理、协同生产和效果评估，已为 500 余家区县级融媒体中心提供技术服务。在相关部门的引导和推动下，创新技术与服务应用在市、区两级媒体落地进程提速明显，县级融媒体中心获得了持续发展的技术支撑力。

  截至 2022 年 8 月，全国共有 2585 个县级融媒体中心建成运行。这些全媒体传播体系的"末梢"神经，经过转型升级，不但更加敏锐有力，更在新闻舆论、社会治理和文明实践中承担着越来越"硬核"的角色。大力推进县级融媒体中心建设这一顶层设计，与党的二十大提出的中国式现代化的本质要求相互映照。县级融媒体中心与新时代文明实践中心的建设，秉持以人民为中心的发展思想，在密切党群联系、发展全过程人民民主、丰富人民精神世界、提高全社会文明程度等方面发挥了重要的组织功能、引领作用，使得中国式现代化在"最后一公里"得以有效推进。

# 国家文化数字化战略下的品位阅读
# 与品质出版*

2022年4月23日，习近平总书记在致首届全民阅读大会的贺信中指出，"中华民族自古提倡阅读，讲究格物致知、诚意正心，传承中华民族生生不息的精神，塑造中国人民自信自强的品格"。① 阅读离不开高质量精神产品的供给，离不开出版业的高质量发展。品位阅读与品质出版彼此呼应、互动互促，决定了一个国家、民族精神世界的丰盈程度和文化的发展高度。

围绕建设社会主义文化强国的目标，近年来，国家逐步将文化数字化建设从建设工程上升到国家战略。2012年《国家"十二五"时期文化改革发展规划纲要》明确提出，要建设以文化资源数字化、文化生产数字化和文化传播数字化为主要构成的"文化数字化建设工程"。2020年11月，党的十九届五中全会通过了《中共中央关于制定国民经济和社会发展第十四个五年规划和二〇三五年远景目标的建议》，提出推进"公共文化数字化建设"，"实施文化产业数字化战略"，文化数字化由"工程"上升为"国家战略"。2022年5月，中共中央办公厅、国务院办公厅印发《关于推进实施国家文化数字化战略的意见》，明确了实施文化数字化战略的八项重点建设任务和建设目标。随着国家文化数字化战略的不断推进，出版方式从"铸以代刻"朝着"数字传

---

\* 本文系国家社科基金后期资助项目"言论的力量"（项目编号：21FXWB021）的阶段性成果，与宋守山合作，原载于《出版广角》2022年第14期，收入本书时有改动。

① 希望全社会都参与到阅读中来 形成爱读书读好书善读书的浓厚氛围[N].人民日报，2022-04-24（1）.

播"转型，出版物的编辑出版、阅读利用乃至典藏保存、传播流布都发生了深刻变化，进而对公众的阅读生活产生了深远影响。

## 一、国家文化数字化战略下的阅读之变

作为人类获取知识、启智增慧、培养道德的重要途径，阅读在数字化的推进下发生了深刻变化。这些变化既包括阅读的主体、客体，也包括阅读的场景、方法，乃至对阅读效果的评估等诸多维度。

**（一）阅读资源极大丰富**

阅读资源的丰富有三层含义。一是阅读资源供给的不断丰富。国家文化数字化战略的重点任务之一，就是统筹利用文化领域已经建成或在建数字化工程和数据库形成的成果，全面梳理中华文化资源，最终形成中华文化数据库。对五千年累积的中华文化成果的全样本记录、全样态呈现，无疑为全民阅读提供了海量的阅读资源。二是个体获取阅读资源更为便捷。阅读文本呈现形态、存储方式及传播路径的数字化，使得信息传播的时空阻隔不断弱化，个体拥有阅读资源的能力不断延伸，文化资源的全民共享成为可能。三是阅读者与创作者的相互转化更加频繁。数字化使得普通人创作与发表作品的机会大大增加，创作主体的多元不仅增加了内容产品的数量，也丰富了内容产品的表达风格。

**（二）阅读形态日益多元**

第十九次全国国民阅读调查结果显示，2021年全国国民数字化阅读方式（包括网络在线阅读、手机阅读、电子阅读器阅读等）的接触率为79.6%，较2020年的79.4%增长了0.2个百分点。[1] 数字技术推动了阅读形态的个性化发展，以有声阅读、视频化阅读以及全息阅读为代表的数字化阅读形态发展迅

---

[1] 张贺.2021年我国成年国民综合阅读率为81.6%[N].人民日报，2022-04-25（1）.

速,传统纸质图书已不再是唯一阅读载体,未来一段时期内,数字阅读将与纸质阅读形成共存互补的态势。一是有声阅读成为流行阅读形态。当前,以声音为主要表达符号,基于听觉认知规律,用声音语言创作、传播知识性音频内容的有声出版,成为新的出版类型[①],也成为全民阅读新的增长点。二是视频化阅读蓬勃发展。视频化阅读以直观形象的表达吸引读者,逐渐发展为移动阅读场景中公众接受信息的重要形态。三是全息阅读成为可能。在5G的支撑下,AR/VR/MR等技术使沉浸式阅读成为新的阅读模式,阅读场景更加广泛。虽然全息阅读短期内还不会成为常态,但其给阅读体验带来的冲击不可小觑。

### (三)阅读场景不断拓展

移动传播的本质是基于场景的服务,即对场景(情境)的感知及信息(服务)的适配。[②]文化数字化战略激发了数字内容的供给能力,使得阅读场景不断拓展,催生了文化消费新景观。例如,数字电视技术、投屏技术强化了用户的视听体验,推动了客厅这一文化消费场景的升级;有声出版物以声音为主要表达符号,将移动有声客户端、微信小程序、智能音箱等作为阅听介质,其在公园、广场、公共交通等开放性场景下的伴随性价值得到广泛认同;全息呈现、数字孪生、多语言交互、高逼真、跨时空等新型数字技术大量应用于图书馆、博物馆、美术馆等公共文化场所,形成了线上线下彼此呼应的一体化、动态化、逼真度高的文化体验场景。阅读场景从实体空间走向数字空间,不仅丰富了公众的阅读体验,也带来了阅读时间碎片化、阅读心理浅表化等复杂效应。

### (四)阅读群体层次提升

《关于推进实施国家文化数字化战略的意见》明确提出,到"十四五"时期末,基本建成文化数字化基础设施和服务平台,形成线上线下融合互动、

---

① 李舒,张寅.移动互联背景下有声出版的特点、难点与突破点[J].出版广角,2021(20):44–47.
② 彭兰.场景:移动时代媒体的新要素[J].新闻记者,2015(3):20–27.

立体覆盖的文化服务供给体系；到 2035 年，建成物理分布、逻辑关联、快速链接、高效搜索、全面共享、重点集成的国家文化大数据体系。基于数字化的公共文化服务供给体系促进了公共文化资源的均衡配置，在很大程度上弥合了因地域、经济发展差异等因素造成的文化鸿沟，推动了阅读城乡一体化格局的形成，使知识的全民共享成为可能。此外，数字化改变了传统的教育模式，不仅形成了终身学习的机制，还可以依据个体特点制订教育方案，提升了教育的精准性与个性化程度。这些都推动了阅读群体整体水平的提升。

**（五）阅读效果更加复杂**

19 世纪，马克思在评价人类取得的进步时指出，我们的一切发明和进步，似乎结果是使物质力量成为有智慧的生命，而人的生命则化为愚钝的物质力量。[①] 尽管数字化给阅读带来了很多积极影响，但其对"人"的主体性的冲击值得我们高度警惕。例如，基于用户的阅读行为、阅读习惯、阅读兴趣，大数据技术在优化阅读体验、减少信息检索难度的同时，使得阅读边界在无形中被固化，形成信息茧房，降低了用户自主选择和独立思考的空间。又如，数字化技术改变了传统出版方式，但在传播效果评估上仍采用发行量、阅读量、转发量、下载量等传统量化指标。数字阅读效果评估指标体系发展的滞后，不仅难以完全保证内容产品的品质，而且在一定程度上模糊了阅读与娱乐活动的边界。阅读是一个认知加工过程，人的大脑不仅要感知阅读材料的基本信息，还要通过复杂的智力活动作出独立的判断和决策。不可否认的是，技术的深度应用给阅读活动带来了便利，也冲击了阅读活动的思想性。如何在数字化的工具理性与丰盈人的精神世界的价值理性之间找到平衡，形成与数字时代相匹配的品位阅读评估方法与体系，显得十分迫切。

整体来看，数字化促进了公众阅读质量的提升，也对阅读与出版提出了更高要求。实现品位阅读与品质出版已经超越了行业话语，成为时代命题与

---

[①] 马克思，恩格斯. 马克思恩格斯文集：第 2 卷 [M]. 中共中央马克思恩格斯列宁斯大林著作编译局，译. 北京：人民出版社，2009：580.

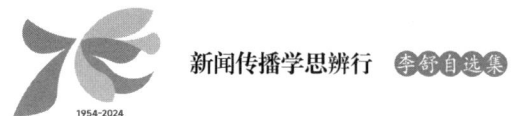

国家命题。

## 二、品位阅读：文化强国的强劲支撑力

品位阅读，顾名思义就是指有情操、有格调、有品质的阅读活动。品位阅读既是对阅读者格调、修养与人品的要求，也是对出版物内容质量、价值取向与思想导向的要求。从社会发展的角度看，品位阅读并非仅是一种个体行为，也是建设社会主义文化强国、厚植数字时代文化自信的必然要求。数字化使阅读生态发生了根本性变化，这既是对品位阅读的挑战，也是提升社会阅读品质的宝贵契机。

### （一）以品位阅读涵养民族精神气质

高品位的阅读，不仅能够丰富个人的知识素养和道德修养，还能铸就一个国家的文化根基，涵养整个民族的精神气质。党和国家历来重视以推广阅读提升国民素质，2006年，中宣部、新闻出版总署等部门联合发出《关于开展全民阅读的倡议书》；2020年，中宣部印发《关于促进全民阅读工作的意见》；党的十八大以来全民阅读被九次写入政府工作报告。尽管数字化给阅读带来巨大变化，但无论是传统图书还是各种形态的数字出版物，品位阅读都是涵养民族精神气质、构建数字时代中华民族共同精神家园的重要手段。随着全民阅读渐成社会风尚，品位阅读必将进一步增强社会的凝聚力和向心力，为中华民族的伟大复兴提供不竭的精神动力和深厚的文化支撑。

### （二）以品位阅读推动文化传承创新

文化是一个民族生生不息的根脉所在，中华优秀传统文化是中华民族的突出优势，是我们在世界文化激荡中站稳脚跟的根基，必须结合新的时代条件传承和弘扬好中华优秀传统文化。①《中共中央关于制定国民经济和社会发

---

① 中共中央关于党的百年奋斗重大成就和历史经验的决议［N］.人民日报，2021-11-17（1）.

展第十四个五年规划和二〇三五年远景目标的建议》提出到2035年建成文化强国的目标和时间表，进一步凸显了中华优秀传统文化传承创新的重要性与迫切性。马克思说，"凡是民族作为民族所做的事情，都是他们为人类社会而做的事情。"① 中华文明是世界文明，是世界上唯一的没有中断的文明，以数字化解码、刻录中华文化基因，并对传统文化资源进行创造性转化和创新性发展，不仅能够提升社会的整体阅读品位，增强数字时代国家的文化软实力，而且能够为人类文明进步事业做出巨大贡献，具有世界意义。

### （三）以品位阅读弘扬社会主义核心价值观

党的十八大从国家、社会和公民三个层面概括了社会主义核心价值观的基本内容，这既是中华民族伟大复兴进程中国家的价值内核，也是全社会的共同理想。数字化引发信息传播方式的变革，并进一步导致社会思想的多元化，给舆论生态和意识形态安全带来巨大挑战。在技术与社会互构的转型语境中，新闻媒体发挥引导力，以减少转型过程中所产生的离散力、破坏力，促进共识、构建认同，是其实现舆论功能的核心诉求。② 将社会主义核心价值观注入精神文化产品，通过全民阅读使公众产生内容价值与精神价值共鸣的阅读体验，不仅能够壮大主流舆论，更有助于推动社会主义核心价值观转化为人们的情感认同和行为习惯。以品位阅读弘扬社会主义核心价值观，进一步巩固了国家的文化安全，夯实了应对各种风险挑战、奠定了全面深化改革的思想基础。

### （四）以品位阅读实现全面共同富裕

共同富裕是社会主义的本质要求，促进共同富裕与促进人的全面发展是高度统一的关系。习近平总书记指出，要发展公共文化事业，完善公共文化服务体系，不断满足人民群众多样化、多层次、多方面的精神文化需求。当

---

① 马克思，恩格斯.马克思恩格斯全集：第42卷［M］.中共中央马克思恩格斯列宁斯大林著作编译局，译.北京：人民出版社，1979：257.
② 李舒，宋守山.新闻媒体引导力的内涵、现状与实现层次：一种基于认同理论的分析［J］.现代传播（中国传媒大学学报），2021（3）：27-32.

前，我国社会主要矛盾已经转化为人民日益增长的美好生活需要和不平衡不充分的发展之间的矛盾。随着中国全面建成小康社会，人民群众不仅追求物质生活水平的提高，也期待心智愉悦的精神享受和富有品质的文化生活。因此，共同富裕的真义，不仅在于解决好物质层面的贫富差距，还要在文化层面着力，努力实现精神上的共同富裕。国家文化专网、国家文化大数据体系等文化基础设施的建设，将大大弥合地区间优质出版物供给的差距，提升全民阅读的水平和质量，实现文化成果的全民共享。从某种意义上说，品位阅读将推进共同富裕迈向新的阶段，赋予精神与文化共同富裕的深层内涵。

## 三、品质出版：文化强国的有效推动力

高质量是新时代我国经济发展的主线，也是出版业发展的必然要求。出版的品质不仅关乎国民思想道德和科学文化素质，也关乎国家文化软实力和中华文化影响力。在实现文化强国的目标上，品位阅读是重要的支撑力，品质出版则是有效的推动力，两者共同为全面建设社会主义现代化国家提供文化支持和智力保障。

### （一）品质出版的内在要求

出版工作兼具物质生产与精神活动的属性。作为物质生产，品质出版意味着生产更多制作精良、品类丰富的内容产品；作为精神活动，品质出版则意味着从文化属性出发，使之裨益于国民精神境界的提升、人类文明的传承。具体说来，品质出版的内在要求主要体现在以下四个方面。

一是以优质内容为核心。质量是出版的生命力之所在，品质出版首先体现为内容质量。高品质的出版建立在精品意识和原创能力基础之上，要求内容政治导向正确、积极健康，更要求以形式和表达创新不断提升主流价值观对社会公众的影响力。同时，编校印装质量会影响出版的品质。当前，数字阅读的内容良莠不齐，针对数字内容统一规范的编校质量评价体系尚未形成，对新形态内容产品的质量管理流程和治理规范也尚在探索中，这些都会影响

公众的阅读质量与阅读体验。

二是以技术应用为支撑。科技创新深刻影响着出版业转型升级、深度融合的进程，5G、大数据、云计算、人工智能、区块链、物联网等技术在出版领域的应用极大地改变了出版业态、出版生态以及传播与运营模式，数字出版已经成为国家战略性新兴产业。出版品质的提升要求以新一代信息技术赋能出版全产业链条，发挥技术在有效整合各种出版资源要素、推动内容创意与呈现手段创新、实现精准化互动式传播等方面的积极作用。此外，还要善于运用数字技术破解出版活动中存在的一些问题。例如，依托区块链技术去中心化、开放透明、不可篡改的特点，探索解决数字出版中版权保护和数字资产确权等问题的方法。未来，各种新技术的集成与深度应用，将推动数字出版与经济社会各领域跨界融合，催生各种高附加值、多功能的新型"出版+"业态。

三是以公共服务为导向。出版的文化属性决定了其必须承担更多的社会责任，坚持把社会效益放在首位，保障人民群众基本文化权益。2018年，中宣部印发《图书出版单位社会效益评价考核试行办法》，首次从顶层设计层面建立了一套可量化的考核指标体系。2022年，国家提出文化数字化战略，更是把建设文化数字化基础设施和服务平台、国家文化大数据体系作为重要目标。在我国，出版业的发展始终坚持以人民为中心，以满足人民日益增长的学习阅读需求为根本目的，为人民群众提供更加充实、更为丰富、更高质量的出版产品和服务。换言之，没有全民参与、全民受益，缺失了人民群众文化获得感、幸福感，离开了社会效益与经济效益的高度统一，就谈不上品质出版。出版品质的提高应以公共服务为导向，不断丰富公共文化资源，增强公共文化数字内容的供给能力，均衡文化资源配置，创新出版公共服务供给模式，提高公共服务的效率和质量。

四是以用户需求为驱动。在数字传播语境中，用户获取信息资源的主动性更加明显，对出版内容的个性化需求更加突出。用户在信息生产和传递中的地位进一步提高，使传统阅读服务面临新的挑战，并对品质出版提出了新的要求。一方面，出版业应转变角色，把服务群众和教育引导群众结合起来，适应读者阅读内容、阅读方式、阅读习惯的多元化，以开放性提升出版服务的质量。另一方面，出版业要顺应数字时代文化生活移动化、智能化、个性化的新趋势，深度挖掘用户数据，精准匹配用户内容需求和应用场景，大力发展个性化出版，探索分众出版。对用户来说，只有其主体性得到尊重，出版产品、服务与模式实现了精准适配，才是真正意义上的品质出版。

### （二）品质出版的实现路径

国家文化数字化战略既是出版业高质量发展的外部环境，也是出版业质量提升的内在动因。在这一战略实现的过程中，以品质出版引领品位阅读，成为出版业高质量发展的必然要求。

一是做优做强出版市场主体。2020年，全国出版、印刷和发行服务营业收入超过1.6万亿元，资产总额超过2.2万亿元，净资产超过1.1万亿元，出版业整体实力与质量效益稳步提升。虽然出版产业规模不断壮大，但距高质量增长还有一定差距，需要进一步转变发展方式、优化产业结构、转化增长动力。作为国家经济发展的重要组成部分，出版产业能力的提质升级离不开市场主体的壮大优化。市场主体增强自身活力、实力与竞争力，以出版品质赢得读者、扩大市场，既是出版业获得整体发展的基础，也是其在数字生态中壮大主流舆论的必然要求。做优做强出版市场主体，需要进一步深化出版体制机制改革，健全有中国特色的现代出版企业制度，优化出版资源配置，培育一批具有创新活力、国际竞争实力和可持续发展能力的世界一流出版企业。

二是加强政府对出版业的规划引导。在行政管理、社会治理、企业行业自律相结合的出版治理体系中，政府的政策引导始终处于主导地位。政府政策引导、行业规范的滞后，往往会对品质出版产成制约。例如，目前我国数字出版中仅存储格式就有SEP、CEB、PDF、EXE、PDG等20余种，存储格式的标准化问题极大地阻碍了数字出版的发展和高质量内容的生产。相关出版数字化建设标准的研究制定，不是某一家企业能解决的，而是需要国家有关职能部门进行宏观统筹、适时引导和规范。近年来，出版业的数字化程度不断加深，从 2014 年《关于推动新闻出版业数字化转型升级的指导意见》、2015 年《关于推动传统出版和新型出版融合发展的指导意见》，到 2022 年《关于推动出版深度融合发展的实施意见》，国家对出版业的顶层设计已经由转型升级、融合发展，迈向深度融合。在出版业深度融合的过程中，迫切需要政府以系统观念和前瞻意识强化顶层设计，为出版业的品质发展制定蓝图、谋划方略，努力实现出版发展质量与速度、规模与结构、效益与安全相统一。

  三是促进产业间的融合发展。迈向深度融合的品质出版，必然要打破传统出版产业的内部区隔和外部边界。一方面，实现出版产业内部资源进一步打通融合。在数字化背景下，出版已经超越传统选题策划、文本编辑、发行推广的范畴，正在以品质阅读为核心诉求，实现内容产品的品质、功能以及价值生成等的全方位拓展；另一方面，探索出版产业和其他产业之间的融合发展。未来，数字化将推动出版产业的价值链不断延伸，出版业的价值实现将从图书、报刊发行升级为对文化数据资源的整理、生成、利用以及以文化体验为主的新业态。出版产业与视听行业、展览业、制造业、现代服务业其他战略性新兴产业的融合发展，将充分激发出版创新创造活力，为发展中国特色社会主义文化、建设社会主义文化强国注入新的推动力。

# 移动互联背景下有声出版的特点、难点与突破点*

"有声出版"是以声音为主要表达符号,基于听觉认知规律,用有声语言创作、传播知识性音频内容产品的出版类型。有声出版已成为全民阅读新的增长点,2020年,我国31.6%的成年人有听书的习惯,较上一年度提高1.3个百分点;未成年人的听书率为32.5%;移动有声客户端(App)、微信及其小程序和智能音箱成为重要的听书介质。① 在移动互联背景下,厘清有声出版的特点,探析其面临的难点与突破路径,对有声出版的创新发展大有裨益。

## 一、有声出版的特点:以新技术催生个性化发展

移动互联背景下,有声出版的内容生产主体不再局限于传统出版机构,传播介质发生极大改变,用户覆盖呈现广而细分的特征。

### (一)制作主体多元化

近年来,有声出版内容生产格局已从传统的OGC(职业生产内容)"一

---

\* 本文系北京市社科基金项目"首都高校媒体治理与意识形态安全"(项目编号:17KDB009)的阶段性成果,与张寅合作,原载于《出版广角》2021年第20期,《新华文摘》2022年第4期论点摘编,收入本书时有改动。

① 中国新闻出版研究院全国国民阅读调查课题组.第十八次全国国民阅读调查主要发现[J].出版发行研究,2021(4):19-24.

家独大",衍化为 OGC 与 PGC(专业生产内容)、UGC(用户生产内容)"协同共存",具体表现在三个方面。

一是传统出版机构"向外拓展"。互联网与计算机技术的深度应用拓展了有声出版的市场空间,一些传统出版机构转换思路,探索合作生产模式,以求实现多方共赢。一方面,开展内容生产合作。例如,上海译文出版社与懒人听书合作,开设《名著解读》专题;杭州出版社与浙江电台、杭州电台等媒体联合制作有声版"杭州优秀传统文化丛书"等。多方合作不但解决了创作人员不足的现实问题,还促进了有声出版的融合发展。另一方面,开展渠道合作。各类平台机构和主流媒体的新媒体客户端拥有更广的用户资源,有声出版入驻各类新媒体平台,大大提升了内容产品的知晓度和抵达率。例如,中央广播电视总台的音频客户端云听集纳了 OGC、PGC、UGC 制作的丰富多彩的音频产品,有声读物也借助该平台打开了更广阔的市场。长久以来,载体介质与传播渠道限制了传统有声出版的发行规模,开门办出版和融合传播的深化为有声出版的规模化生产提供了可能。

二是新兴出版机构"异军突起"。传播技术的发展打破了有声出版主体的身份门槛,专业化的文化企业和互联网平台纷纷涉足有声读物市场。近年来,凯叔讲故事、樊登读书、艾儿嘟嘟等一批有声读物品牌已经形成。除此之外,蜻蜓FM、喜马拉雅、懒人听书、阿基米德等专业化音频平台也将其业务向有声出版延伸,并更注重垂直领域的市场深耕。以有声读物平台艾儿嘟嘟为例,该平台以优质儿童文学作品为创作母体,通过"儿童故事在线录制、阅读和分享",已经在儿童有声出版市场聚集了相对稳定的用户群体。

三是用户个人朗读并自主分享。移动互联时代,用户不再是被动的声音接收者,而是有表达欲望和有声表达能力的新生力量。播客平台、朗读亭等虽然没有专业出版机构组织化的运作和传统意义上的出版属性,但显然已不仅仅是朗读爱好者的交流空间,未来极有可能孵化为有声出版的新业态。

促进 OGC、PGC、UGC 三者形成一种良性竞争与互动机制,可以为有声出版可持续发展增添动能。2021 年,北京广播电视台启动"你好,大主播"融媒体主播大赛,其官方客户端听听 FM 成立"声音 IP 创新研究所",与前

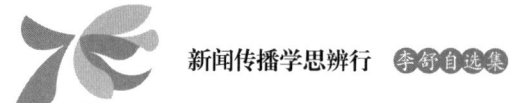

20强选手签约,共同孵化声音产品,在OGC与UGC互动上积极探索。此外,不少音频平台招募朗读员、配音员,吸引优质的UGC加入有声出版阵营,推动了平台与用户的深度融合与互促发展。

### (二)传播介质数字化

"数字化生存"(Being Digital)的预言早已实现,当前,有声出版的传播介质从磁带、CD等转向了智能手机、智能音箱等,有声出版对数字化平台的依存不断加深。

传播介质的数字化赋予有声出版新的传播模式。纸质图书出版以文字、图片为主要表达符号,有声出版的核心符号则是声音。"无翼而飞者,声也;无根而固者;情也"①,数字化使得"转瞬即逝"的声音符号实现了可重复、可模仿、可检索,用户的自主选择性变得更强。智能手机为有声出版实现了一种更为直接的可见性,音频内容不仅可以被用户移动接收、实时分享,还能实现用户与平台、用户与用户间的交流与反馈。有声读物使用户解放双眼、双手和放下手机,有声语言是用户情感交流的利器,智能语音交互技术进一步放大了声音符号"情声和谐"的魅力,这些都为有声出版增添了有别于纸质出版的趣味性和感染力。

传播介质的数字化大大推动了有声出版的数量增长,更重要的是,借助数字化平台,有声出版可以更好地发展口语文化、实现有声阅读的文化价值,让用户在声音世界中汲取知识、感受声音世界的美好。

### (三)用户群体细分化

有声出版用户群体的细分主要体现在两个向度。

一是年龄向度。发展心理学认为,人在不同的年龄阶段具有不同的心理特征与认知能力。以年龄进行用户细分,在内容选择和表达方式上切合不同年龄段用户的心理特征、认知能力和发展需求,量身打造面向儿童、青年以

---

① 管子[M].房玄龄,注.刘绩,补注.上海:上海古籍出版社,2015:183-184.

及离退休人员的有声读物，不但能使有声出版的目标市场更精准，还可以满足不同人群的听觉心理需求和对新知的期待诉求。

二是社会身份向度。例如，针对青年学生，知识扩充是其核心需求，有声出版应立足于知识的再分配，促进传受双方在知识传播层面的互动。针对职场人士，学以致用是其核心需求，有声出版应立足于知识的实用性，将知识与职场生活有机结合，如近年来《薛兆丰经济学讲义》等有声出版物牢牢把握了这一定位。针对党员干部，政治导向是其核心需求，有声出版应围绕知识的思想性，促进学习、教育与领悟、实践相促进，如学习强国客户端中"电台"专区的"听原著"版块，集纳了各大出版社制作的主题类有声出版读物，营造了党员干部提升思想修养的浸润式有声空间。

## 二、有声出版的难点：以优质产品丰富口语文化

有声出版是推动文化特别是口语文化发展的重要力量。生产高质量的有声读物，不但要遵循听觉认知规律，还要注重体现声音产品的知识价值，实现文化逻辑与技术逻辑的统一。

### （一）有声创作与认知规律相契合

有声出版必须注重口语表达的特殊性，这是由声音符号的传播特点决定的。生产高质量的有声读物，必须使有声创作契合听知规律，重点要把握好以下三个方面。

一是要选择恰当的表达形式。有声读物的表达形式主要有三种：依托文字底本的朗读式、依托讲稿或提纲的讲解式和基于双人或多人的交流谈话式，要根据内容的性质选择恰当的表现形式。例如，小说适合单人或多人播讲，而知识类课程选择带有个性色彩的讲解方式效果会更好。

二是要按照听知规律撰写有声读物的底本。要综合考虑声音传播"转瞬即逝"的特点、口语表达与书面表达的差异以及目标用户认知能力、接收心理等因素，合理安排结构，选择适宜的语言风格和表达技巧。一般来说，有

声读物更倾向于选择主线清晰集中的单线条叙事结构，有声创作时要有意识地重复关键性信息，并避免使用同音歧义和书面化的语汇。需要强调的是，听知规律有共通性，也有差异性。以儿童群体为例，凯叔讲故事在创作《西游记》《三国演义》等古典文学有声读物时，根据儿童的认识发展水平和语言能力，对原著进行了深度改写，通过适配性改写，不但有利于播讲者的口语表达，更有益于儿童习得中国古典名著的语言和文化精髓。此外，针对视障人群的有声出版强调具有想象力的有声创作；面向离退休群体的有声出版则更加注重情感关怀。这些都是为了从根本上实现有声表达与听觉认知规律的一致性。

三是要发挥声音表达的优势。清代文学家林嗣环的《口技》生动地说明了声音艺术的传播魅力。朗读美学强调"有情才有声"的"情声和谐"之感。[1]有声读物不仅要语音清晰、准确，更要理解原著的内涵或提纲的要旨，将原著的文化内涵、核心知识转化为适当的话语样态，将无声的内在感受转化为有声的外在表达。2019年，天喜文化授权喜马拉雅推出有声读物《汴京之围》，主持人出身的播讲人对其进行了精彩的有声创作，作品推出后不仅引发了公众对"辽金宋外交战争史"的关注，还带动了《汴京之围》纸质书的销售，两次加印销量超过50000册。优秀的有声读物只有让用户沉浸于声音之美，凸显声音符号的审美价值，才能达到吸引人、感染人的效果。

### （二）审美价值与知识价值相化合

高质量的有声读物不仅具有独特的声音和情感审美价值，还应该将知识附着于有声内容，提升口语文化的知识价值。当前，有声出版已成为出版业融合发展的重要着力点。[2]人类社会在由工业社会、后工业社会向信息社会、智能社会转型发展中，知识的价值越来越凸显。知识不仅极大地改变了传统经济依靠一般劳动力、资金、能源等要素实现增长的发展模式，而且深刻地

---

[1] 张颂.朗读美学[M].北京：中国传媒大学出版社，2010：97.
[2] 范军.2019–2020中国出版业发展报告[M].北京：中国书籍出版社，2020：104.

促进了社会政治、思想、文化等的发展进步。有声出版也越来越注重提升内容产品的知识价值。以移动音频客户端喜马拉雅为例，2020年，"喜马拉雅123狂欢节"的知识付费营收额度超过10亿元，作为"知识＋陪伴"的有声读物实现了自身的知识价值和经济效益转化。

但综观有声出版的整体表现，尚存在有声读物内容质量良莠不齐、知识价值体现不充分的问题。信息时代，文化消费需求发生了"有无"向"优劣"的转换，出版内容生产越来越要求品质化、个性化[1]，保障有声出版的健康发展，精品化战略是可行路径。有声出版机构应在创作团队、内容策划、用户体验、市场培育等方面综合施策，为用户提供兼具审美价值与知识价值的有声读物精品。例如，2018年中央广播电视总台联合教育部、国家语委推出了"中小学语文示范诵读库"，创作团队精心选择优质内容，中央广播电视总台100多位播音员、主持人和录音师在有声语言和音频呈现上精耕细作，打造了广受学生、学校、家长欢迎的有声出版品牌，实现了有声读物审美价值与知识价值的深度化合。

**（三）文化逻辑与技术逻辑相耦合**

有声出版受文化逻辑与技术逻辑的双重支配。一方面，文化的传播是有声出版的内核。文字诞生后，人类的文化成果多由文字来承载，但有声语言在促进文化的传播、交流上仍具有不可替代的作用，并且逐渐发展出了独具特色的口语文化。媒介环境学派学者沃尔特·翁（Walter J.Ong）认为，口语文化绝非低劣的文化，口语文化创造的成果也有可能是书面文化望尘莫及的[2]。有声出版应该牢牢把握文化逻辑这一主线，以声"载"文、以声"润"人，让声音成为与文字互补的文化承载体，实现更深层次的精神交往意义，这也正是有声出版的文化价值所在。另一方面，技术的应用是有声出版的外

---

[1] 李舒，陈菁瑶.文化强国背景下的出版硕士教育：目标、理念与模式[J].现代出版，2021（5）：90-96.
[2] 翁.口语文化与书面文化：语词的技术化[M].何道宽，译.北京：北京大学出版社，2008：135.

驱。技术的革新不仅打破了有声读物传播介质的障碍，拓展了创作空间，提高了制作效率，还提高了用户获取内容的便捷性和听知的有效性。此外，技术逻辑还加速了有声出版市场的演变进程，带来了出版市场格局的变化以及出版产业模式的变革。近年来，智能手机、智能语音音箱、车联网等快速发展，为有声出版创造了新的发展契机。

文化逻辑是有声出版的根基，技术逻辑为有声出版的创新发展增添动力。沉溺于低水平同质化的内容，有声出版的知识价值将大打折扣；把握不住技术为内容生产和产业模式创新带来的契机，有声出版的社会效益和经济效益也将无从实现。只有两个逻辑协同共进，有声出版才能实现高质量发展。

## 三、有声出版的突破点：以多维探索助力文化强国

《中共中央关于制定国民经济和社会发展第十四个五年规划和二〇三五年远景目标的建议》明确提出到2035年建成"文化强国"的时间表。出版业是文化强国建设的排头兵，有声出版作为出版业新兴的重要领域，必须寻找到发展的突破点，更好地体现自身价值，为文化强国建设助力。

### （一）优化融合传播

随着媒体融合的深入，出版活动中的融合特征日益鲜明。有声出版并不意味着"只有声音"的出版，符号与渠道的融合是有声出版实现自我突破的必然选择。

一是符号的融合。有声出版的传播符号不应局限于声音，文字、图片、影像等都可以为我所用。在智能手机界面上，文字是有声读物的提示，发挥导听功能；图像是有声读物的视觉形象和标识符码，助力品牌宣传；影像是音频产品的衍生或补充，进一步丰富产品链。当然，符号融合的前提是不能喧宾夺主，要注意处理好多种符号的主次关系。声音是有声出版的主要符号，要始终聚焦优化声音元素的创作与呈现这一核心问题。无论是文字还是图像，

接收上都具有鲜明的排他性，容易形成某种"认知霸权"。过度使用其他符号，不仅不符合听觉认知规律，还违背了有声出版解放用户眼和手的初衷。

二是渠道的融合。"声不假翼，其飞甚易"①，声音符号"转瞬即逝"的问题可以通过推进传统发行渠道与网站、手机客户端、智能音箱等渠道的相容互通来解决。当然，不同的传播渠道也要从提高传播质量的角度不断地进行优化，如手机客户端要解决用户界面烦琐、体验感差的问题，智能音箱要解决语音识别精准度不高的问题。

在有声出版实践中，融合传播往往体现在内容建设、品牌宣传、商业模式等多个方面。2021年，北京广播电视台分别与得到、樊登读书、凯叔讲故事三家音频商业平台签署战略合作协议。这些资源、品牌、渠道深度合作的背后，是有声读物内容生产模式和商业运营模式的探索，体现了有声出版主体在媒体融合进程中的开放态度。

### （二）突出场景传播

有声读物的传播与场景息息相关，从某种意义上说，用户听读有声读物就是基于特定场景的传播。移动互联技术使有声读物的接收场景更加多样。

一是车载收听。有声读物成为开车族在驾驶时的重要收听选择，汽车产业的发展助力"车轮子"上声音景观文化的实现②。"车轮上"是有声出版的重要接收场景，要把握好开车族的听知心理，生产符合场景需求的有声内容产品。二是户外收听。在时间和注意力成为稀缺资源的当下，有声读物在公园、广场、公共交通等开放性场景下的伴随性、碎片化价值已得到公众的广泛认同。有声出版要思考在相对开放的空间场景下，用户在内容选择、时长设计以及有声创作等方面的特殊要求。三是家庭收听。智能手机与智能音箱的普及，构建了一个"家长—有声读物—儿童"的家庭场景，在这个"双重用户"的场景中，有声读物作为连接用户情感的纽带和知识传递的主线存在。家庭

---

① 刘勰.文心雕龙［M］.上海：上海古籍出版社，2015：248.
② 张寅.车轮子上的"声音景观"文化：广播的媒介学想象［J］.传媒，2020（16）：43-45.

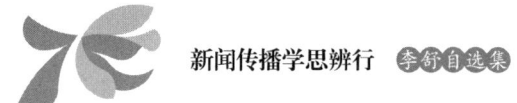

场景下的有声出版,一方面,要调动家长的作用,使其在知识传递中通过补充讲解、分析对话等活动,发挥促进儿童心智健康发展的作用;另一方面,要善于调动用户之间的情感互动,通过共同收听、分享讨论促进亲子关系。

### (三)深耕垂直传播

用户是有声出版业的核心资产。用户群体的差异性要求有声出版必须实施分众策略,按照用户画像深耕垂直领域的内容制作。与大众传播"多、杂、散、匿"不同的是,垂直传播更强调围绕用户群体的个性化特征对有声产品的内容与表达进行精准定位,以内容产品的适配性提升传播的有效性。近年来,有声出版机构在专注生产对于特定群体具有专属价值的内容产品上不断深化。例如,得到客户端的老年专属课程和听听FM的"银龄大学"共同打造老年垂直领域精品声音产品;北京广播电视台与樊登读书联合打造晚间时段融媒体音频节目;北京广播电视台与凯叔讲故事合作打造儿童音频IP产品,并在北京广播频率、凯叔讲故事和听听FM同步推出。专注不同群体有声读物的垂直开发,是有声出版实现高质量发展的必由之路。

### (四)重视跨文化传播

法国社会学者布迪厄(Pierre Bourdieu)将资本划分为经济资本、文化资本和社会(关系)资本三大形态。出版业是一个国家重要的文化资本,中国智慧、中国方案的全球表达以中国文化的跨文化传播为基础,出版活动则是跨文化传播的重要手段。其中,有声出版对于增进文化互通,实现有情感的文化交融,推动文化资本转化为经济资本具有十分重要的意义。

值得一提的是,近年来有声出版在将地方性知识变成全球知识、世界思想方面进行了许多有益探索。例如,语文出版社翻译出版了多语种《普通话1000句》,除了纸质书的出口,还配套推出在线有声学习教材等多种衍生产品;湖南少年儿童出版社推出"我的快乐启蒙"系列有声书,配合有声点读笔,满足海外儿童了解中国、学习中文的需求;人民卫生出版社出版了有关中医药的多语种纸数融合出版产品。这些都是中国出版"走出去"队列中各具特色的有声出版产品。

国际出版领域需要大量兼具语言功底和出版专业知识的复合型人才,目前,熟练掌握外语口语技能的出版人才缺口较大。因此,必须加强国际出版后备队伍建设,立足于出版专业与外国语言文学专业知识学习的交叉升级[①],培养具有跨文化传播能力的出版人才。

## 四、结语

文化强国建设离不开有声出版的助力。移动互联技术的介入让越来越多的人吸收有声出版的知识养分,品味有声出版的文化价值,参与有声出版的交往活动。可以说,有声出版既丰富和发展了口语文化,又缩小了知沟,重构了社会关系,提升了社会文明水平。未来,有声出版除了发展其产业属性,还应该注重发挥其公共属性。有声读物阅读应该被纳入全民阅读,获得政府在有声出版创作、公共有声出版阅听空间建设等方面的更多扶持与保障。

---

① 李舒,黄馨茹.新时代的新闻传播人才培养:理念回归与实践超越[J].出版广角,2021(7):13-16.

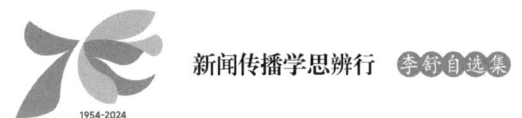

# 5G 时代长视频的价值与机遇*

2019 年 6 月 6 日，工信部向中国移动、中国电信、中国联通、中国广电发放了 5G 商用牌照，标志着我国正式进入 5G 时代。随着 5G 基站规划建设的全面铺开，5G 技术在包括通信设备、终端应用、传媒娱乐、物联网等在内的许多领域得以延展应用，并给相关行业的产业链带来颠覆性革新。

从媒介演进的历史规律看，技术的变革会对传媒的组织架构、生产方式、传播效能以及用户的消费需求、视听习惯等产生深刻影响，进而带来传媒业态的重构。5G 技术能提供至少十倍于 4G 的峰值速率，具有毫秒级的传输时延和千亿级的连接能力。如果说 2G 哺育了手机上网和文本传输，3G 实现了图片的移动互联网传播，4G 催生了短视频和移动直播的发展，那么 5G 无疑为长视频的发展提供了基础性的技术支撑。5G 技术下，数据的传输速度和视频的清晰度不再是制约长视频发展的因素，5G+4K/8K 将极大地改善用户的视听体验，低能耗会进一步降低使用成本，使流量资费被用户广泛接受。因此，随着 5G 技术的赋能，长视频将突破一般性的娱乐消遣功能，以社会公众的基础性信息消费和社会认知重要方式的角色实现回归。

## 一、5G 时代长视频的传播价值

5G 将开启万物广泛互联、人机深度交互的新时代，长视频特别是泛资讯

---

\* 本文原载于《中国记者》2020 年第 6 期，与陈菁瑶合作，收入本书时有改动。

类长视频将成为信息传播的重要形式。长视频的传播价值主要体现在以下几个方面。

**（一）媒体竞争的重要领域**

近年来视频行业发展迅速，短视频更是呈现出"现象级"发展态势。短视频的快速崛起，智能终端的普及和移动互联网技术的发展是基础，但更得益于资本的大量注入，随着字节跳动、腾讯、百度、阿里等互联网企业纷纷入局短视频，短视频的数量和用户都大幅增长。这一方面是当前快节奏生活背景下公众碎片化信息接收方式的映射；另一方面顺应了社交化传播的趋势，迅速成长为用户表达自我、分享生活的重要途径。

数据显示，截至 2019 年 6 月，我国网络视频用户规模达 7.59 亿，占网民整体的 88.8%。其中长视频用户规模为 6.39 亿，占网民整体的 74.7%；短视频用户规模为 6.48 亿，占网民整体的 75.8%。[1] 两类视频用户信息接收类别差异很大：长视频用户主要通过网络收看电视剧、电影和综艺节目，其中相当一部分并不是为移动互联传播原创的内容产品；相比之下，短视频中定位于网络传播首发的原创内容占比较高，一些短视频因点播率和转发率十分可观被称为"爆款"。

短视频制作门槛较低，用户生产内容（UGC）占了很大比例。用户既是生产者也是传播者，这极大地冲击了传统的传受关系。相比机构媒体，用户生产深入社会生活的触点广、反应快，更容易获得广泛关注。在以关注和点播数量为考量指标的短视频竞争中，机构媒体并不占据绝对优势。长视频特别是泛资讯类长视频更专注于精细、深度和专业性内容，"讲故事"相对完整，在内容、逻辑和表达等方面都与短视频明显区别，这在无形中提高了制作的门槛，更适合具备某领域专业知识的人员或职业内容生产机构来完成。因而 5G 时代，长视频的生产将主要依赖 PGC（Professionally-generated

---

[1] 中国互联网络信息中心. 第 44 次中国互联网络发展状况统计报告［EB/OL］.（2019-08-30）［2020-01-10］.https://www.cac.gov.cn/2019/08/30/c_1124939590.htm.

Content 专业生产内容）+OGC（Occupationally-generated Content，职业生产内容）来完成，立足于拥有较高的认知能力和影响力的一定人群，传播链两端的传受关系相对清晰，未来媒体机构特别是新闻媒体会把长视频作为与互联网企业和商业平台进行内容竞争的重要领域，努力发挥自身优势，以扩大自身在移动互联空间的影响力。

### （二）网络视频的生态平衡

5G 时代短视频因其社交属性强、创作门槛低等特征，会继续保持较高的用户黏性并产生商业价值。如果说短视频重在"大众化"，那么长视频贵在"精品化"。两者在功能定位上差异明显、各有侧重：短视频主要在配合重大新闻的辅助性报道、推动形成关注以及设置公共议题等方面发挥作用；长视频则更擅长重大议题的全景记录、细致深入的调查分析以及针对社会现象的观点表达等。长视频用户在文化程度、社会资源的占有程度上与短视频用户也不尽相同，往往更反映社会主流价值，更容易在决策层面产生影响。

从信息的社会功能角度来看，网络空间不能仅有片断性记录与聚焦式呈现的短视频，也要有完整叙事与思想深刻性并存的长视频，两者的量质平衡有助于转型期舆情的稳定与社会的良性运转。从用户信息需求的角度看，移动互联空间中短、长视频的共存将长期存在，这是由用户的信息消费习惯与使用动机所决定的。长视频的回归与发展，在一定程度上是对长期以来移动互联空间视频产品数量和功能单极化发展的矫正。短、长视频各有定位，在信息供给上两者相互补充、相互印证，对于构建起覆盖广泛、立体高效的移动视频传播格局具有积极的意义。

### （三）景观复现的史料价值

短视频发展虽然势头猛，但都是十几秒到一两分钟的"片断"，不仅承载的信息容量较小，而且内容上往往容易流向泛娱乐化的生活记录，难以对重要事件进行完整的把握和梳理，也难以对社会复杂命题进行深入的剖析和判断。相比之下，长视频的时长给信息量和信息的丰富性提供了客观条件。长视频能够用影像手段，以相对完整的叙事结构和严谨的话语逻辑对当下的热点新闻、重大事件或社会现象进行完整记录和全局性把握。

从历史的角度来看，今天的长视频留下的影像更容易经过时间的大浪淘沙沉淀下来，成为明天的历史。"生活的方方面面以无限堆积的景观的方式呈现自身。曾经直接存在的、鲜活的一切已经全部转化为再现。"[①] 长视频依据特定的价值标准和意识形态，对社会生活进行解读、诠释，完成历史景观的聚合表达，并在图像和文本的传达中，形成记忆的共享与价值的输出。这种记忆一经形成，就会被再现、被考量、被整理归纳，具有一定的史料留存价值。

## 二、5G 时代长视频的发展应用

长视频的发展既嵌在网络传播视频化、视频传播移动化的大趋势中，也与其自身发展定位密切相关。除了上文提到的电视剧、电影和综艺节目，5G 时代资讯类长视频还可能在以下几个领域得到进一步发展。

### （一）深化原创专题报道

5G 时代，长视频在专题报道，尤其是调查性报道方面可以大有作为。近几年短视频的野蛮生长也存在一些问题，如内容创作同质化严重，泛娱乐化倾向明显，消费主义渗透，对社会的记录缺乏整体性和厚重感等，有的短视频甚至给主流价值带来冲击。实践证明，作品的高流量并不等同于高质量，短视频传播整体上表现为信息丰富性有余而深刻性不足，社交以外的社会功能得不到充分体现。5G 时代，长视频的回归将聚焦于呈现和剖析社会重点、热点、难点事件，对于民生关切、舆论热点进行有别于短视频的专题呈现。机构媒体与职业新闻人只有把扎实的内容、精良的制作、深刻的思想与传播

---

① 德波. 景观社会评论［M］. 梁虹, 译. 桂林：广西师范大学出版社，2007：4.

形态紧密结合，才能在竞争中充分展示自身的优势，拓展在移动互联空间的影响力。主流媒体通过有分量的长视频作品完成设置议程、引导舆论，不但彰显出媒体的社会责任与担当，而且对于转型期促进社会认同具有积极的意义。

特别值得一提的是，近年来新闻媒体调查性报道的弱化是普遍现象。从传播的功能来说，调查性报道作为专题报道的重要类别，具有监督和预警功能，是媒体推进社会治理现代化的重要手段。调查性报道的缺失或错位不但会使信息的生态失衡，更会给社会运行和可持续发展带来负面影响。主流机构媒体从业人员专业技能全面、实践经验丰富，无论是在事实真相的挖掘和呈现上，还是在进行价值判断和探讨解决的思路上，都比一般用户生产者拥有更多的优势，将成为长视频创作的核心力量，推动调查性报道发挥不可替代的社会功能。

**（二）助力融媒体评论**

网络平台上各种声音汇聚交织，信息丰富而思想贫乏的传播悖论日益凸显。"众声喧哗"下，公众对高质量分析和权威解读的需求更加迫切，同时期待这种分析和解读更加生动易懂，更具亲和力。作为承载观点的新闻体裁，新闻评论在网络空间的作用不仅是满足公众对意见性信息的需求，还在优化网络舆论生态、传递主流价值方面具有不可替代的作用。不同于文字评论、广电评论，融媒体评论以新技术为支撑，强化与用户的互动，探索在场式体验，融合运用文字、音视频、图表、动画甚至脱口秀、嘻哈、快板等跨界元素进行互动传播，近年来已获得了初步发展。例如，央视《中国舆论场》的在线观众席、滚屏评论、点赞环节等创新设计，改变了传统评论"你听我说"的单向度传播，强化了用户参与，形成了有方向的"共同表达"。除了主流媒体外，一些商业平台也开始在评论领域进行探索。视频网站bilibili的观视频工作室定位于"理性观世界，自信看中国"，每周播出"眉山论剑""非同凡响""一勺思想"等专栏视频，对时政热点、社会民生等话题进行分析评论，视频时长短则6~7分钟，长则20分钟左右。该工作室在 B 站上拥有 200 多万粉丝，视频累计获得上千万点赞，累计播放量达 2.5 亿次。

实践证明，互联网思维及技术手段的运用赋予了新闻评论不一样的传播效果，未来 5G、AI 等会赋予融媒体评论更多的可能。与短视频不同，长视频不仅要拼"颜值"，更要重"言值"。无论传播格局怎样变化，对事实的理性分析、对舆情走向的把控、对核心价值的弘扬永远是不可或缺的，这也是新闻评论的核心优势。5G 时代，长视频努力在观点性内容上做增量，充分体现思想的深刻性、表达的严谨性，在传播中发挥社会心态的压舱石、舆论方向的定盘星的作用，是实现自身发展的有效路径。

### （三）深耕垂直领域

移动互联网上的垂直领域，是指以共同爱好、共同专业背景、共同话题等纵向细分的内容领域。垂直领域的创作主体以 PGC 为主，内容产品更具精品化、专业化特质。当前，医疗卫生、航空航天、生物科技、军事兵器、历史文化等垂直领域的专业信息借助短视频等传播形式进入了公众的视野，并获得较高的关注度。抖音平台上的科普达人"地球村讲解员"拍摄制作的"假如月球突然消失""台风怎么来的""现行世界地图有太多假象"等天文地理类短视频将枯燥、抽象的科学知识变得生动有趣，获得上万用户的好评。此外，"中科院之声""科普中国"等官方账号也有较高的关注度和影响力。但客观地说，短视频的时长限制和碎片化传播，与专业垂直领域所要求的系统完整、严谨科学在内在逻辑上并不一致，长视频更容易实现深耕领域的内容要求。

长视频具有较大的信息承载量，以音视频融合 3D 动画、VR、AR 等手段，可以对专业领域的知识、现象等进行细致生动的讲解，带给用户沉浸感体验，其传播效能值得期待。当然，垂直领域的各类视频无论传播技巧多么高明，没有内容价值依然很难留住用户。拥有专业知识和能力的生产者制作的"硬核内容"虽然可能不会拥有绝对数量巨大的受众，但它能获取到精准度更高的用户。通过用户画像的建立及品牌营销，垂直类长视频最有可能实现用户对信息的付费消费。

### （四）激发场景传播

场景是基于特定的时间、空间、行为以及心理的环境氛围的总称。①梅罗维茨的社会情境论认为，媒介的变化必然导致社会情境的变化，而社会情境决定了人们的行为。②随着万物互联成为现实图景，公众在不同的情境、场景下会有不同的信息消费需求和习惯，如在工作学习、旅游购物、社交互动等场景中会有倾向性的信息消费选择。因此，场景将成为5G时代引导移动互联网发展的核心要素，既有的粗放式的"流量"之争也将逐步转向精细化的"场景"之争。

长视频场景化传播首先意味着根据用户的实时状态，在算法和移动定位服务等技术的支持下，通过与教育、医疗、交通、服务等领域有机融合，进行特定的信息或服务匹配，实现信息传播的个性化精准推送。可以想见，未来新闻、资讯、服务等将更加互融互通，不同场景下长视频的消费力将被进一步激发。

另一种意义上的长视频场景化传播意味着通过信息传递把身处各处的用户带入共同的场景，分享交流共同的场景体验，如AI、VR、AR等技术支持下的各种重大事件的高清直播。特别值得一提的是，原生态呈现场景的慢直播近年来获得了广泛关注。2009年，为了纪念卑尔根铁路诞生百年，挪威国家广播电视台跟拍了火车在这条铁路上行驶的全程，长达430分钟的视频《卑尔根铁路分分秒秒》没有经过任何后期处理，吸引了上百万挪威人观看，并获得大量的网络点播。2013年，央视网与成都大熊猫繁育研究基地合作开办IPANDA熊猫频道，24小时直播大熊猫生活。在这些例子中，场景都成为连接用户的核心元素，通过共同场景衍生出相关信息的传播、用户的多向互动乃至群体心理的共情。如何运用场景传播因势利导做好舆论引导，也是主

---

① 彭兰. 场景：移动时代媒体的新要素［J］. 新闻记者，2015（3）：20-27.
② 张咏华. 媒介分析：传播技术神话的解读［M］. 上海：复旦大学出版社，2002：136.

流媒体面对的新课题。

未来已来，日生不殆。5G 是长视频发展一个新的起点，5G 还将催生内容生产更多的增长点。媒体人只有努力掌握技术发展规律，准确把握媒体发展趋势，深入挖掘用户信息需求，秉持守正创新的精神，才能将专业优势转化为传播强势，推动内容产品与服务的转型升级，实现媒体应有的社会价值。

# 时政微视频：媒体政治传播的新探索*

政治传播特别是借助新闻媒体进行的政治传播，作为政党政府实施治理的重要手段，在传递施政理念、动员社会参与、塑造政党政府和领导人形象等方面发挥着不可忽视的作用。长期以来，政治主体通过新闻媒体传递政治信息的路径多为时政报道、时政评论以及政论片等，随着新媒体特别是各种移动终端的发展，仅靠这些传统形式已经难以完全实现传播目的。近两年，微视频这一传播形态的出现，为政治传播提供了新的路径。央视三集系列微视频《初心》，《人民日报》系列政论微视频《习近平用典》，新华社的"一带一路"微视频《大道之行》等都取得了广泛的社会影响。特别是央视，凭借视听媒体的资源优势制作的时政微视频实现了明确的主旨、鲜活的展示和新颖的样态三者有机结合，其在传播渠道、传播意图、叙事策略等方面的探索都为优化政治传播提供了有益借鉴。

## 一、传播渠道：新媒体从"分发渠道"到"原生平台"

综观世界，政党政府借助新媒体平台进行政治传播已经成为趋势。在我国，党和政府越来越重视新媒体这一舆论阵地，习近平总书记指出，"要创新

---

\* 本文原载于《电视研究》2017年第10期，与孙小咪合作，获第十五届全国广播影视学术论文评选一等奖，收入本书时有改动。

改进网上宣传，运用网络传播规律，弘扬主旋律，激发正能量"①。以往新媒体的音视频内容多来自母媒，新媒体更多扮演着"分发渠道"的角色，这意味着传播内容并不是依据新媒体的传播特点和用户特征进行生产的。

近年来，央视在打破上述局限，推动政治传播全媒体化方面做了不少努力。2016年11月15日，"央视新闻"新媒体推出时政微视频《习近平总书记的一天》，展现了习近平总书记在G20杭州峰会上一天参加了19场活动的细节，央视这种把电视端未播出的画面重新编辑后通过移动端推送的做法，受到广泛好评。2017年3月18日，"央视新闻"客户端发布系列时政微视频《初心》，这也是央视第一次将新媒体平台作为国家最高领导人专题片的首发平台。该作品从策划开始，就按照移动互联的传播规律和移动用户的接收习惯进行构思，虽然每集片长不超过8分钟，但内容扎实，全部采用习近平总书记的自述和历史见证者的回忆，并调用了大量珍贵素材，上线后仅24小时点击量就突破了4亿次，堪称"短而实"的好作品。此外，央视还成立了微视频工作室，在新闻客户端推出时政微视频栏目《V观》，以独家时政画面、重要议程现场、领导人活动全程等有故事、有细节的短视频报道，让网友零距离观察重大时政新闻现场。这些都有效地提升了主流媒体在网络舆论场的传播力和引导力。

从媒体政治传播的角度看，央视在时政微视频领域的探索为时政报道植入了互联网思维，将新媒体从"分发渠道"升格为"原生平台"，这一转变的意义主要体现在以下三个方面。

第一，创新了政治传播的手段，补齐了传播渠道的短板。我国媒体政治传播的内容多为党和政府的方针政策、法规制度、重要会议以及领导讲话精神等，内容的严肃性使得"正统"渠道的"正统"表达成为常态。以往的政治传播渠道比较单一，主要依赖新华社、《人民日报》等传统媒体以及央视《新闻联播》、央广《新闻和报纸摘要》等重要窗口，政治信息多被处理成

---

① 习近平主持召开中央网络安全和信息化领导小组第一次会议［EB/OL］.（2014-02-27）［2017-02-27］.http://cpc.people.com.cn/n/2014/0227/c64094-24486402.html.

"硬新闻"推送给公众。在这个过程中,受众处于被动接收状态,对信息的理解和参与程度有限,传播效果并不理想。与之不同,时政微视频依靠独家内容资源,以网络用户喜欢的方式,运用互联网思维制作内容产品,拓展了政治传播的渠道。

第二,补充了政治传播的视角,从俯仰转为平视。以往政治传播,内容上更具有某种宏观特征,手段上常常表现为传统媒体自上而下、统一表达的大规模推送,由此带来的效果也体现为信息的整体性到达和公众的整体性知晓。但"到达""知晓"并不等同于观念认同和态度改变,互联网去中心化的特质要求政治信息传播不能再单纯使用自上而下的传统推送,而应选择让观众更加易感易知的方式。在传播视角上由俯仰转向平视,拉近传播主客体的心理距离,这不但对提高政治传播效果大有裨益,也在一定程度上优化了政治传播的生态。

第三,改变了传受关系,从单向度转向互动性。以往媒体对政治传播的理解更偏向于"宣传",这意味着传受两端的主客体界限分明,信息流向更具有某种单向度特征,即使有反馈也十分有限。即时互动是互联网的另一个特质,网络用户在表达意愿上普遍高于传统媒体受众,这意味着新媒体的内容生产要更注重用户意见。党的十八大以来,中央在很多场合更多地运用"新闻舆论工作"替代"新闻宣传工作",这绝不仅仅是措辞上的简单变化,也体现出政治主体沟通意识的增强和对信息"输出—反馈"机制的重视,从某种程度上昭示着政治传播形态的升级。

## 二、传播意图:用"微言"讲"大义"

麦克奈尔认为,政治传播是"关于政治的有目的的传播"[①],"目的性"也是学界对于政治传播的普遍认识。"目的"要通过"意义"来实现。央视时政微视频适应新媒体碎片化传播的特征,篇幅不长却内容精练、主题鲜明,将

---

① 麦克奈尔.政治传播学引论[M].殷祺,译.北京:新华出版社,2005:4.

意义寓于事实性信息，可谓以"微言"讲"大义"。

### （一）传递"软"内容的"硬"道理

时政微视频的大多数内容是在传统媒体"硬新闻"中没有呈现过的信息。相比那些全面呈现党和政府方针政策、重要会议或讲话精神的"硬新闻"，时政微视频更多地体现为提要式、拾遗式、概览式，在一定程度上具有"软新闻"的色彩。"软新闻"主要有三个特点：一是内容上更接地气，作为"硬新闻"的补充，有助于为观众呈现出更加全面、立体的事实和人物；二是表达风格上没有传统时政报道的严肃感，更注重人情味、趣味化；三是表现手法上顾及受众的喜好，注重对细节的刻画，可读性、感染力强。

必须强调的是，时政微视频的"软"是为实现传播目的服务的，因此要能借助"软"内容讲出"硬"道理。例如，《两会上的习近平》用5分多钟的时间记录了习近平同志参加6次团组会议，听取来自不同行业的代表和委员发言的事实。该作品不是简单地呈现习近平两会行程的"花边"，而是另有深意。作品选择了每个团组中最具代表性的问题，并在微视频里用小标题加以强调。所涉及的经济发展、脱贫攻坚、政治生态、民族团结、军队建设、人才工作等六个主题也不是一时一地的问题，而是国家发展具有普遍性的问题。作品用以小见大、以具体见一般的方式谋篇布局，传递了中央对重点领域重点工作的态度，实现了微言大义的效果。

### （二）驾驭"微"篇幅下的"大"主题

一般来说，政治传播的"意义"是抽象的、宏大的。想在有限的篇幅内呈现富有内涵的"大"主题，就要注重选取具有代表性的事实，只有集中笔力深挖细刻，才能实现小切口、大纵深。微视频《2017政府工作报告出炉幕后》展现了《政府工作报告》的起草过程，其中披露了李克强总理主持召开国务院全体会议讨论热点议题的细节。这些看似微小的事实，折射的是执政者民主决策、科学决策的重大主题。

驾驭好"微"篇幅下的"大"主题，还要特别注重对时间二元性的把握。

时间二元性是指事件发生的真实时间与该作品描述事件时所用时间的关系。微视频的时长多为5~7分钟，要在如此短的时间内记述一场重大国家活动或者一段施政轨迹，必须借助时间的二元性来完成。微视频《2016习近平在世界舞台》的时长仅有3分多钟，其中既有"2016年，习近平五次走出国门，行程75000公里，去到16个国家，在国外时间30天"这样的高度概括；也有对习近平富有人情味外交的详描细说。例如，在访问塞尔维亚时，习近平专门与《瓦尔特保卫萨拉热窝》的主演韦利米尔·巴塔·日沃伊诺维奇（饰瓦尔特）的遗孀握手，说巴塔去世的消息传到中国，中国人民很怀念他。微视频巧妙地利用时长的压缩与拉伸，不仅展现了中国为世界阐述"中国方案"、贡献"中国智慧"，也体现了习近平个人自信、诚实、务实的外交风范，使作品虚实相映、张弛有度。

**（三）实现"显"意图的"隐"处理**

政治传播的目的不仅是突出某项政治议题，更重要的是通过对传播意图或"显"或"隐"的恰当处理，为整个社会设置政治认知的框架。系列微视频《初心》的传播意图很明显，但在具体成片时却作了两个层次的"隐"处理。一方面，采用习近平同志自述辅以相关人员他述的方式，记述其在陕西梁家河、河北正定、福建宁德的工作经历和人生感悟，全片不见一句评价性解说词，却处处扣题，生动展现了习近平同志扎根群众、为民务实的党性原则和工作作风，呈现出血肉丰满的领导人形象。另一方面，将一些意义和价值取向隐藏在某些事件背后，如"娘的心"针线包背后蕴含的是中华民族数千年来母慈子孝的亲情文化，正定"半城郊型经济发展道路"的开辟体现了扎根田野、实事求是的工作态度，宁德清查干部违建私宅时提出的"当官不要想发财，发财不要想当官"，契合了当下反腐败的主题。《初心》将深刻的道理和价值取向隐藏在一桩桩实实在在的事实背后，表明了党中央坚定改革的强大决心和不忘初心、继续前进的必胜信心。这些生动讲述背后的深刻道理，既形塑了整个社会的价值取向和认知框架，也为全面深化改革进行了政治动员。

## 三、创新媒体政治传播的叙事策略

政治传播要想实现政治信息的到达、接受,直至认同、内化的效果,就必须遵循传播规律,具体到新闻作品就是要讲究叙事策略,"讲好故事"。央视时政微视频在叙事策略上也颇为讲究,主要体现在以下三个方面。

### (一)"双主体"叙事

如果把媒体的政治传播类比为电影拍摄,那么,政党政府显然是总导演,新闻媒体则是执行导演。两个导演都参与叙事,但角色不同:总导演规定了主题,具体叙事交由执行导演。以往政治传播的明显局限在于,作为执行导演的新闻媒体往往混淆了自身与上位主体的角色,对政治信息的媒体化改造远远不够,大量照搬政治语汇和生硬解读方针政策使传播的效果大打折扣。

央视时政报道植入微视频形态后,经过一个摸索过程,逐步确定了"双主体"叙事的方式,从2016年11月起统一取消了解说词(第三人称),直接从素材中选取人物同期声(第一人称),辅以字幕进行逻辑串联来构建作品。这意味着新闻媒体作为实际叙述者承担着谋篇布局、选取材料的任务,在外化呈现时则将具体叙述的任务让渡给了上位主体。这一做法让政治传播的真正主体直面受众,仿佛缩短了传播环节;同时,上位主体直接发声,为大众传播增添了一分人际传播的色彩,这些都有助于拉近政治传播"主—客"双方的心理距离,提升传播效果。"双主体"叙事的实现,很大程度上依赖于央视主流媒体的身份及其占有的大量的第一手时政新闻资源。

### (二)平和朴素的叙事语态

语态折射出媒体在处理与受众关系时的思维方式,也直接影响着受众对传播内容的接受程度。新华社原总编辑南振中曾于1998年提出"两个舆论场"的议题,近些年主流媒体在融通"两个舆论场"方面做了不少努力。央视时政微视频从诞生之时起就坚持把握新媒体及其用户的特质,用平凡朴素、脚踏实地的话语姿态讲述中国的改革和发展。微视频《习近平最牵挂的人是谁》记录了习近平同志自2012年以来六次赴贫困地区考察，看望困难群众的难忘瞬间。在田间、在村舍，习近平同志认真询问收成，亲切地与老人炕头聊天，让孩子"叫爷爷"，和村民一起"啰啰啰"唤猪……这些朴素的记录给观众留下了深刻印象，真切感受到脱贫攻坚的重要性以及党和政府对这一问题的重视。微视频《"一带一路"高峰时刻》在记录重大活动时，既传递出"打造人类命运共同体"这样的重要政治信息，也有像"今天早上过来的吗？""休息好了吗？"这样温暖问候的细节，体现了中国的大国风范和人文情怀，堪称"讲好中国故事"的一次具体实践，平和朴素的叙事语态在依托具体的事实和人物基础上，用富于时代感、贴近生活的画面和语言，构建了有思想、有温度、有品质的作品。

**（三）丰富的叙事符号**

视频作品的画面、同期声不能脱离"所指"，更具有具象的特征；而文字符号能够脱离"所指"，因此相较于画面，文字更长于表达抽象的内容。这提示我们，政治传播常常附带着抽象的观念性信息，如何用具象的手段在叙事的同时传递出抽象意义，是时政微视频必须面对的难题。因此，要善于发挥多种符号的互补作用，为实现更好的传播效果服务。

近年来，时政微视频在影像化、故事化方面做了很多探索，有的甚至尝试与多种艺术形式相嫁接，以求新奇、有创意，让网络用户特别是90后"网络原住民"更乐于接受。微视频《厉害了，我们的2016！》采用"动漫+rap"的形式，设计了两位电台主播，从百姓的真实获得感出发，带领观众一起梳理2016年国家取得的各项成就。视频在rap的间隙插入习近平总书记讲话的原声，使作品兼具趣味性和新闻性。微视频《习近平和青年在一起》则是以微信为桥梁，通过它的聊天和公众号功能来表达习近平总书记对青年的关心和期盼，既时尚又亲和，大大增强了传播效果。除此之外，还有不少微视频努力将数据可视化，用动态的图表生动形象地描述国家建设各项指标的变化，令观众一目了然，提高了传播效率。

# 新媒体环境下党刊的优化路径[*]

在我国，党刊曾经拥有广泛的读者群、崇高的权威性和深远的影响力。但随着传播技术的发展和传媒业市场化程度的加深，党刊的影响力正在弱化。党刊发展正面临挑战。

首先，党刊面临的挑战来自读者群的变化。据统计，截至2011年底，中国共产党党员数量已经达到8260.2万名。其中，具有大专以上学历的党员3191.3万名（38.6%）；35岁以下党员2062.2万名（25%）；排在前5位的职业构成分别是农牧渔民（30.1%）、企事业单位管理人员和专业技术人员（23.3%）、离退休人员（18.4%）、工人（8.53%）、党政机关工作人员（8.48%）；基层党组织总数达402.7万个，其中98.3万户非公有制企业建立了党组织，占具备建立党组织条件的非公有制企业数的99.91%。[①]数量不断增加，结构日趋多元的党员群体是目前我国党刊的主要读者对象。伴随着我国社会转型和民主化进程，各类读者对政治大局、经济走向、社会热点、思想文化等的关注与日俱增，单一的内容已经无法满足读者丰富而迫切的阅知需求。其次，互联网的普及和融媒体、自媒体的兴起，丰富了传播渠道，使得信息环境更加复杂。过去通过党刊才能掌握的政治信息，现在通过一般媒体也可以获得，而新兴媒体更为公众提供了前所未有的意见表达空间。在复杂的信息环境中，如何保持执政党价值观和政治纲领的感召力，凝聚全党和社

---

[*] 本文原载于《现代出版》2013年第3期，与李洁雪合作，收入本书时有改动。
[①] 中组部统计数据，括号内为占党员总数的百分比[EB/OL].（2012-07-01）[2012-11-12]. https://news.12371.cn/2012/07/01/ARTI1341097933374371.shtml.

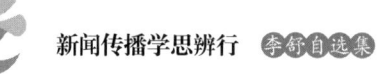

会共识,成为党刊面临的重大挑战。再次,技术变革为期刊业的发展带来新的机遇,也对党刊发展提出新的要求。智能化的移动终端和不断升级的跨平台阅读、云出版等技术,实现了跨越多终端多系统的数字阅读、信息的交互沟通和海量数据的储存管理。党刊的数字出版起步较慢,如何抓住数字化升级的契机,拓展市场占有和读者占有,是摆在党刊面前的一项新课题。

期刊出版传播有其不可违背的规律。就党刊而言,一方面,党刊身份的特殊性使其在很长一段时间内对"接收反作用于传播"的内在规律认识不足,缺乏对受众的考量;另一方面,党刊对生存环境中技术、资源、竞争等因素的深刻变化做出的适时调整还很不充分。党刊应以新媒体发展为契机,充分遵循出版规律,通过内容、表达、运营等方面的不断优化,实现可持续发展。

## 一、细分读者定位

如前文所述,当前党刊读者结构渐趋多元,而相当一部分党刊在读者定位上缺乏细分,将党刊读者群笼统定位于各级党政机关和企事业单位的领导干部、广大宣传思想理论工作者、教育工作者和全体党员。这样的读者定位在实践中很难做到集中力量,实现有效传播。近年来,党刊在明确目标读者群方面也进行了一些有益探索。例如,《南方》(广东省委机关刊)、《新湘评论》(湖南省委机关刊)等进行了读者调查,根据读者的需求,对内容进行了一定的调整。《当代陕西》(陕西省委机关刊)除了主刊以外,还推出了《当代陕西·党建版》《当代陕西·人才版》《当代陕西·干部教育版》等子刊与主刊相配合,既满足了细分读者的多层次、多样化需求,又有效地扩大了刊物的影响力。

媒体细分读者,确定标准是关键。党刊的读者细分应与市场化媒体高度重视社会经济状况、消费行为等有所区别,更多地顾及读者的党内身份、思想状况、工作性质、发展需求等方面。

## 二、建构品质内容

党刊的品质内容主要体现在两个方面：

一是对党的各项方针政策的有效传播。在当前的传媒语境下，如果党刊还停留在对方针政策和领导讲话的原文照发，就会丧失读者和舆论阵地。近年来，不少党刊纷纷提出要把宏观的、抽象的政策、理论与现实相结合的办刊思路。例如，《前线》（北京市委机关刊）提出要"从现实生活中提出问题，从政治思想理论上回答问题"，《新湘评论》提出要"从读者视角去阐述政治问题，去讲述党中央、省委这个时期领导大家干的大事和广大群众想的大事，以及最大多数党员干部所关心的大事"等。实践中也更加注重实际效果。例如，《求是》（中共中央机关刊）连续四期逐层深入推进对党的十八大的宣传，系列专题整体感强，逻辑层次清晰，符合认知规律。

二是对党员、群众关心的热点、疑点的积极回应与分析解答。转型期现实问题不断凸显，有的甚至表现为矛盾冲突，成为社会的不稳定因素。一些党刊开辟了专栏回应社会关切，如《前线》的"本刊观察·深度调查"、《新湘评论》的"本期话题"、《当代党员》（重庆市委机关刊）的"特别策划"、《南方》的"舆情"等，但普遍地看，党刊对社会问题及由此带来的社会心理变化的关注还远远不够。对问题特别是矛盾进行充分的调查研究和实事求是的分析，并提出理性、建设性的解决思路，是党刊发挥功能的现实落脚点，更是党刊品质内容的重要组成部分。

## 三、改变话语形态

新媒体环境下，信息资源的海量涌现使得媒体对读者注意力的争夺越来越激烈。不少媒体为适应当前读者"短阅读""速阅读"的特点，纷纷调整了表达方式和风格。相比之下，党刊的话语形态多了些自上而下、单向灌输、长篇宏论的意味，少了些理解交流、精短务实、生动活泼的色彩。党刊因其特殊性，在话语形态上不可能与市场化程度较高的媒体完全一致，但也应该努力适应新媒体时代读者阅读习惯的变化，这是增强党刊传播力的现实要求。

以党刊中颇为重要的先进典型报道为例。市场经济尊重和强调个体，党的十六大以来党在实践中不断深化"以人为本"的理念，党刊也应努力把先进人物还原到现实生活中，使其真实可感。例如，《今日浙江》（浙江省委机关刊）对"最美司机"吴斌的报道，记录了他作为一名普通司机、一个寻常丈夫、一位慈爱父亲、一个孝顺儿子的工作和生活点滴。[1]这种自然的、饱满的刻画将吴斌生前的平凡和生命最后一刻的不平凡自然地统一起来，展示的人物形象可敬、可信、可学。《当代党员》"改革视点"专栏每期推出一个工作典型，采用"以事带人"的手法，用工作典型来凸显人物的先进性，其《医患纠纷调解目击记》《村里有了垃圾站》等通信既回应了基层关注的焦点，又通过书写实实在在的工作带出了先进党员，颇具说服力。把这些语态上的改进变成一种常态，党刊还有很大提升空间。

### 四、拓宽传播渠道

传播技术的发展为传统报刊提供了更广阔的传播平台，党刊必须从传统的发行渠道向数字和移动终端延伸，实现其业务形态的完善。《前线》秉承"无界阅读"理念，其载体已从单一的纸版拓展到了 PC、iPhone、iPad、Andriod、Kindle、Erup、CCBOOK、vBooks 等多种终端，并构建了包括《前线》杂志、《北京文化创意》（季刊）、《前线 e 刊》（电子刊）、前线网、前线手机报、前线电视等组成的"前线媒体群"，传播渠道的拓宽有效地增强了杂志的影响力。

党刊在拓宽传播渠道的过程中，应该特别注意以下两个方面。

一是要通过渠道的拓展丰富内容。例如，《求是》杂志主办的求是理论

---

[1] 宗禾. 壮举背后的底色：记杭州市长运客运公司司机吴斌[J]. 今日浙江，2012（11）：28-29.

网,内容在质纸原刊的基础上大大扩展,除了经济、政治、文化、社会、党建、科教、生态、国防、国际等版块外,还设有互动留言、论坛、微博等交流平台。此外,可以通过网站阅读英文版 *Qiushi* 以及求是影视中心摄制的专题片、纪录片。

二是要根据载体的特点设计使用。党刊的数字化不能停留于原刊照搬,在与新媒体融合过程中应顾及载体的特点,并结合读者对接收终端的使用习惯,对数字出版物的视觉效果、使用等进行重新设计,相应地增添一些功能,以获得更好的阅读效果。

### 五、加强市场运营

考量党刊是否成功的标准不在于市场,但在我国双轨制的媒介制度下,完全依靠行政拨款不去争取市场,党刊也难以实现可持续发展。在加强市场运营方面,党刊除了继续做好发行、广告等传统经营活动以外,还可以从以下三个方向进行努力:

一是开门办刊。要像报纸"开门办报"、广播"办看得见的广播"一样,有意识地策划、组织一些论坛、咨询等品牌活动,增加社会对刊物的认知度。例如,《海峡通讯》(福建省委机关刊)曾推出"万家企业读党刊"活动,大大增强了刊物在企业中的影响力。

二是实施多元化发展战略。在不断提高党刊品质的同时,积极推进刊物的数字化升级,形成包括纸刊、电子刊等在内的媒体群,满足更大范围细分读者群的需求。

三是探索集团化发展。特别值得一提的是 2001 年成立的四川党建期刊集团。该集团以《四川党的建设》(四川省委机关刊)为核心,成立初期包括 6 种期刊,最早开始了党刊集约化经营的探索。2005 年后,在四川省委的主导下,依靠"行政推动、市场主导"的方式,进行了两次省内优质报刊资源的整合,期刊集团的资源数量增加到 11 刊 6 报,涵盖时政、时尚和生活三大类,并主管 11 家省内市州广播电视报。2009 年,四川党建期刊集团和四川新

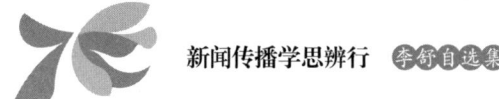

华文轩连锁有限股份公司通过资本运营，成立了四川期刊传媒（集团）股份有限公司，该公司成为国内第一家股份制期刊传媒公司。2010年，四川党建期刊集团与《当代贵州》签订了合作协议，实现了党刊之间的跨省联合，推动了贵州、四川两地党刊事业的共同发展。目前，该集团已成为中国西部最大的期刊传媒集团。以党刊为核心，进行集团化经营的意义在于：通过整合资源实现党刊规模化发展，把党刊做大做强；更重要的是，通过兼并、重组、参股、控股等方式，可以把社会期刊纳入党刊影响和控制范围，从而放大主流媒体舆论引导效能。

# 举旗定向，以言论强化"四力"*
## ——"学习评论"栏目评述

评论是报纸的灵魂，体现媒体的思想导向。《学习时报》头版栏目"学习评论"通过阐释党的创新理论、辨析模糊认识、批驳错误观点，打造了学习研究和传播习近平新时代中国特色社会主义思想的重要阵地。该栏目围绕党的创新理论传播设置议题，直面党员干部普遍关心的重大问题，获得第三十一届中国新闻奖"新闻名专栏"称号，更收获了读者的认可与支持。

"学习评论"系列丛书结集了"学习评论"栏目刊发的659篇精品力作，公开出版。这些评论及时深入阐释习近平总书记重要讲话精神，富有思想性；自觉紧跟党的理论创新和实践创新步伐，极具启发性；以敏锐的触觉、独特的视角与生动朴实的文风，发现和辨析思想认识和现实生活中的问题，兼备针对性，展现了《学习时报》作为中央主流媒体以重要言论强化"四力"的主动作为。

## 一、紧跟重大主题，彰显引导力

"学习评论"在重要时刻、重大事件中，以推动新时代党的创新理论深入人心为职责使命，紧密围绕宣传习近平新时代中国特色社会主义思想这一核

---

\* 本文原载于《学习时报》2024年1月10日第5版，光明网"理论"频道等转载，收入本书时有改动。

心主题,彰显报纸言论的引导力。

精短评论及时抢占舆论高地。"学习评论"不求长求重,而是以1500字左右的轻量型评论在重大节点快速发声,体现了《学习时报》作为以理论宣传为主旨的报纸在时效性方面的努力。党的十九届六中全会召开后,"学习评论"随即组织刊发"六中全会精神学习笔记"《既是之一,更是唯一》《辉煌百年路,领袖引路行》,及时阐发党的第三个历史决议的时代价值、历史价值,深化对我们党的领袖榜样力量、情感力量的感知,推动干部群众自觉增进对党的重大决议的政治认同、思想认同、理论认同、情感认同。

系列评论多维阐释思想理论。在阐释党和国家的重要部署、剖析关系社情民意的重大问题时,"学习评论"以系列评论分角度进行多维阐释。系列评论各篇选取不同面向与主题,既在形式上各自独立,又在逻辑上高度统一,形成了攥指成拳、合力致远的整体效应。例如,2018年为了深入学习贯彻全国宣传思想工作会议精神,"学习评论"策划了《信心、民心、人心、同心》《脚力、眼力、脑力、笔力》《真学、真懂、真信、真用》三篇评论,从宣传思想工作的对象、能力、态度三个维度分别深入阐释。这三篇文章既相对独立,又形成整体,与报纸同一时期刊发的《着力增强新形势下宣传思想工作有效性》《推动宣传思想工作不断强起来》等评论紧密呼应,共同形成了深化学习贯彻会议精神的言论体系,实现了多角度、多层次的全面阐释。

## 二、善作同题创新,释放影响力

"学习评论"的栏目性质决定了其论题多数来自党的创新理论、党中央重要精神,为避免与其他主流媒体言论选题形成同质性,"学习评论"致力于在大主题下出新意、在差异化中出特色,以吸引力发挥影响力。

微观切口转化宏大论题。党的创新理论站位高远、视野宏大,这就需要言论将抽象理论、宏大叙事作具体化、微观化转化。只有将理论的政治性、思想性投射于微观切口、具体故事,通过体现党的理论和路线方针政策的温度,才能提升理论的认同度。中国的脱贫攻坚是彪炳人类文明史册的世界性贡献，"学习评论"围绕该主题刊发的《1800》与《1800和1800》两篇文章均以数字入题，悬念感十足。评论文章分别从为脱贫攻坚牺牲的1800多名同志和张桂梅创办的高中走出的1800多名大学生切入，以真实可感的故事诠释了中国共产党人为中国人民谋幸福、为中华民族谋复兴的初心使命。文章视角细微，将道理附着于鲜活的人物故事，以小见大、事与理合，更具说服力。

平易文风提升说理品质。勇于自我革命是中国共产党最鲜明的品格和最大的优势，强化文风建设是党在新闻舆论领域自我革命的重要表征。"学习评论"始终以富有亲和力、感染力的文字，与读者沟通谈心，条分缕析、娓娓道来地辨析说理，确保了党报言论的影响力。《习近平在正定》采访实录在《学习时报》刊发后，"学习评论"随即策划了"读《习近平在正定》"系列评论，向领导干部提出要敢于负责勇于担当、做行动者奋斗者实干家、清廉为政等具体要求。文章以平等的姿态、清新的话语、明畅的表达确保了理论类评论的说理品质，可谓"看似寻常最奇崛"。

## 三、强化问题意识，展现公信力

党在治国理政中的重大理论和实践问题，国家改革发展稳定与现代化建设中的新挑战新问题，与人民群众获得感、幸福感、安全感直接相关的现实问题等，都是"学习评论"的关切所在。"学习评论"紧紧围绕问题进行深入思考、适时引导，兼顾政治高度与理论深度、把握专业精神与公众共鸣，展现了党报评论的公信力。

于问题辨析中答疑解惑。"学习评论"自觉运用党的创新理论中一系列具有开创性的新概念新理念新论断，回应现实问题，实现以理服人。例如，围绕贯彻新发展理念，推出《为什么要从根本宗旨把握新发展理念》《为什么要从问题导向把握新发展理念》《为什么要从忧患意识把握新发展理念》三篇评论，提出了一体连贯又各有侧重的"三问"，回应了党员干部和人民群众关心的重大现实问题，对于完整、准确、全面贯彻新发展理念起到了积极作用。

于问题思考中引领践悟。"学习评论"栏目名称与《学习时报》相呼应，

内容上也与报纸重视学习的气质相契合。开栏文章《学习的力量》即强调了学习的重要性，指出"紧跟党的理论创新步伐，抓好党的理论创新成果的学习，始终是全党学习第一位的任务"，要"在不断学习中坚定主心骨、把握大方向，提升驾驭复杂局面的能力本领"。值得肯定的是，在贯彻"学习"这个栏目主线时，一方面，"学习评论"夯实了"学""思"基础。《深入认识全党来一个大学习的要求》《中心组理论学习要增强理论味》等文章不断强调"学习"的重要性，高标准提出了学习要求，引导党员干部由"学"而"思"。另一方面，"学习评论"强化了对"践""悟"的引领。《对"时时放心不下"来源的追问》，以追问革命前辈"时时放心不下"话语来源为表，追问党员干部的使命与践悟为里，可谓由表及里、表里相依。由"学""思"最终落脚于"践""悟"，不仅体现了辩证唯物主义认识论、方法论的和谐统一，也体现了《学习时报》的宗旨与风格。

### 四、推进融合联动，延展传播力

从2014年《关于推动传统媒体和新兴媒体融合发展的指导意见》，到2020年《关于加快推进媒体深度融合发展的意见》，近年来媒体融合不断向纵深推进。"学习评论"自觉融入主流媒体的融合转型，在全媒体联动、一体化整合传播方面持续探索，延展了主流媒体的传播力。

联动传播提升主流价值触达率。联动传播旨在通过整合报、网、端、微、书等多元化传播渠道，实现信息的叠加传播效应。这种联动既涵盖了报社内部不同平台的相互协作，也涉及《学习时报》与其他主流媒体的联手合作，以最大限度地传播党的创新理论。例如，《正确看待和使用"不粘人"干部》《民心是最大的政治》等颇具现实意义的评论经公众号推送后引发社会广泛关注，《人民日报》《环球时报》等央媒公众号随即予以转发。党报新媒体之间的联动传播，推动了核心观点的有效触达。

整合传播焕发经典评论生命力。整合传播立足于充分发挥报、网、端、微、书等多种载体的优势，提升整体传播效果，实现一体化共同发展。在报纸和新媒体平台上,"学习评论"的传播突显了优质评论的新闻性和时效性。"学习评论"历经数年探索,不乏堪称经典之作。这些经过时间沉淀的经典言论,历久弥新。《学习时报》编辑部精心策划推出的"学习评论"系列丛书为广大党员干部学思想、强党性、重实践、建新功提供了有益的学习蓝本和思想指引,实现了高质量评论报、网、端、微分发后的再次传播,使经典评论持续焕发新的生命力。

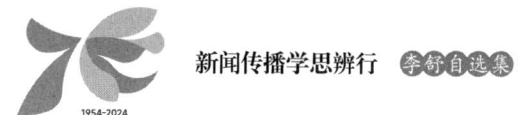

# 《高端访谈》：在"对话"中传播中国声音*

电视访谈节目是访问者与受访者围绕某一主题，以对话为信息与思想交流的主要方式，以呈现对话过程为主要内容的视听节目形态。2022年10月14日，中央广播电视总台电视访谈节目《高端访谈》开播，节目推出仅仅3个月，新浪微博话题#总台高端访谈#阅读量已超过4000万，取得了良好的传播效果。

20世纪初，德国著名哲学家马丁·布伯提出了"对话哲学"。他认为，在"我与你"这种关系模式中，双方既是平等的、并列的，又是互利的、相互依赖的。"我与你"之间相互提问又相互应答，互为依据又互相作用，依靠相互间的对话和交往为中介。① 这一哲学思想深刻地揭示了传播的本质，强调传播不是单方的、单向度的说教和灌输，而是各主体之间的对话互动和相互作用。《高端访谈》将面对面的人际传播，通过大众媒介置于更广阔、更复杂的社会环境中，实质上是将人与人的关系拓展至不同国家、不同文明之间的对话交流，体现了国家级主流媒体的历史使命和时代担当。《高端访谈》立足融通国内国际两个舆论场，在对话平台的搭建、对话理念的坚守、对话方法的探索等方面的实践创新，对于传播中国声音、凝聚国际社会共识极具启发性。

---

\* 本文原载于《电视研究》2023年第5期，与李蕾合作，收入本书时有改动。
① 布伯. 我与你 [M]. 陈维钢，译. 北京：商务印书馆，2021：129.

## 一、对话的平台：传播中国声音的开放性主场

《高端访谈》强化主场意识，瞄准国际舆论竞争的战略制高点，以对话促进解释、沟通、互动、互信，有力发挥了主流媒体舆论主阵地的作用，一定意义上承担了媒体公共外交的角色，实现了国际传播"单向告知式"向"双向互动式"的转变。

### （一）搭建发声主场展现媒体自觉

《高端访谈》定位于"就全球热点话题发问，就焦点问题追问，就世界之变、时代之变、历史之变与国际政要展开对话，在百年未有之大变局加速演变的过程中响亮发出中国声音"，"发问""追问""对话""声音"等关键词充分展现了我国媒体强烈的沟通意愿和传播使命感。《高端访谈》的中、英文版分别在中央广播电视总台央视新闻频道、CGTN 新闻频道播出，体现了总台加强国际传播能力建设、打造负责任国际媒体的行动自觉。

回望历史，央视 2004—2009 年曾经推出过一档名为《高端访问》的节目。《高端访问》与《高端访谈》都是"高端"站位，专访各国元首、政府首脑和国际组织负责人。不同的是，《高端访问》定位于"领略人物风采，聆听时代强音，探究世界变幻"，更像是一扇中国感知、观察外部世界的窗口；《高端访谈》则立足于推动中国与世界的对话，主动传播中国声音。两档节目的差别源于其诞生的时代背景：2010 年中国成为世界第二大经济体，在此之前，中国处于跟跑地位，现代化之路更多地是向经济发达国家学习借鉴。党的十八大以来，理论和实践上的创新突破成功推进和拓展了中国式现代化，打破了"现代化＝西方化"的迷思，为人类对更好社会制度的探索提供了中国方案。从"访问"到"访谈"，从问答到对话，从聆听到传播，两档电视节目的迭代不仅体现了媒体人对国际传播规律认识的深化，更是 20 年来中国自身发展与国际地位提升的缩影。

### （二）打造开放平台彰显世界胸怀

《高端访谈》强调平台的自主性，但并不封闭独大，而是努力打造具有"中国立场、世界胸怀"的开放性平台。其开放性主要体现在以下三个方面：

一是对话人物的开放性。对话嘉宾既包括印度尼西亚、塞尔维亚、卢旺达、阿根廷等亚欧非拉国家领导人，也包括金砖国家新开发银行行长等国际组织负责人，充分体现了中国与世界交往对话的广度。

二是对话议题的开放性。环境、战争、疾病、经济等全球性问题横亘于人类面前，各国需要跨越边界共同应对。《高端访谈》不仅深入讨论全球性议题，还将中国理念、中国方案寓于交流对话，彰显其世界意义和世界贡献，充分体现了中国与世界交往对话的深度。

三是利益关切的开放性。一方面，《高端访谈》倡导人类命运共同体意识，主张世界各国在追求本国利益时兼顾他国合理关切，在谋求本国发展的同时促进各国共同发展。另一方面，访谈对象大多来自发展中国家，这些国家虽然国情不同、文化各异，但在许多国际和地区问题上有着相近看法和共同利益诉求，需要建构有利于共同发展的发声平台。《高端访谈》关切人类共同命运，弘扬人类共同价值，充分体现了中国与世界交往对话的高度。

## 二、对话的理念：平等交流与共同发展

《高端访谈》高举和平、发展、合作、共赢旗帜，在对话中体现了平等、和合的传播理念。

### （一）访谈双方的平等尊重

《高端访谈》没有因为访谈双方国家实力、历史文化等的差异影响平等真诚的交流，而是将对话者视为彼此平等的伙伴。"访"的一方，记者邹韵、王冠、李瞳瞳均有丰富的采访经验和充足的信息储备，他们不但以出众的双语能力打破了交流障碍，还善于挖掘国际重大问题的深度；"谈"的一方，各国首脑和国际组织负责人能够直面犀利问题，在互动中体现思想亮点和思辨深度。

此外，访谈多以面对面的方式进行，同时空场域有利于表情、肢体语言等非语言符号发挥沟通、激发作用，进一步拉近了"访""谈"双方的心理距离。

### （二）多元文明的交流互鉴

在人类文明史中，虽然有不同文明之间的矛盾或冲突，但多元文明共生共存是常态和主流。《高端访谈》秉持"以对话促进多元文明交流互鉴"的价值观，尊重文化多样性，推动多元文明共生共荣的良性发展。例如，卢旺达总统卡加梅讲述了本国传统的"乌姆干达"文化，这种文化精神类似中国的"人心齐，泰山移"，强调通过互帮互助、共同参与来实现共同目标；印度尼西亚总统佐科在访谈中介绍印度尼西亚有 714 个部族、1300 种地方语言，文化的多元性是印度尼西亚的突出特点；圭亚那总统阿里谈到无论是从民族、文化还是人的角度，华人都是圭亚那的重要组成部分，正如圭亚那的国歌"六个民族生活在一片土地上，团结而自由"。《高端访谈》向国际社会讲述这些故事，一方面强调了无论是在国家间还是一个国家内部，文明、文化的多样性都是客观存在的；另一方面传递了在对外交往中睦邻友好、合作互利的中国主张。

2019 年习近平主席在亚洲文明对话大会开幕式上的主旨演讲中指出："交流互鉴是文明发展的本质要求。只有同其他文明交流互鉴、取长补短，才能保持旺盛生命活力。"① 中华文明素来主张兼收并蓄、和而不同，国际传播应充分体现中华文明观，在沟通、交往、对话中促进多元多向的文明交流，借鉴吸收人类一切优秀文明成果。

### （三）误解偏见的有效对冲

《高端访谈》敢于直面复杂敏感的政治问题，主动消解西方社会的误读，有针对性地反驳一些西方政客的偏见。例如，在访谈委内瑞拉总统马杜罗时，记者的问题涉及美国对委内瑞拉的非法经济制裁、美国对委内瑞拉内政的干

---

① 习近平. 在亚洲文明对话大会开幕式上的主旨演讲［EB/OL］.（2019-05-01）［2023-03-01］. http://www.npc.gov.cn/zgrdw/npc/xinwen/syxw/2019-05/15/content_2087219.htm.

涉、多边主义对委内瑞拉和世界发展的作用等。马杜罗的回答既表明了决不放弃正当权益、决不牺牲国家核心利益的原则立场和正义主张，更直接向国际社会点明了经济现象背后是西方大国霸权主义的本质。

## 三、对话的方法：讲好人类命运共同体故事

在国际传播中，讲好人类命运共同体故事，让世界聆听中国声音，全面增强国际传播效能，需要方法上的探索创新。

### （一）以他者视角解读中国理念

"他者"是相对于"自我"而形成的概念，指自我以外的一切人与事物。黑格尔认为，没有他者，人类无法认识自己[①]。用他者视角阐释、解读和传播中国声音，在国际传播中发挥着独特作用。《高端访谈》中，记者就国家发展理念等向不同采访对象提问，如"如何理解中国式现代化道路""对中国共产党二十大的召开有何期待"等。多国领导人对中国发展给予了高度评价，表示中国脱贫攻坚、经济发展等经验值得学习借鉴，期待中国为全球发展注入更多动力。

值得一提的是，《高端访谈》还将他者扩展至普通百姓。老挝国家主席通伦向记者邹韵讲述了中老铁路给老挝百姓生活和经济发展带来的变化。随后记者搭乘中老铁路采访普通乘客，让不同他者的信息相互印证，将中老铁路的作用展现得更为直观真切。可以说，他者讲述为人类命运共同体理念的国际传播提供了一种更为真实、客观、柔性的解读，更有助于获得国际社会的认同。

### （二）以情感共鸣弘扬共同价值

"共情"是体验他人内心世界的能力。《高端访谈》以人类共同价值作为对话的基础和桥梁，只有找到情感共鸣点，才能让共同价值更好地被理解、

---

① 张剑.西方文论关键词 他者[J].外国文学，2011（1）：118-127，159-160.

接纳。

记者王冠在采访巴基斯坦总理夏巴兹时,分享了一个中国 14 岁女孩在巴基斯坦遭受大面积洪灾后,将零花钱捐给巴基斯坦的故事。女孩说,这是因为 2008 年汶川地震时,巴基斯坦把本国所有储备帐篷都捐赠给了灾民,患难见真情,她想在巴基斯坦有困难的时候予以回馈。夏巴兹则以家庭作喻,指出中国一直与巴基斯坦同舟共济,这就是兄弟情谊最美好的体现。这段访谈中双方的互动,不仅包含了理念、思想上的互动,更饱含了充满人情味的国家间情感互动。以情动人方能以道化人,带来价值共振,从而塑造可信、可爱、可敬的中国形象。

### (三)以文化符号促进文明交流

文化符号是指具有某种文化内涵、文化意义的标识,是体现一种文化的重要载体和形式。国际传播中,要善于抓住共同熟知的文化符号,让文化符号成为推动叙事的动力,成为对话双方、观众之间情感联结的纽带。

《高端访谈》中,文化符号的类型非常丰富:有非物质文化符号,如在采访印度尼西亚总统佐科时,记者邹韵提及"印度尼西亚民歌在中国非常受欢迎",她还现场哼唱了《星星索》《哎哟妈妈》;有物质文化符号,如一些嘉宾向记者赠送具有本国文化特色的礼物;还有两者的结合,如在采访时任黑山总统的久卡诺维奇时,记者王冠说很多人看过电影《桥》,主题曲《啊,朋友,再见!》在中国家喻户晓,他还关心地问"那座桥现在怎么样了?"这些文化符号不仅是两国民众的共同文化记忆,也承载着国家间的文化交流与友谊。有意识地复现共同文化记忆,实际上是建立一种联结机制,通过文化符号聚拢不同文化群体,促进其对非本我文化、文明的理解与认同。

### (四)以个体叙事映衬宏大主题

访谈对象的特殊性,决定了《高端访谈》的话题往往具有宏大叙事的风格特征,有时还具有较高的抽象度,处理不好难免会与公众产生距离感。为解决这一问题,《高端访谈》常常化大为小、以小见大,围绕被访者的个人经历、兴趣等小切口，建立其与大主题的关联。这种关联既可以是由局部到整体的，如当记者问印度尼西亚总统佐科"为何总穿着运动鞋"时，佐科从脚下28美元的印度尼西亚国产运动鞋出发，不失时机地表示"我很推荐印度尼西亚小企业的产品"。

相比宏观抽象的观点交流，贴近生活、生动平实的"软信息"更易跨越文化差异。媒体着眼于普通公众的理解力和接受度，通过转换表达形式和叙事特征，能够大大提升话语的吸引力和引导的有效性。

## 四、结语

习近平总书记在党的二十大报告中指出，"中国始终坚持维护世界和平、促进共同发展的外交政策宗旨，致力于推动构建人类命运共同体"[①]。人类命运共同体理念主张充分认识和尊重世界文明的多样性，通过对话找到人类社会向前发展的强大动力。在构建融通中外的对外传播话语体系，推进中国理念为国际社会认同的过程中，中国媒体不仅要展示一个真实而全面的中国，让世界了解中国，还应向世界阐释全球治理中国方案，让世界走向中国，从而实现更高层次的人类命运共同体的构建[②]。《高端访谈》立足国际格局新变化、全球治理新挑战和中国外交新高度，以平等对话促进文明交流，广泛凝聚人类命运共同体理念的国际共识，有力提升了中国话语的说服力、中国声音的影响力和对国际舆论的引领力。

---

① 习近平.高举中国特色社会主义伟大旗帜 为全面建设社会主义现代化国家而团结奋斗——在中国共产党第二十次全国代表大会上的报告（2022年10月16日）[N].人民日报，2022-10-26（1）.
② 李舒，宋守山.新闻媒体引导力的内涵、现状与实现层次：一种基于认同理论的分析[J].现代传播（中国传媒大学学报），2021（3）：27–32.

# 培育创新文化 弘扬科学家精神[*]

党的二十大报告指出，要培育创新文化，弘扬科学家精神，涵养优良学风，营造创新氛围。科学家精神入选党中央批准的第一批46个中国共产党人精神谱系，是全社会和中华民族的宝贵精神财富，对科学家精神的弘扬，应与时事互文，加强全媒体传播，从而塑造主流舆论新格局。

应当看到，当前相关部门和单位，在这一方面开展了一系列努力和尝试。例如，近日，中国科协、教育部、科技部、中科院、社科院、中国工程院、自然科学基金委、国防科工局联合印发了"2022年全国科学道德和学风建设宣传月"活动的通知。这项活动旨在弘扬科学家精神，涵养优良学风，增强恪守科研诚信和科技伦理规范的思想自觉、行动自觉，系好学术生涯"第一粒扣子"，营造风清气正的学术生态。实际上，由这七部委共同组建的全国科学道德和学风建设宣讲教育领导小组，在传承和弘扬科学家精神方面开展了很多活动，还邀请了"国宝"科学家宣讲科学家精神。现在，当这项活动迈入第11个年头，要使全社会更广泛地形成尊重知识、崇尚创新、尊重人才、热爱科学、献身科学的浓厚氛围，还需针对受众群体的多元化需求，进行内容和形式上的创新，实现"破圈"传播。

令人欣喜的是，作为2022年的重要活动之一，科学道德和学风建设宣传首次采用了电视宣讲报告会的新模式，联合中央广播电视总台节目《开讲啦》，让欧阳自远等多位院士专家走进荧屏，站到台前。通过将"科学家榜

---

[*] 本文原载于《光明日报》2022年11月17日第16版，收入本书时有改动。

样"的生动故事传递给社会,让更多的青年、学术后备力量感受大家风范,激发他们为科研学术事业奋斗的志向,引导全社会崇尚创新、鼓励探索、尊重人才,为增强文化自信和创新自信、实现高水平科技自立自强提供强大精神支撑。

弘扬科学家精神,应该与时事互文,要善于将科学家精神与社会现实结合,实现主流价值创新表达,从而将科学家精神与富有时代感的热点议题紧密结合,让传播发生奇妙的化学反应,让思想直抵人心。全国科学道德和学风建设宣传月推出的特别节目,就借助公众对探月工程的关注,由欧阳自远院士回顾我国探月工程从一穷二白到自主领先的过程,有力地展现了航天人自力更生、艰苦奋斗、勇于登攀的爱国情怀,极大地激发了青年人为祖国奉献青春、投身科研的热情。

科学无国界,科学家有祖国。一片丹心向祖国的报国精神与笃志潜心、献身科研的奉献精神是科学家精神最鲜明的底色,也是科学家精神的灵魂所系。

科学家融入科研事业的过程,是超越自我,把个人"小我"融入国家、人民、时代成就"大我"的过程。只有通过故事化的讲述,用细节来深刻描画,才能直抵人心。在特别节目中,我们看到满头银丝的欧阳自远院士,讲述了他从地质研究到探月研究的转型;精神矍铄的杜祥琬院士告诉青年人,他如何为了国家需要放弃天文专业,转去苏联学习原子核物理;小油菜里藏着家国情,傅廷栋院士也讲述了他为提高国家油菜产量所做出的学业选择。他们站在荧屏里,就是一种感召。听他们亲口讲述,甚至泪洒现场,这种真情实感胜过万千说教。老一辈科学家服务国家、无愧人民、牺牲小我、成就大我的奉献精神,震撼心灵。

探究真理、发现新知是科研工作的使命,严谨求实、诚信为本是科研工作的品格。弘扬科学家精神,还要敏锐地捕捉到科学家在研究生涯中的特别经历,探究他们高深的学术造诣和宽广的科学视野背后,创新求实的宝贵品格。这不仅能为青年学子锤炼品行、涵养品格提供参照,更能将科学品格、科学文化导入全社会,为建设科技强国和创新型社会助力。

在观察、实验、求证、归纳等复杂的科研过程中，创新永远是不可或缺的精神特质。如何将这种深层次的精神内涵外显给社会大众，我们也看到了有价值的尝试。科学家们不仅在荧屏上分享了成功的喜悦，也披露了他们遭遇曲折时的失落彷徨，展示了他们在追求真理的道路上，"失败了再来一次"的坚韧精神。正是凭借这种不懈追求与严谨周密，科学家们才铸造了"光速冲浪""高分卫星""万发炮"等科学成就，书写了我国科技领域一段段佳话。正是科学家身上的优良作风和学风，支撑他们肩负起时代使命，更形成了严谨求实的科学文化，引导青年一代踔厉奋发、开创属于自己的时代。

协同合作、薪火相传是我国科技界的优良传统，也是我国科技不断取得重大突破的法宝。在科学研究这条艰辛道路上，理想和现实、利己和利他、小我和大我等极具现实性和思考力的青年之惑、青年之问，在《开讲啦》中，也在科学家与听讲的青年人之间的互动中得到了解答——从事激光等离子体及加速器物理研究的鲁巍、研发能够拦截超音速导弹的舰炮"万发炮"的黄少保等，讲述了他们带领团队联合攻关、群策群力的事迹，回答了个人与团队的关系这个当下极富现实意义的问题。这些团队榜样生动地阐明了团队为个人成长提供平台与机遇、个人在团队中得到历练与激发的道理，帮助青年人树立团队意识和合作精神，在推动建设科技强国、实现中华民族伟大复兴的征程中贡献集体的智慧与活力。

科学家与青年人以代际对话的形式，充分诠释了甘为人梯、奖掖后学的育人精神。这样不同年代科学家之间的对话、科学家与青年受众的对话，打破了自上而下、灌输说教的传统教育模式，实现了授业与解惑并举，营造出平等、包容、开放、坦诚的"课堂"氛围。

时代各有不同，精神一脉相承。当下，我们呼唤更多科学家出现在社会"大讲堂"上，以科学为媒，大力弘扬科学家精神，孜孜涵养优良学风，点燃新时代青年的理想之灯、信念之光、科学之火种。

# 场景化、具象化、情感化：电视理论节目的创新路径*

## ——以《党课开讲啦》为例

百年来，中国共产党人形成了丰硕的马克思主义中国化创新理论（以下简称"创新理论"），《中共中央关于党的百年奋斗重大成就和历史经验的决议》将坚持理论创新列入党百年奋斗的十大历史经验，创新理论只有经由大众化传播，才能获得持久生命力和广泛影响力。2021年10月，中央组织部、中央广播电视总台联合推出电视理论系列节目《党课开讲啦》。作为青年电视公开课《开讲啦》的特别节目，《党课开讲啦》以"党的光辉历程""伟大建党精神""党的伟大成就"为主题，寓抽象理论于具象符号、寓理论宣讲于对话交流、寓深刻思想于通俗话语，使党课在融媒环境中迸发出时代活力。

### 一、以时空张力实现理论场景化表达

媒介技术加持下，不同时间维度的发展轨迹、不同空间维度的现实成就在《党课开讲啦》搭建的媒介场景中得以共现，立体化的场景延展了受众的想象空间和思考深度，形塑了其对党的历史和创新理论的认同。

---

\* 本文系北京市社会科学基金项目"首都高校媒体治理与意识形态安全研究"（项目编号：17KDB009）的阶段性研究成果，与黄馨茹合作，原载于《电视研究》2022年第1期，收入本书时有改动。

### (一)单一空间的纵向历时性对比

单一空间的纵向历时性对比是理解中国共产党百年奋斗和中国社会发展的重要窗口,也是引导受众将创新理论与"四史"学习相结合的重要路径。

《党课开讲啦》将宁夏西海固、浙江下姜村等地的历时性变迁在演播厅进行动态化、可视化呈现,阐释了"精准扶贫""共同富裕"等理念。在"党的光辉历程"中,黑白影像资料记录了"苦甲天下"的西海固地区的过去,在创新理论的指导下,这个联合国认为的"不适合人类生存的地方"恢复了青山遍布的自然环境,形成了"街道宽整、民房整洁"的闽宁镇,探索出颇具代表性的脱贫工作模式——"闽宁模式"。西海固、下姜村等作为中国脱贫事业的缩影,其发展的纵向历时性对比使理论表达的纵深感得以增强。

### (二)多元空间的横向共时性拓展

电视媒体的介入,使党课教育从组织传播转为大众传播,多元空间中的信息能够跨越时空,对冲了理论单向表达可能产生的枯燥感,丰富了受众的视觉空间和想象空间。

《党课开讲啦》中,连线嘉宾的参与丰富了叙事主体,多元场景的引入拓展了叙事空间,优化了受众理论学习的体验感与代入感。与注册官徐敏的连线,以全景式的宏大画面呼应了东部沿海地区先行先试的宏观政策;与党员马克俊的连线,以农家小院、老马茶馆等微观画面印证了西部脱贫工作的实在成效;青年插画师李天植的扶贫长卷将现场空间延展至少数民族地区,折射出"青年人的理论自信"。一节时长45分钟的党课,跨越东西城乡、内陆沿海,从文字到影像,从平面到立体,从概念到现实,共同富裕、对外开放、生态文明等创新理论的场景化表达使受众接受了有质感、有触感的党史与理论教育。

## 二、以话语转化实现理论具象化表达

创新理论是党在革命、建设和改革进程中实践经验的规律性总结,理论表达具有概念化、抽象化、系统化的特点。要让党的创新理论"飞入寻常百姓家",就要根据受众的特点,实现政治话语向大众话语的转化、理论话语向生活话语的转化。

### (一)生动叙事传递理想信仰

在《党课开讲啦》中,聚焦个体的故事化叙事和聚焦整体的数字化叙事相交织,使隐藏于故事和数字背后的理想信仰、价值意义等抽象思想得以生动呈现。

首先,以个体的故事化叙事锚定价值取向。节目围绕党员的理想信仰、价值取向等关键议题,以故事化的叙事推动了抽象概念的具象化传播。一方面,作为研究者的主讲人将历史时间轴中"他者"的故事融入演讲,如革命烈士余祖胜刻有字母的吊坠折射了共产党员的理想信念、长征途中牺牲的战士刘志海紧握的党证见证了共产党员纯粹的信仰、普通农民党员贺页朵对一份入党誓词的珍视映衬了共产党员对革命事业的坚守等,这些"小"故事起到了以小见大、以个体反映主体、以微观透视全局的作用。另一方面,作为见证者的主讲人将现实中"自我"的经历融入主题演讲,如谢春涛教授在脱贫工作中的见闻与思考、黄一兵教授听到的老红军的故事、杨凤城教授对青年时期衬衣和手表的回忆等,都在历史与现实、理论与实践之间搭建了桥梁,提升了电视理论节目的鲜活感和说服力。

其次,以整体的数字化叙事拓展价值影响。数字是精确量化客观物质世界的工具,是具象化发展成就的表征,如党员数量从"一大"的 50 多发展到今天的 9500 多万、中国人均 GDP 从 190 美元到超过 1 万美元、浦东企业数量从 3 万多发展到 41 万多等。数字也是反映成就背后艰辛的例证,如"长征期间每 300 米就有一个战士倒下""脱贫攻坚以来有 1800 多名党员和干部牺牲在工作的第一线"等。反映整体的数字与描写个体的故事相呼应,共同印证了革命胜利和改革成就的来之不易,传递了理想信仰的价值意义。

## （二）视听符号传承红色基因

作为电视媒体意义呈现和功能实现的载体，视听符号的运用技巧直接影响着传播效果。

从视觉符号看，《党课开讲啦》主色调的选择和意象符号的展示带给受众直观的视觉冲击，为创新理论讲解营造了氛围。在主色调选择上，标识设计、演播厅背景、片头片尾等皆以红色为主，党旗、党徽等意象符号多次出现，凸显了节目对百年红色基因的传承。此外，烈士余祖胜的吊坠、农民党员贺页朵的入党誓词等表征红色基因的特殊意象符号，作为人物精神世界的观照，是对历史讲述的重要补充，增强了理论的感染力和说服力。

从听觉符号看，在以演讲和对话为主要交流方式的党课节目中，多种听觉符号在优化受众的感官体验方面发挥了重要作用。现场音乐或激昂，或舒缓，或轻快，配合不同场景，营造了浓厚的情感氛围。富有传统文化特色和鲜明时代特色的听觉符号也融入课堂，如京剧选段《钓金龟》、歌曲《年轻的朋友来相会》等，在传承优秀传统文化、唤醒受众集体记忆等方面发挥了助推作用。

## （三）语言修辞凸显理论要义

来源于党的百年实践的创新理论蕴含着丰富的修辞智慧，"一切反动派都是纸老虎""不管黑猫白猫，能捉老鼠的就是好猫""绿水青山就是金山银山""江山就是人民，人民就是江山"等理论话语以生动的修辞阐明了要义，拉近了与群众的距离。与此同时，文风的建设和改进也贯穿党的新闻事业始终，无论是新民主主义革命时期的《解放日报》改版、反"客里空"运动，还是社会主义革命和建设初期的《人民日报》改版、改革开放以来的"三贴近"原则和"走转改"活动，对于党的创新理论武装群众都发挥了重要作用。在电视理论节目中，融入灵动语言修辞的理论表达有力地凸显了理论要义。

《党课开讲啦》中，比拟、隐喻、对比等修辞手法的运用，将抽象的理论转化为形象的表述，提升了理论的表达效果。"针尖大的窟窿能漏过斗大的风""有盐同咸、无盐同淡""时间永远是检验信仰纯度的试金石"等比拟增强了理论表达的灵动性。隐喻修辞多用于两个具有相似特点的事物,帮助受众形成形象化认知,如用梁漱溟先生《国庆日的一篇老实话》中的"死人复生",隐喻新中国成立前后中国人精神面貌的变化;以百年间种子到大树的变化隐喻百年党和国家的变迁等。在揭示百年历史中发生的巨大变化时,《党课开讲啦》大量使用对比修辞,如建党前后"三十年"时间刻度对历史的丈量、中国与西方国家民众对政府的信任度等。创新理论的要义在丰富的语言修辞中得以凸显,引导受众对历史飞跃背后的政党力量、理论力量、信仰力量进行延伸思考。

## 三、以圈层融通实现理论情感化表达

《党课开讲啦》以平等、深入的对话和交流引导更为广泛的受众参与理论的学习讨论,推动了不同地区、民族、年龄、职业等圈层的融通,形塑了理论表达的情感共同体。

### (一)引发青年共鸣,激发理论共情

作为青年电视公开课《开讲啦》的特别节目,《党课开讲啦》侧重对青年群体的观照,旨在提升青年人的理论素养,影响青年人的价值判断与观点态度。

形式方面,《党课开讲啦》的主持人选择、小纸条提问等元素与《开讲啦》形成了品牌延续,拉近了与青年群体的距离。提问环节,"功利性入党""看见与相信的选择""少数民族认同实现"等问题反映了青年群体对党组织建设、创新理论传播等议题的独立思考。这种思考不但成为新时代理论继续创新发展的力量源泉,也在引发青年共鸣、凝聚青年共识方面取得了良好成效。

内容方面,《党课开讲啦》通过多种方式展现当代青年的态度和担当,以在青年群体中产生引导力和向心力,提升其对创新理论的认同感。青年插画师李天植以长卷建构了 56 个民族的幸福生活场景,为讲好扶贫故事提供了新

思路；奥运冠军杨倩回溯了中国从参加奥运到举办奥运的历史，展示了青年体育健儿的理论自信；"秋子服务"品牌带头人方秋子面对行业变化所产生的困惑，反映了青年模范的时代敏感。青年力量在平凡岗位上展现的"不凡"，能够以朋辈教育的效果引导青年人将理论"学懂弄通做实"。

### （二）多主体互构互动，彰显理论认同

《党课开讲啦》节目主讲人、连线嘉宾与青年代表等多元主体的互构互动，实现了多个圈层的融通，凝聚了理论认同的"最大公约数"。

《党课开讲啦》中，通过连线、提问等方式，主讲人与听讲人从"我说你听"的灌输式教育关系转变为平等交流、互相启发、互相影响的互构式沟通关系。在这一过程中，青年代表不仅是收听者、提问者，更是参与者、讲述者，身份的转变充分体现了青年群体的理论自信与理论自觉。

媒介技术发展丰富了受众的理论互动渠道，创新理论的传播也从单向宣讲发展为多主体参与、多渠道互动。《党课开讲啦》开播以前，以共产党员网为代表，各种形式的"党课开讲啦"主题活动已在多样化的平台上积极开展，激发了基层力量参加党课主题活动的热情，为创新理论在全社会传播营造了氛围。《党课开讲啦》在中央广播电视总台央视综合频道黄金档首播，是"党课开讲啦"主题活动联动主流媒体转换理论表达、深化理论理解、扩大理论覆盖的有益探索，并且将主题活动推向新的高潮。在央视新媒体矩阵、bilibili网站评论及弹幕的赋能下，受众可以即时参与节目讨论，截至2021年11月1日，《党课开讲啦》主话题阅读量达4203万次，互动量超过39万次。

规模化的观后反馈和巨大的阅读量、互动量，体现了基层力量跟进理论武装的自觉性和积极性。以中央广播电视总台为代表的主流媒体和以共产党员网为代表的党员教育平台在"党课开讲啦"主题活动中形成合力，拓展了创新理论传播与互动的空间，在线上线下、传者受众、党员群众的融通交流中彰显了多元主体对理论的认同。

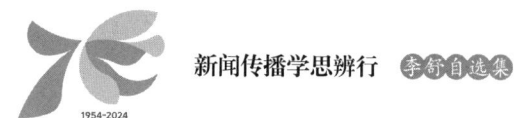

# 敬读碑文：党的精神谱系的创新传播*

新中国成立70周年之际，《学习时报》于2019年5月开辟《为了新中国——革命烈士纪念碑碑文敬读》专栏，引发社会热烈反响。围绕传承碑文承载的革命精神，2020年9月推出了中宣部主题出版重点出版物实体书《为了新中国——革命烈士纪念碑碑文敬读》，2021年4月《学习时报》又推出了"学习党史·敬读碑文"系列音频节目，通过《学习时报》微信公众号以及"学习强国"客户端等平台传播，不断探索党史和党的精神谱系传播的创新路径。

"学习党史·敬读碑文"系列融媒体原创产品（以下简称"敬读碑文"）从纸媒出发，向融媒平台延伸，涵盖了文字、图片、声音等多种传播符号，以富有层次的传播内容、精心挑选的传播时机、多维延伸的传播平台实现了重大主题宣传的传播创新，为主流媒体主动肩负时代赋予的责任与使命、以"主力军"的姿态进军"主战场"提供了有益启示。

## 一、解读碑文 升华精神价值

《学习时报》选取革命烈士纪念碑这一庄严肃穆的传播介质，通过阐释和解读凝重而富有历史感的碑文，构建了一种与革命先烈的跨时空对话，令读

---

\* 本文原载于《学习时报》2022年5月20日第6版，人民网、宣讲家网、中国共产党新闻网、理论网等转载，收入本书时有改动。

者在对话中领悟他们身上所蕴含的伟大精神的时代价值。

"敬读碑文"注重学史明理。通过对八一南昌起义纪念塔、井冈山会师纪念碑、中央红军长征出发纪念碑、渡江胜利纪念碑等碑文的敬读，以历史唯物主义的视角充分说明"中国共产党为什么能、马克思主义为什么行"，从中深刻领悟坚持中国共产党领导的历史必然性。

"敬读碑文"强调学史增信。通过对人民英雄纪念碑、五卅运动纪念碑、西藏和平解放纪念碑、抗美援朝烈士纪念碑等碑文的敬读，教育启迪受众增强对马克思主义和共产主义的信仰、对中国特色社会主义的信念、对实现中华民族伟大复兴的信心。

"敬读碑文"力推学史崇德。毛泽覃、杨靖宇、方志敏等先烈身上彰显着对党忠诚的大德、造福人民的公德和严于律己的品德。"敬读碑文"通过引领公众向有名和无名的英雄致敬，传承红色基因，涵养中华民族伟大复兴的精神动力。

"敬读碑文"号召学史力行。无论是战斗在革命战争时期的卢德铭、狼牙山五勇士、"刘老庄连"八十二烈士等英烈，还是奉献于社会主义建设时期的雷锋、焦裕禄等英模，他们的事迹都从不同向度诠释着党的精神谱系。"敬读碑文"激励人们将所纪念的精神转化为改造主观世界和客观世界的实际行动，在锤炼党性、为民服务和推动发展上见真章。

"敬读碑文"以独具匠心的策划和传播创新，开掘了鲜明政党属性与厚重历史属性一体融通的重大主题宣传新路径，实现了对中国共产党人的精神谱系的深刻阐释和富有时代生命力的价值升华。

## 二、把握时机 拓展对象群体

"敬读碑文"精准把握传统文化节日、重要历史事件等传播契机，在建构中华儿女大义、大勇、大爱的集体记忆，激发担时代之责、为人民守护的情感共鸣上做出新的尝试。

一是寻找红色文化与传统文化的共鸣。清明是承载着中国人集体情感的特殊节日,"敬读碑文"自2020年起连续三年在清明节推出主题策划。2020年,《学习时报》微信公众号以"为了新中国"为主题,将报纸专栏刊发的32篇文章集中推出;2021年,《学习时报》推出"学习党史·敬读碑文"系列音频节目,开启互动的线上向英烈献花仪式;2022年,《学习时报》推出"学习党史·敬读碑文"系列音频60期作品合辑,将主流媒体的重大主题宣传与清明节缅怀先人、寄托哀思的文化传统相契合,使"缅怀先烈英雄事热泪盈眶祭英魂"的传播主题得到有效凸显。红色文化与传统文化的共鸣,促进了公众对党的精神谱系的情感认同。

二是探索革命历史与时局时事的互文。时局时事具有广泛的受众群体和较高的社会关注度。2019年,习近平在江西考察时瞻仰了中央红军长征出发纪念碑,在对朝鲜进行国事访问期间参谒了中朝友谊塔。"敬读碑文"紧跟时事,分别推出《缅怀先辈伟绩弘扬长征精神——中央红军长征出发纪念碑碑文敬读》《中朝友谊"历久弥坚金不换"——中朝友谊塔碑文敬读》,以高度的政治敏感编织了历史与现实之间的红色纽带。2020年一二·九运动85周年之际,"敬读碑文"推出了《时代先声垂教后世——北京师范大学一二九纪念碑碑文敬读》,向那个时代的青年人"国家兴亡,匹夫有责"的爱国情怀和赤子之心致以新时代的敬意。将革命历史与时局时事进行深度关联,历史精神获得了现实回响,时代责任与使命获得了历史昭示。革命历史与时局时事的互文,实现了党的精神谱系内涵的双向共建,推进了精神谱系的社会化传播。

"敬读碑文"的传播创新实现了"纪念碑"这一物质客体与党在革命、建设、改革征程中焕发的伟大精神的有机结合,强化了党的精神谱系的全民族记忆建构。在这一建构的过程中,党的历史、精神谱系、创新理论与普通群众间的距离大大缩短,《学习时报》也突破了以党政干部和知识分子等为主要受众的传播范围,在普通群众,特别是年轻人中的引导力、影响力大幅提升。

## 三、延展空间 增强传播效果

"敬读碑文"在版面空间、叙事空间、传播空间的多向延展，丰富了传播内容，适应了公众多种接收需求，有效增强了红色话语的传播效果。

一是以虚拟和现实空间的互补延展版面空间。一方面，推出多种形态的内容产品，充分发挥文字、图像和声音的组合传播效应，借助《学习时报》微信公众号、"学习强国"客户端等平台，加大在虚拟空间的传播力度；另一方面，配合内容产品传播，推出短视频作品征集、歌词征文、"党的赞歌"主体诵读等线下活动，加大在现实空间与公众的关联度。线上与线下的互补传播扩大了"敬读碑文"的覆盖面，强化了传播效果。

二是以纪念碑空间的呼应延展叙事空间。"敬读碑文"的纪念碑有的在我国革命老区、改革开放前沿，有的位于我国香港特别行政区或其他国家；纪念的对象不仅有中华儿女，还有投身人类和平正义事业的国际人士。例如，香港新界的乌蛟腾抗日英烈纪念碑，是香港同胞齐心抗战的历史见证；吉林长春的苏联红军烈士纪念塔，镌刻着在东北战场同中国军民一道对日作战而牺牲的苏联红军的名字；辽宁沈阳的抗美援朝烈士纪念碑，缅怀着那些为了"保和平、卫祖国"舍生忘死的"最可爱的人"；朝鲜平壤市中心的中朝友谊塔，记载着抗美援朝战争中中国人民志愿军英烈的丰功伟绩……这些遥相呼应的纪念碑延展了主流媒体对于反法西斯战争、反侵略战争的叙事空间，彰显了中国人民不畏强暴、争取和平、维护和平的坚强决心，阐发了人类命运共同体理念的时代价值。

三是以中央媒体与地方媒体的联动延展传播空间。在《学习时报》的带动下，不少地方媒体开始发掘身边的革命历史，"敬读碑文"这一形式不断得到推广。2020年抗战胜利纪念日之际，江苏省地方志编纂委员会"方志江苏"推出《为了不能忘却的纪念！革命烈士纪念碑碑文敬读》，聚焦江苏省革命烈士纪念碑碑文和铭塔，讲述江苏抗战英雄的重大贡献；2021年清明节期间，《长江日报》微信公众号推出《今天，一起敬读武汉这些纪念碑碑文》，深情

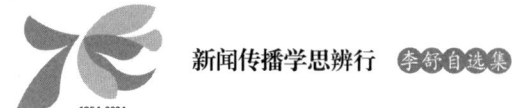

讲述了施洋、向警予、耿丹以及无名英烈的动人故事。

历史充分证明，一个民族、一个国家发展的高度取决于其精神世界的高度。党的每一段革命历史，都是理想信念教育的生动教材。"敬读碑文"以真实的叙事、饱满的情感、深刻的阐释、高度的站位将"历史精神"转化为"时代精神"，彰显了主流媒体在党史传承、精神传递、理论传播中的使命和担当。

## 下编
## 教泽：育人之"行"

# "立德树人"：高等教育的价值观和方法论[*]

高等教育体现了一个国家的综合实力和竞争力，关乎国家和民族的未来，是国之大计、党之大计。从党的十八大到党的十九大，从 2016 年全国高校思想政治工作会议到 2018 年全国教育大会，习近平总书记多次强调，要坚持把"立德树人"作为教育的根本任务。这是以高远的历史站位、宽广的国际视野、深邃的战略眼光对党和国家教育事业规律性认识的进一步深化，也是对"培养什么人、怎样培养人、为谁培养人"这一根本问题作出的深刻回答。

古今中外，对人才的评判都离不开品德、知识和才能三个方面，只不过不同的历史时期、不同的文化背景下各有侧重。立德，立信仰信念、职业道德、个人品德；树人，赋以德、识、能，助益人的全面发展。"立德树人"的提出，既是对中国教育传统的继承和创新性发展，也是对我国教育改革发展经验的概括和提升，更是对世界教育发展趋势的准确把握和主动回应。

"立德树人"是高等教育必须始终坚持的价值观。将"立德树人"作为教育的根本任务，明确了"德"处于人才选拔和人才培养评价的首要地位，也指明了高校人才培养的政治方向、价值取向，即为人民服务，为中国共产党治国理政服务，为巩固和发展中国特色社会主义制度服务，为改革开放和社会主义现代化建设服务，"四个服务"正是对"培养什么人、为谁培养人"的具体阐释。

---

[*] 本文原载于 2019 年 9 月 9 日光明网"理论"频道，收入本书时有改动。

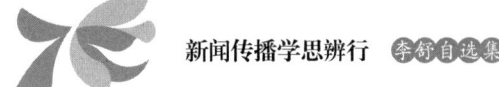

"立德树人"是高等教育必须着力实践的方法论。将"立德树人"作为教育的根本任务，明确了"人"在人才培养中的核心地位，体现了以人为本的育人理念和对受教育对象主体性的充分尊重。习近平总书记在谈到培养人的问题时强调，要在坚定理想信念、厚植爱国主义情怀、加强品德修养、增长知识见识、培养奋斗精神、增强综合素质上下功夫。"六个下功夫"中，前三者聚焦于"立德"，能够激发人才自我成长的持久内生动力；后三者聚焦于"树人"，是促进人的全面发展不可或缺的维度。六个方面抓住了人才培养的关键点，是对"怎样培养人"的科学把握。

"高校立身之本在于立德树人。""立德"是"树人"的基础，"树人"是"立德"的目标，两者辩证统一，不可分割。"立德树人"蕴含着对人才培养规律的深刻把握，是高校培养社会主义事业合格建设者和可靠接班人必须贯彻的根本遵循。

# 用核心价值体系引领新闻教育*

在我国，新闻事业是社会主义事业的重要组成部分。由新闻传媒营造的信息环境已经与政治环境、经济环境等一样，成为国家、社会发展的基础性环境要素。新闻教育作为一项培养新闻事业从业者的工作意义重大。只有用社会主义核心价值体系引领新闻教育，赋予青年学生国家意识、社会责任、群众观念，才能使他们成长为有责任、有担当的新闻人，才能实现新闻教育在增强国家软实力方面的特殊价值。

## 一、当前新闻教育面临的价值困境

价值观是人在实践过程中不断形成的对客体价值的认识、态度和观点，它支配和影响着人们在实践中的决策过程和行为选择。当前我国新闻教育在价值观的引导和塑造上面临着许多现实困难，主要包括以下三个方面。

一是新闻教育"技能导向"传统挤压了价值教育的空间。大学新闻院系是新闻人才培养的主要阵地。从用人单位获得反馈，满足新闻实践的需要，是新闻院系调整人才培养策略的重要依据。近年来，面对各类新闻媒体提出的新闻专业毕业生知识结构单一、缺乏实践能力等问题，新闻教育相应地以"生产"出让新闻机构觉得"好用"的"产品"为主要目标，这是一种"技能

---

\* 本文原载于 2012 年 7 月 14 日《光明日报》（理论版），人民网、求是理论网、中国社会科学网、中国高校人文社会科学信息网、中国文明网等全文转载，收入本书时有改动。

导向"。在"技能导向"下,课程设置、课外活动、社会实践都紧紧围绕提高专业能力展开,对专业技能的高度重视,客观上挤压了价值教育的空间。

二是经济和社会的转型加大了价值教育的难度。改革开放,特别是市场经济的建立,不仅带来了经济运行模式的变化、利益格局的调整以及社会结构的变迁,也给人们的思想观念、行为方式带来了巨大的冲击。对于价值观尚不稳定的青年学生来说,他们经历了一场观念震荡和价值变迁,主要体现在以下几个方面:主体意识不断增强,个体本位日渐凸显,更加强调个人价值的实现;价值取向上的实用主义和功利色彩加重,具体的现实目标、物质目标取代了人生理想、价值理想;主体间价值取向的分化程度加大。

三是"二维运作"下的传媒实践使价值教育面临更为复杂的局面。当前,我国的新闻媒体为国家所有,作为独立的市场主体,其既要承担"喉舌"功能,又要自收自支、自负盈亏,这是一种一元体制下的"二维运作"。在经济利益推动下,一些媒体为了最大限度地吸引眼球,不负责任地刊发耸人听闻、脱离实际甚至是无中生有的"新闻",信息获取也出现了欺骗、交易,这些负面事实极大地误导了即将入行、价值观尚不稳定的青年学生。

## 二、树立新闻教育的"价值导向"

树立新闻教育的"价值导向",就是要在新闻人才的培养过程中,确立价值教育的主导和先决地位,通过激励、引导、实践等手段,使社会主义核心价值体系内化为受教育者的基本价值观。

新闻教育的"价值导向"囊括了多层次的内涵:"自我价值"肯定学生的自我意识,培养他们的自信心和为实现自我价值必须具备的决心和意志力;"社会价值"引导学生尊重、关怀其他社会成员,具有爱国精神,把丰富知识、增强能力立足于为国家、社会的发展上;"职业价值"强化学生理解新闻事业的特殊社会功能,使其树立正确的新闻观,坚持良好的新闻职业道德,抵制错误价值观的侵蚀,并在实践中多些弘扬社会主义价值观的自觉性和主动性。在承认多层次价值取向的同时,引导学生将个人的追求定位在遵循社会历史发展的客观规律、满足社会发展和时代的需求、符合社会发展的总体价值目标上，从而实现个人发展和社会发展的辩证统一。

从转型期经济、社会、思想领域的大局出发，当前的新闻教育首先应该强调社会主义核心价值体系的引领，强调方向和本质。中央提出"德才兼备，以德为先"的选人用人标准，也从另一个角度对新闻教育的能力和价值这两个重要方面的关系做出了要求："德"必须驭"才"，"才"必须从"德"，绝不能舍本逐末。

### 三、促进新闻教育"价值导向"的实现

价值教育关键在于实效，新闻教育的"价值导向"要落到实处，应该注意以下三个问题。

一是要建立多样价值与主导价值相协调的理念。首先要确立社会主义核心价值体系在价值观教育中的主导地位，这对于凝聚社会思想、促进社会和谐与稳定，在新闻工作中牢牢把握方向具有重要意义。过于理想化的价值解释容易使价值目标虚化，降低价值教育的实效性，因此要给予个体价值追求一定的表达和存在空间，同时又要有效地引导个体的价值取向，使主导价值对多样价值形成良好的控制力。

二是运用一种开放的、对话式的道德教育方式。长期以来，在价值教育领域普遍存在教育方式生硬、手段单调的问题。价值观和道德观的形成是一个知、情、意、行的复杂过程，具有较高文化程度的大学生的道德认知方式也从以往的以外部权威为主转向了以内部理性为主。因此，要摒弃简单粗放地灌输某种观念的做法，建立一种开放的、对话式的道德教育，注重启发学生理性思考，充分发挥教师在协商、对话中的引导作用，使学生在对话中实现德性的成长，并具备对各种价值观的判断、选择能力。此外，还要充分发挥专业课和各种新闻实践的"载道"作用，化解道德教育中的"防备""逆反"心理，逐步实现道德规范的理性认同和内化。

三是要突出道德的实践能力。美国学者瑞安在总结第二次世界大战

后美国道德教育的得失后提出了五个"E"的新道德教育模式,即"榜样"(example)、"解释"(explanation)、"劝诫"(exhortation)、"环境"(environment)和"体验"(experience)五个道德教育途径。以往的道德教育,在榜样、解释、劝诫环节做得多一些,而在提供适当的环境,引领受教育者体验社会主义核心价值体系的丰富内涵上做得还很不够。"道不可坐论,德不可空谈",新闻教育的"价值导向"要通过社会调查、媒体实践等接触实际、了解社会的活动才能实现深化和内化。

# 新时代的新闻传播人才培养：理念回归与实践超越*

新时代，国际局势瞬息万变，国家治理现代化进程加速，媒体融合向纵深推进，党和国家对新闻舆论工作提出了更高要求，新闻传播人才培养的重要性进一步凸显。新闻传播学的人才培养和学科建设质量关乎媒体融合国家战略，关乎党和国家新闻舆论工作全局，关乎国家软实力的提升和国家形象的塑造。2018年，教育部、中宣部发布《关于提高高校新闻传播人才培养能力实施卓越新闻传播人才教育培养计划2.0的意见》，推动新闻传播人才培养全方位升级；2019年，教育部、科技部等13个部门联合启动"六卓越一拔尖计划2.0"，全面推进新工科、新医科、新农科、新文科建设，并对新闻传播人才培养提出了新要求。在此背景下，各新闻传播院校纷纷推出人才培养改革举措，涉及本科、研究生等各教育层次和招生、培养、学位等各教育环节。未来，为回应国家对全媒体人才的需要，新闻传播教育需要不断地升级理念、创新实践，以更好地服务国家和社会。

## 一、厘清认识：以人才培养为中心的新闻传播学学科建设

新闻传播学自1997年成为国家一级学科以来，学科的内涵不断丰富、类

---

\* 本文系国家社科基金重大项目"重大舆情和突发事件舆论引导机制创新及应对策略研究"（项目编号：20ZDA059）的阶段性成果，与黄馨茹合作，原载于《出版广角》2021年第7期，收入本书时有改动。

别渐次拓展，除了传统的新闻学、传播学，还发展出广播电视学、广告学、编辑出版学、网络与新媒体、数字出版、时尚传播、国际新闻与传播、会展等专业。在新闻传播领域，人才培养与学科发展、科学研究、业界实践相互交织、频繁互动，却各有侧重。面对新形势，新闻传播学科要取得应有的学科地位，做出社会贡献，首先要坚持以人才培养为中心厘清以下几组关系。

### （一）人才培养与学科建设的关系

从社会对人才的需求出发，新闻传播人才培养主要围绕两个角度展开：一是学理层面，搭建学生的新闻传播学理论体系；二是实践层面，提升学生的全媒体传播专业技能。2006年，教育部学位与研究生教育发展中心启动了首次学科评估，自此学科建设越来越受到高校的重视。在前四轮学科评估指标体系中，论文收录数、项目数、奖项数等数量指标权重较大，导致高校普遍存在对学科建设的片面性理解，如重视学科增长点、追逐学术成果的数量、忽略学科基础理论和内涵建设等。各新闻传播院系在增设新学科点、发表论文、争取在项目上投入大量经费与人力，对教师的考评和晋升也多以成果数量为导向，直接导致新闻传播学学科基础理论的完善与创新滞后，更重要的是对人才培养形成了较大冲击。

新闻传播学学科建设为人才培养提供了有力支撑，并以人才培养为主要内驱动力，人才培养质量则是检验学科建设成效的重要标准。媒体竞争关键是人才竞争，媒体优势核心是人才优势[1]，2020年10月，中共中央、国务院印发《深化新时代教育评价改革总体方案》，明确指出要改进学科评估，强化人才培养中心地位，为新闻传播学学科建设指明了方向。未来，新闻传播人才的培养要进一步明确人才培养在学科建设中的核心地位，以提升人才培养质量为指引，以服务国家和社会为导向，找准新闻传播学学科建设的发展方向和施力点。

---

① 习近平.坚持正确方向创新方法手段 提高新闻舆论传播力引导力［EB/OL］.（2016-02-19）
［2021-03-10］.http: //www.xinhuanet.com//politics/2016-02/19/c_1118102868.htm.

### （二）人才培养与科学研究的关系

新闻传播学具有极强的实践性和应用性，但是近年来受学科评价指标、人才评价指标、学术期刊评价指标等多重因素的影响，新闻传播学研究出现了理论探讨越来越多、实践应用探讨渐趋减少的趋势，学术性与专业性、理论性与实践性日渐分离。一些理论研究脱离"应然"与"实然"的关联，一味追求所谓的"学术化表达""国际发表"，研究成果既缺乏对新闻传播实践指导的自觉性，也缺乏学理层面的社会性反思，纯粹的理论研究能够产生的社会价值越来越少。理论和实践互动的弱化造成"书斋式"学者越来越多，真正能够对传媒实践中难点痛点问题予以指导的专家型人才越来越少；同时，弱化了人才培养的理论根基，科学研究对人才培养的反哺作用有限，影响了对学生系统性、批判性思维和知行合一能力的培养。

科学研究为人才培养提供思想平台，高质量的人才则是科学研究取得突破的关键。新闻传播人才的培养，一方面，应该明确本科教育和研究生教育培养定位的不同，制定指向性更加清晰的培养方案，充分释放不同层次人才在实践、科研等不同领域的创造力和能动性；另一方面，要充分运用科学研究在学科理论、专业实践和教育教学规律等方面的成果，提升人才培养的科学性和专业性。

### （三）人才培养与传媒实践的关系

目前，全国727所高校共有千余个新闻传播学类专业点，为传媒业输送了大量人才。然而，高校人才培养方案基本由新闻传播教育的提供方设计，业界即需求方的参与十分有限，这一定程度上导致人才培养方向与传媒需求匹配度存在差异。

传媒实践为人才培养指明方向和具体要求，人才培养为传媒实践提供人力资源，这是传媒实践发展不可或缺的驱动力。要努力建构人才培养与传媒实践双向互动、互促互进的关系。一方面，人才培养的类型、内涵要根据实践需求进行动态性、前瞻性调整。例如，回应对国际传播人才的迫切需求，开展"国际新闻与传播硕士"培养工程；根据业界对全媒体、融合传播人才的需求，完善实践课程设置；根据社会对舆情和政务传播人才的需求，提供专业继续教育等。另一方面，通过吸纳业界资源，为人才培养提供助力，如设立外聘教师岗、探索"双导师制"、建设实习实践基地、成立业界专家指导委员会等。目前，高校新闻学学科教育在充分利用业界资源为人才培养提供助力方面虽有一定的探索，但缺少系统性的规划和合理的评价机制，因此需要在顶层设计、具体实施、效果评估等环节持续推进。

## 二、回归本来：新时代新闻传播人才培养的理念调适

当前，新闻传播人才培养仍存在不少短板，如学科理论多借鉴于西方，本土化创新不足，人才培养缺少完整的学科理论体系的注入；对媒介化社会下传媒人才职业素养的理解不够深刻，培养方案的顶层设计和动态调适尚需进一步加强；马克思主义新闻观与专业教学的深度融合不够，专业能力训练存在盲目崇拜技术的倾向，人文教育和基本技能训练弱化等。解决这些问题，需要新闻传播教育回归本土国情定位，回归人文教育底色，回归核心能力养成，全面提升人才的政治素养、人文素养和业务素质。

### （一）回归本土国情定位

近代新闻传播事业和新闻传播教育起源于西方，西方新闻传播理论体系和社会科学研究方法对我国传媒人才培养的影响明显。当前，新闻传播人才培养要回归本土国情，不断发展中国特色社会主义新闻传播理论。

回归本土国情是做好国家意识形态工作的需要。习近平总书记多次强调，意识形态工作是党的一项极端重要的工作，新闻舆论作为意识形态工作的重要组成部分事关党和国家前途命运[1]。新冠疫情的全球蔓延加剧了国际局势的动荡，大国在政治、经济领域的博弈加剧，技术加持下意识形态领域的斗争

---

[1] 习近平. 坚持正确方向创新方法手段 提高新闻舆论传播力引导力［EB/OL］.（2016-02-19）［2021-03-10］.http://www.xinhuanet.com//politics/2016-02/19/c_1118102868.htm.

更加复杂，新闻舆论工作面临着前所未有的巨大挑战。新闻传播人才只有坚守国家立场和社会主义核心价值观，才能在国际舆论场的较量上准确地传递中国声音。

回归本土国情是发展中国特色社会主义新闻传播理论的需要。完整的学科理论体系是一个学科得以持续发展的基础，中国特色社会主义新闻传播理论的发展不排除借鉴西方，但应坚持批判思维，保持意识形态上的自主性和警觉性，选择性地借鉴而不是简单地盲从。要加强和改进高等学校新闻传播专业建设，建设中国特色、世界水平的一流新闻传播专业①，要用马克思主义新闻观、中国特色社会主义新闻传播理论武装传媒学子，在拓展其国际视野的同时注重涵养家国情怀，引导其在纷繁复杂的国际格局下坚守国家立场，成为中国智慧、中国理论的传递者。

**（二）回归人文教育底色**

人文精神是实践在意识中经过历史积淀而形成的社会基本价值观念②，强调人的主体意识、独立精神，关注人的价值与尊严。呼唤新闻传播教育中的人文精神，并不意味着排斥科学精神，而是在人才培养中寻求两者的平衡。近年来，无论是新闻内容产品还是新闻传播学研究成果，常常充斥着各种数据、模型和公式。数字与量表是工具理性的体现，在一定程度上反映了群体面貌，但也容易忽略个体感受，使作为独立主体的人被高度抽象化。在社会深刻转型的语境下，新闻舆论工作既要借助新兴科技手段，更要有对人有主体性的关怀，工具理性与价值理性不可偏废。

新闻传播人才的人文教育主要有三个向度。一是从人文精神的起点出发，培养学生独立思考和判断的能力。只有具备对快速变迁社会中各种复杂现象进行独立判断和准确认知的能力，才能成长为党的政策主张的传播者、时代

---

① 教育部、中共中央宣传部.关于提高高校新闻传播人才培养能力实施卓越新闻传播人才教育培养计划2.0的意见[EB/OL].（2018-10-08）[2021-03-10].http://www.moe.gov.cn/srcsite/A08/s7056/201810/t20181017_351893.html.

② 陈新汉.论价值世界构建活动中的人文精神[J].天津社会科学，2020（4）：4-13.

风云的记录者、社会进步的推动者、公平正义的守望者[①]。二是培养学生"以人为本"的精神,引导其从"人"的角度观察、思考问题。转型社会发展不均衡也体现在人的发展不均衡上,作为未来传媒人的新闻传播专业学生应树立尊重与理解他人、关怀与帮助他人的责任意识。三是进行职业观教育,帮助学生树立新闻职业伦理和职业操守。传媒实践中既要面对各种挑战,也要面对压力与诱惑,只有秉持正确的价值观、职业观,才能做出符合价值理性的选择。

### (三)回归核心能力养成

近年来,5G、大数据、人工智能等新兴技术赋能媒体内容生产与传播的各环节,给媒体生态带来了巨大变化。新闻传播教育也出现追逐技术的趋向,客观上导致从业者信息核查、价值判断、文字表达等"看家本领"的弱化。新闻传播实践中虚假新闻、后真相、"高级黑,低级红"等现象与传媒人核心能力弱化不无关系。习近平总书记指出:"对新闻媒体来说,内容创新、形式创新、手段创新都重要,但内容创新是根本的。"[②] 实现内容的创新需要传媒人才的培养回归核心能力的培养。

新闻传播人才的核心能力包括两个方面:一是强大的思想能力、持续的学习能力、灵动的迁移能力等以宏观引领为目标的能力。在人才培养过程中,教师不仅要引导学生在学习概念、理论时与理论对话,善于辩论、批判,形成学习力、思想力,还要培养学生从分析、解决现实问题中总结规律、运用已知去创建新的连接并迁移到解决各种新问题中去的能力[③]。二是信息核查、价值判断、文字表达等以微观实践为导向的能力。在人才培养过程中,教师要以学生"脚力、眼力、脑力、笔力"的增强为目标,实现观察、判断、表

---

① 习近平.坚持正确方向创新方法手段 提高新闻舆论传播力引导力[EB/OL].(2016-02-19)[2021-03-10].http://www.xinhuanet.com/politics/2016-02/19/c_1118102868.htm.
② 曹智,栾建强,李宣良.习近平视察解放军报社[EB/OL].(2015-12-26)[2021-03-10]. http://www.xinhuanet.com/politics/2015-12/26/c_1117588434.htm.
③ 李舒.体系、过程与主体:编辑出版学研究生教育改革的多维思考[J].现代出版,2020(6):64-70.

达等能力的提升。只有把握新闻传播人才的核心能力建设，才能使传播主体在多元化的媒介环境和与人工智能的竞争中体现出专业人才的优势，以直抵人心、引发共鸣的新闻产品赢得竞争。

## 三、面向未来：新时代新闻传播人才培养的实践超越

当前，新闻传播活动融合化、智能化趋势明显，新闻传播学的学科独立和学科自信正在形成，新闻传播人才的培养应与实践需要、学科发展相契合，不断寻求方向和路径的优化。

### （一）以学科独立筑牢人才培养根基

2004年，《关于进一步繁荣和发展哲学社会科学的意见》将新闻学列为国家重点扶持发展的九大学科之一。2016年5月17日，在哲学社会科学工作座谈会上，习近平总书记将新闻学同哲学、政治学、经济学、社会学等一同列为对哲学社会科学具有重要支撑作用的学科。但与其他学科相比，新闻传播学是一个年轻的学科，学科本土化理论积淀尚显不足，其大量吸收了哲学、政治学、经济学、社会学等学科的概念和理论，却鲜有对等的理论输出。基本概念与核心理论的不完善使得新闻"有学"与"无学"的争论没有停止过。

新闻传播学的发展，必须一手抓学科理论体系完善，一手抓传媒人才培养，以学科独立筑牢人才培养的根基。一方面，要坚持以习近平新时代中国特色社会主义思想为指导，注重本土化、创新性理论的发展，构建具有中国特色、中国风格、中国气派的新闻传播学科理论体系；另一方面，要以中国特色社会主义新闻传播理论作为传媒人才的理论根基，在专业培养中注入马克思主义新闻观教育。2020年，中宣部、教育部将国情课、思政课与专业课相结合，并面向全国高校新闻院系推出"中国新闻传播大讲堂"，邀请了42名在一线报道的记者授课。这种将理论与实践、家国情怀与专业素养相结合的育人路径，既有助于引导学生提高政治站位，增进对党和国家的政治认同、

思想认同、情感认同，又有助于引导学生面向社会现实思考学科规律、职业使命，参与创新和丰富中国特色社会主义新闻学理论体系。

### （二）以学科交叉升级人才培养模式

以学科交叉升级人才培养模式，主要体现在以下三个方面。

一是发展交叉学科专业。随着新一轮科技革命和产业变革加速推进，学科深度交叉融合已经成为趋势，2021年1月，"交叉学科"正式成为我国第14个学科门类。新闻传播教育也应加大对"文＋理＋艺"复合型人才的培养力度，不断优化培养模式。中国传媒大学将传统新闻传播向视野更为广阔的信息传播领域拓展，如2020年，在新闻传播学下论证设立了具有交叉学科性质的"信息传播学"二级学科。高校探索新的学科分支和交叉点，是对交叉学科人才迫切需求的主动回应。

二是推进复合学科培养。多年来，国内外知名新闻传播院校在复合学科培养模式上进行了探索。例如，哥伦比亚大学2010年推出"新闻与计算机"双硕士项目，之后还扩展了"新闻与国际公共事务""新闻与法律""新闻与宗教"等双学位项目；中国传媒大学与加拿大西蒙菲莎大学合作，于2013年推出了"全球传播"双硕士项目，从不同专业背景的在校生中遴选优秀学生与国际学生一起进入该项目培养；清华大学新闻学院与南加州大学传播学院、工程学院合作，于2019年推出"数据传播"双硕士项目，培养数据挖掘与可视化呈现的复合人才。这些复合学科培养项目打破了单一学科的壁垒，实现了新闻传播人才培养的多学科共同赋能。

三是优化融合交叉课程。课程体系是连接学术、实践和育人的纽带，是新闻传播人才培养的基石。传统媒体时代，新闻传播课程体系在史论、业务模块的基础上发展出了一些具有学科交叉性质的课程，如传媒经济、新闻法规、新媒体营销等。但总体看来，离新闻传播学与其他学科在知识体系、思维方式、技术手段等方面真正的融合交叉还有一定距离。在高度媒介化的社会中，优化新闻传播专业融合交叉的课程体系，应兼顾本学科的理论与实践、素养与技能、思维与技术的平衡，理顺其他学科与新闻传播学科的逻辑关系，把握好交叉的向度、融合的程度，发挥多学科知识体系的叠加效应。

**（三）以评价标准引导人才培养向度**

评价标准对于高校学科建设与人才培养具有指挥作用，培养面向未来的新闻传播人才离不开科学的评价标准的引领。一方面，完善学生评价体系。人才培养是一项长期工程，新闻传播人才的质量关乎党和国家新闻舆论工作大局，对人才质量的考查应聚焦于立德树人和德智体美劳全面发展。需要强调的是，新闻传播人才培养质量不能只评估学生的毕业质量，还应在更长的时间维度和更深的实践维度上进行长期动态追踪。应建立健全雇主评价和社会评价机制，根据社会反馈和毕业生职业发展状况发现人才培养中的盲点或薄弱环节，及时对人才培养目标与模式进行优化。另一方面，调整教师评价标准。要打破以论文和项目数量作为晋升或者评优依据的评价取向，尝试多样化、差异化的评价标准。要将育人成效作为教师评价的重要方面，激发教师在人才培养中的积极性和创造性，鼓励教师及时把握技术变革趋势、媒体融合动向和行业发展动态，不断丰富教学内容、改进教学方法、创新教学组织形式，投入更多的精力在育人上。

**（四）以协同育人提升人才培养质量**

新闻传播人才培养不能仅仅依靠高校，还需要多主体的优势互通、有序协同，通力合作完成人才培养任务。以协同育人提升人才培养质量主要包括以下几个方面。

一是深化"部校共建"。2013年，自中宣部、教育部联合推动"部校共建"以来，全国已有百余所新闻学院进入"部校共建"序列。在宣传部门和主流媒体的支持下，新闻传播院系的发展获得了有力的政策、资金和人员扶持。"部校共建"模式强化了马克思主义新闻观教育，有效推进了高校师资引进、学科优化、实践基地拓展等工作；同时，新闻传播院系为地方媒体融合、舆论引导等工作提供了有力的智力支持。

二是探索"校际协同"。各高校都有自己的优势资源，新冠疫情在客观上推动了在线教学系统的普及，为校际优势资源共享提供了便利。事实上，在国际教育领域资源共享的理念早已有之。1999年，欧洲29个国家发布《博洛尼亚宣言》，提出建立欧洲高等教育区，推进欧洲教育一体化和教育资源共享。近年来，我国高校在课程互选、学分互认等方面也进行了一定的探索。如2017年，《京津冀教育协同发展行动计划（2018—2020年）》提出建立高校联盟，探索京津冀高校培养方案互通、课程互选、学分互认与教师互聘；2020年，北京大学和清华大学互相开放部分本科课程，互认学分。但综观我国与国际上协同育人的探索，其实际效果与预期设想还存在一定差距。这提醒我们，校际协同育人要实现真正落地和可持续发展，必须进行系统的制度设计，作好制度配套和具体实施方案。未来，既要充分借助新技术拓展线上协同育人，提升优质学习资源的使用率，又要尊重培养模式的多样化，形成各具特色的育人格局。

三是建设"校—媒"共同体。探索社会合作育人机制，从推动课堂与实践、学界与业界互补互促出发，推动高校与媒体合作建设人才培养共同体。在"校—媒"共同体框架下，双方可以共同制订培养方案、共建实践教学基地、共建指导教师队伍、共建智库和职业培训基地等。此外，双方还可以在新闻传播高端人才培养上开展合作，如联合培养博士后，未来还可以探索联合培养新闻传播专业博士、编辑出版专业博士等。"校—媒"共同体的意义不仅在于培养新闻传播人才，对传媒机构发展的积极作用也不可小觑，因此，不能停留于"高校主导、媒体参与"，而应通过完善机制向"校—媒"全面合作，向共同发展的更高层次迈进。

# 文化国际传播战略下的人才培养*

近年来,国家高度重视"软实力"的提升,加大了对各类传媒资源建设和运用的力度,大力推进文化国际传播战略。截至2013年5月,中国国际广播电台海外整频率电台已达到90家,仅次于英国广播公司(BBC)居世界第二位;对外传播语种已达到64种,是全球使用语种最多的国际传播机构[①]。多语种、全媒体国际传播体系的形成,在传递中国声音,传播中华文化,塑造良好的国家形象,提升我国在国际事务中的影响力,维护国家的战略利益等方面发挥了不可忽视的作用。但是我们也应该看到,在文化的国际传播中存在着实力不强、商业转化程度不高、传播效果有限等突出问题。解决这些问题的根本在于人,优秀的人才是增强国家"软实力"的"硬支持",面对国际传播领域"西强我弱"的态势,人才培养必须在培养结构、培养目标、职能定位、培养模式等方面及时作出相应的调整。

## 一、培养结构:从单一转向多元

当前我国在世界信息流通体系中的话语权十分有限,在文化国际传播领域处于严重的"入超"地位。根据国家版权局的统计,包括图书、音像制品、电子出版物、软件和电影电视等各种文化产品在内,2010年我国共引进出版

---

\* 本文原载于《中国党政干部论坛》2013年第8期,收入本书时有改动。
① 牛春颖. 中国国际广播电台国际台对外传播语种增至64种[N/OL]. 中国新闻出版报,2013-05-08[2013-08-01]. http://media.people.com.cn/n/2013/0508/c40733-21412582.html.

物版权 16602 种，输出出版物版权 5691 种[①]，存在着巨大的贸易逆差，比例高达 3∶1。这一现实提醒我们：国家的文化软实力不是自我认定的，而是在文化交往、交流过程中的客观呈现；拥有悠久的历史文化并不意味着可以在文化的竞争与输出上占优势，文化软实力只有经过现代性的转化与传播才能实现。

当前文化传媒人才的培养结构很难适应大文化传播的需求，要改变这一状况，必须突出重点、着眼未来、优化结构，建立多元的人才培养理念。一方面要做到对文化国际传播全过程所需各类人才培养的全覆盖，对《文化产业振兴规划》提出的"文化创意、影视制作、出版发行、印刷复制、广告、演艺娱乐、文化会展、数字内容和动漫"9 个重点发展领域传媒人才培养的全覆盖；另一方面要针对目前文化传播的薄弱环节，加大对内容创意、文化产业、文化贸易、传媒管理、新媒体等紧缺人才的培养力度。

## 二、培养目标：从细分转向复合

文化的国际传播工作既高度细分、环节诸多，又彼此衔接、相互融合。传统的人才培养更注重专才的培养，反映在实践中就是在专业设置乃至课程设置上的细分。实践证明，"一专"必须以"多能"为基础，复合型的文化传媒人才应成为未来人才培养的目标。

能够胜任文化国际传播的复合型人才应该具备以下三个方面的条件：一是具备宽厚的学养。文化传媒人才应尽可能地从文、工、管、艺、经、法、理等多个学科汲取养分，具备多学科的知识结构。二是具备强烈的社会责任感和开放的国际视野。当前我国文化国际传播的内容和效果与国家的现代化进程不相匹配，以至于在很多外国人眼里，说起中国仍旧是京剧、武术、长城等传统元素，当代中国的新形象在国际社会远未形成普遍认知。这需要文

---

① 国家版权局.2010 年全国版权统计［EB/OL］.（2011-09-07）［2013-08-01］.https：//www.ncac.gov.cn/chinacopyright/contents/12566/353255.shtml.

化传媒人才坚守国家立场，同时有开放的国际视野，熟悉不同国家的政治、经济、文化环境，能够有针对性地调整传播策略和话语体系，实现有效传播。三是具备较强的实践能力和创新能力。文化既是一种社会现象，也是一种历史现象，是人们长期创造的物质和精神的历史积淀，不同的时期、地域、民族、国别在文化上呈现出不同的特征，并保持着相对的稳定性。文化的输出以被生活在不同文化环境中的人们所接受、认同为目的，必然是一个创新的实践过程。例如，我国拥有丰富的传统文化资源，如何实现传统文化的现代性转化和商业性输出却是没有成规可以遵循的，因而对人才的实践和创新能力提出了较高的要求。

## 三、职能定位：从人才培养转向"产学研"一体

文化传媒人才的培养模式，需要尽快转向有意识地调动各种资源和要素，构建包括校校、校企、国际联合等多向度的人才培养模式。

充分调动校内资源。哥伦比亚大学新闻学院的双硕士学位项目采用跨学科联合的方式培养传媒人才，即研究生可以同时参加新闻学和法学、工商管理、国际关系、地球与环境科学、宗教学等两所学院的学习，获得两个硕士学位。这一做法颇值得我们借鉴。相比较而言，国内的文化传媒教育在借助学校内部的学科、资源优势，培养复合型创新人才方面做得还不够。

实施校际人才联合培养。2012年，教育部、文化部联合发起"动漫高端人才联合培养计划"，将北京师范大学、中国传媒大学和北京电影学院3所高校的优势资源组合起来，建立"动漫高端人才联合培养实验班"，探索"三校一体、四年一贯、校企合作、协同育人"的动漫人才培养机制。总的来看，这类校际联合培养在实践中十分有限，需要相关部门在更高的层面上进行推动，使各类优势资源能够得到更好的配置，共同为人才培养服务。

推进高校与企业的联合培养。2010年中影集团根据数字电影产业转型对特定专业人才的需求和集团的发展战略要求，面向全国院校开展了"中国影才计划"，该计划已在全国数十家高校建立了联合培养基地，在数字影视高级

专业人才的有序培养、选拔、认定等方面进行了积极有益的探索。一些高校与传媒机构、文化企业建立联合培养计划,在传媒机构、文化企业建立实践教学基地,采用"学术导师+行业导师"的双导师教学模式,选拔优秀学生参加行业实践。无论是企业主导还是学校主导的联合培养,都推动了理论与实践的有效对接,必将对培育具有较强实践创新能力的文化传媒人才产生积极作用。

大力推行国际化办学,"走出去"与"请进来"并举。近年来,文化传媒教育的国际交流与合作逐渐增加,但多集中在双方院校师生的短期交流或项目合作上,还未拓展到中外合作办学层面。国际化的人才离不开国际化的培养环境,国家鼓励中外高等教育机构合作举办教育机构,高校应加快引进国外优质教育资源的步伐,尽快在国际合作办学、培养国际化人才方面有所突破。另外,从长远来说,海外文化传媒人才的培养以及交流培训等对于提升我国对外传播的影响力具有重要意义。2011年教育部和商务部联合发起的"发展中国家硕士项目"中新增了"发展中国家国际传播硕士项目"。该项目面向亚非拉四十多个发展中国家招收政府官员及传媒高级管理人员,提供全英文教学的硕士专业学位教育。项目开办两年来,其有力地提升了传媒教育的国际化水平,招收对象的特殊性更是扩大了文化国际传播的效果和影响力。

当今社会,文化越来越成为民族凝聚力和创造力的重要源泉,越来越成为综合国力竞争的重要因素。文化国际传播战略下的人才培养要做到战略与战术相结合,文化发展规律与人才培养规律相结合,学科导向与需求导向相结合,更新人才观念,创新体制机制,致力于国际化、复合型创新人才的培养,努力为文化的发展繁荣与跨文化传播提供智力支持与人才保障。

# 体系、过程与主体：编辑出版学研究生教育改革的多维思考[*]

2020年7月29日，新中国成立以来首次全国研究生教育会议在京召开。研究生教育是国民教育的重要组成部分，其质量和水平能够折射出一个国家教育的质量和水平。改革开放以来，快速发展的高等教育成为我国可持续发展的巨大牵引力。继2018年召开新中国首次全国本科教育工作会议后，又召开全国研究生教育会议，释放出国家对高层次创新人才高度重视和迫切需求的重要信号。

出版业既是社会主义先进文化的重要载体，也是经济社会发展的重要推动力量。如果说国家实力有硬实力和软实力之分，那么出版业的特别之处就在于，它既是软实力的体现，也催化着硬实力的增长。[①]因此，培养出版业高层次人才的编辑出版学研究生教育应顺应时代发展，自觉进行改革创新，为中国出版业在全球竞争中形成自身优势提供人才支撑。

## 一、编辑出版学研究生教育的目标定位

明确目标定位是推进改革的前提。对于编辑出版学研究生教育来说，其目标定位取决于面对的国际形势、行业趋势与教育态势这三个"变量"。

---

[*] 本文原载于《现代出版》2020年第6期，收入本书时有改动。
[①] 李舒.主持人语[J].现代出版，2020（5）：65

首先,国际格局的不平衡性和复杂性加大。当前,国际政治单边主义与多极化意愿十分强烈,经济上全球化和逆全球化相互博弈,第四次工业革命拉大了国家间高精尖科技与综合实力的差距,新冠疫情加剧了世界政治、经济的动荡……在百年未有之大变局中,各国抵御动荡、应对不确定性的压舱石就是高水平创新人才,这进一步凸显了研究生教育的重要性。

其次,出版行业的深度变革和不可预测性加剧。传统出版与新型出版融合程度加深,版权经济特征明显,产业链持续延伸,跨界合作持续拓展,国际化步伐正在加速,人工智能等新技术不断介入……出版行业飞速发展的另一面,是不可预测性加大,用既有的理论和经验预测行业的发展面临困境。编辑出版学研究生教育必须打破以传授确定性知识为主的培养模式,面向未来培养人才,为行业创新发展提供智力引擎。

最后,编辑出版教育的主要矛盾发生了变化。1949年我国研究生在学人数仅629人,到2020年预计突破300万[1]。编辑出版学研究生教育在20世纪80年代才开始起步,当时出版领域的主要矛盾是总量性的,即人才匮乏制约着出版业发展水平,为满足人民对文化教育产品的需求,扩大人才培养规模是首要任务。进入新时代,我国社会主要矛盾已经转化为人民日益增长的美好生活需要和不平衡不充分的发展之间的矛盾,即由总量性矛盾转变为结构性矛盾。推及高等教育领域,"十三五"时期我国高等教育毛入学率已达50%,进入普及化阶段后,人民群众对高等教育优质化、个性化和多样化的需求更加迫切。出版领域的人才需求也从数量转向了结构质量,由对一般专业人才的需求发展为对高层次创新型、引领性人才的需求。

无论外部环境如何变化,编辑出版学研究生教育都有其不变之处。例如,系统的出版专业知识体系教育,严谨、开放、质疑的学术品格教育以及出版人的职业人格教育等。更为重要的是,文化自信是最基本、最深沉、最持久的力量,编辑出版教育的根本价值是为文化发展赋能,这也是编辑出版研究

---

[1] 习近平对研究生教育工作作出重要指示强调 适应党和国家事业发展需要培养造就大批德才兼备的高层次人才李克强作出批示[EB/OL].(2020-07-29)[2020-07-29].http://www.xinhuanet.com/politics/leaders/2020-07/29/c_1126301069.htm.

生教育不变的宗旨。

从"变"与"不变"出发,编辑出版学研究生教育的目标定位可以从三个层次来理解:在国家战略层面,为传承中华文化、增强文化自信和扩大中华文化国际影响力提供重要动能;在行业发展层面,为文化传播、文化创新和版权经济的发展提供人才支撑;在个人培养层面,培育兼具家国情怀、全球视野、创新精神和实践能力的卓越出版人才。编辑出版学研究生教育改革要紧紧围绕这一目标定位,从宏观的培养体系、中观的培养过程以及微观的参与主体等多维度进行探索。

## 二、培养体系改革:以开放为导向

着眼于国家战略的宏观视角,编辑出版学研究生培养体系改革应以开放为导向,通过完善人才培养结构、畅通研究生培养机制,对研究生教育的发展方向、资源配置、整体运行等进行整体构建,以期实现建设与治理的双重意义。

### (一)完善研究生培养结构

从 1985 年北京大学、南开大学、复旦大学设立编辑学专业开始,到 2020 年我国编辑出版学高等教育已经走过了 35 年的历程。1993 年,编辑学进入"普通高等学校本科目录";1998 年,编辑出版学进入"普通高等学校本科专业目录";1998 年,国务院学位委员会批准北京印刷学院、河南大学招收编辑、出版、发行相关方向硕士研究生;2002 年武汉大学招收出版发行学、2003 年北京广播学院(中国传媒大学前身)招收编辑出版学专业博士研究生;2010 年,国务院批准首批 14 所高校招收出版硕士(专业学位)……编辑出版学研究生培养经历了层次不断提升、类别渐次拓展的过程,本硕博齐全、专硕学硕兼具的人才培养体系初步形成。

人才大体可以划分为理论研究型和实践应用型两大类。目前出版业对人才的需求,实践应用型远高于理论研究型。我国编辑出版学的研究生教育体系，理论研究型人才培养对应编辑出版学学术硕士和博士，实践应用型人才培养主要对应出版专业硕士。从编辑出版人才培养的实际效果看，理论研究型人才存在着学术视野不够开阔、理论基础不够深厚以及理论与实践结合度不够的问题，实践应用型人才存在着具体业务基础不够扎实、解决实际问题能力欠缺和创新应变潜力不足的问题。目前我国各高校的编辑出版学研究生教育，往往更注重理论研究型人才培养，对实践应用型人才培养的重视和投入程度相对不足。如果人才培养没能准确匹配国家和行业所需，某种意义上就是对教育资源的浪费。

针对这些问题，编辑出版学研究生教育有必要以开放的心态和实事求是的态度，对已有的人才培养体系进行调整和完善。第一，探索出版专业博士培养类别。目前我国在工程、教育、临床医学等领域有专业博士，出版专业博士尚属空白。专业博士旨在培养具有扎实专业知识、应用新技术的能力和引领创新能力的出版业高端人才。第二，加大学术型硕博连读性人才的培养力度。将学术硕士定位于学术博士的后备人才，打通硕博连读通道，通过连贯的、长期的培养，造就具有学术创新能力、能够推动学科理论建设、在高校和科研机构从事教学和科研的研究型人才。第三，进一步加大出版专业硕士的培养比例。一些欧美国家的专业学位研究生占比已经超过50%，学制多为1年或1.5年，定位于培养具有专业能力和职业素养的高层次应用型专门人才。相比之下，我国的专业硕士虽然经过了快速发展，但存在着培养定位不清晰、与学术硕士的差异度不大等问题。经过十年的探索，出版硕士正在走向成熟。从满足行业需求的角度出发，未来编辑出版学研究生教育将从学术硕士为主转向专业硕士为主。推进编辑出版学研究生培养体系在类型与规格上的结构性变革，不仅有利于精准对接行业人才需求，还有利于保证高端学术型人才的质量，从而推动知识创新和学科的发展，使编辑出版学能够早日在"学科专业目录"中拥有独立的一席之地。

### （二）畅通研究生培养机制

编辑出版学研究生教育虽然已经走过了20多年的发展历程，在培养机制上进行了一定的探索，但也存在着一些问题，主要体现为培养机制不够畅通、资源的开放利用度不够、培养机制运行综合效能不高等。畅通研究生培养机制，应着重从纵、横两个向度进行努力。

纵向要发挥好教学指导委员会（以下简称"教指委"）的作用。各高校的编辑出版学科依托和培养单位归属各异，有的设在人文学院、新闻传播学院，也有的设在信息管理学院、商学院、经济管理学院。各校的课程体系和人才培养模式往往根据既有的学科基础、师资力量等进行设置，因而出现了同一个专业培养标准不统一、培养重心各异的现象。例如，在课程设置上，文史学科背景注重内容编辑、历史文化，经管学科背景注重发行、营销和版权经济，新闻传播学科背景则注重创意策划和传播规律。这些课程都是编辑出版学专业不可或缺的，其所占比重如何、先后次序怎样安排才更加合理，目前尚缺少相对统一的规范或引导。

编辑出版学教育至今没有形成一个指导性的核心课程体系，各校自主设立的课程方案与传播学、图书馆学、信息管理学等专业的课程设置相比，识别度不高。这与编辑出版学尚未发展成为独立的一级学科互为因果：没有独立的一级学科，各异的依附学科使教指委很难围绕编辑出版学科规律给予有针对性的指导；缺乏教指委的指导与统筹，各培养单位在课程体系的规范性、前沿性和针对性上就难免存在问题，这似乎已经陷入了一个循环。

要解决这一问题，可以从两个方面进行探索：一是充分发挥出版专硕教指委的作用。2011年3月，国务院学位委员会、教育部、人力资源和社会保障部联合召开全国29个专业学位研究生教指委成立会议，出版专硕教指委位列其中。出版专硕虽然只是编辑出版学研究生教育的一部分，但也跟其他研究生培养类别有各种互动关系，因此出版专硕教指委在专注专业硕士的同时，可以在其他培养类别和层次上发挥一定的辐射作用，自上而下强化专业培养标准。二是探索成立编辑出版教育联盟。虽然联合体的自发性质会有一定的不稳定性，但运作好了不仅可以推动编辑出版专业领域的交流互动，共同探讨人才培养规律，开展人才培养合作，也可以形成具有一定共识度的人才培养规范，促进编辑出版学研究生教育质量的提升。

横向要打造协同育人平台。编辑出版学专业具有鲜明实践特征与行业特色，因此必须坚持开放办学，在人才培养机制上广泛吸纳社会力量参与，努力打造协同育人平台。

一是要把业界资源引入育人平台。目前，国内一些高校或者聘请业界资深人士担任研究生导师或业界导师，或者邀约一线骨干进入课堂传授经验、分享思考，事实上业界资源在育人平台上的作用远不止于此。例如，西方有些高校探索成立顾问委员会，成员由一些来自业界的管理高层或业务骨干组成。与我国大多数顾问委员会实际作用虚化不同，西方高校的顾问委员会既可以为专业发展和人才培养定位提供重要的决策参考，也可以围绕课程设置、实习实践等具体事项给出在地化建议，还可以在推荐师资、学生就业、企业资助等方面给予培养单位很多切实支持。

二是要面向实践提升和检验育人效果。目前，不少高校的编辑出版专业都与出版企业保持着密切联系，出版企业为研究生培养的实践环节提供平台和业务指导，学生则为出版企业增添了有生力量。在编辑出版学博士层次人才培养上，多数学校还是以书斋式学习和研究为主，开放性普遍不够。相比之下，国外一些大学更善于把人才培养和解决实践问题相结合。例如，成立出版研究中心，既培养博士研究生，又为出版企业、政府组织等提供咨询等智库服务。在解决实际问题过程中，博士生的专业能力得以充分发展，对学科的理论思考更加具有针对性和现实意义。"研究与教育合一"是现代大学重要的理念之一，搭建开放的编辑出版学研究生教育协同育人平台，使育人平台与智库建设互促发展，推进产学研深度结合的思路，值得我们学习借鉴。

三是要打通高校既有资源。各高校依托既有的学科资源，形成了编辑出版学人才培养特色，如中国传媒大学注重将编辑出版学置于传播学视野进行培育；南京大学强化双导师制、校企联合培养；武汉大学在信息资源的处理、开发与利用中突出出版发行教育；北京印刷学院侧重出版学教育及应用型特色；河南大学注重发挥长期以来的编辑学优势；等等。各大高校各有所长，换一个角度解读，也就意味着各有所短。总体办学实力的增长需要一定的时间和内外部条件，在各校编辑出版学教育学科基础、师资构成、硬件保障、社会资源等各有短长的情况下，打通各高校现有资源共同服务于人才培养，是高效的资源利用方式。

近年来，我国高校在课程互选、学分互认等方面进行了一定的探索，如北京、天津和河北教育主管部门2017年共同发布了《京津冀教育协同发展行动计划（2018—2020年）》，提出京津冀三地将深化高校联盟建设，探索培养方案互通、课程互选、学分互认、教师互聘等。事实证明，由于在制度衔接、政策配套、实施方案等方面缺乏细致而可落地的安排，该计划收效甚微。在国际教育领域，也有提高教育资源共享度的努力。1999年，欧洲29个国家签署了《博洛尼亚宣言》，提出了建立欧洲高等教育区的目标，其行动策略包括建立各国学分转移制度、鼓励学生和教师的流动、推进欧洲高校在课程开发、培训和研究等方面的校际合作等。应该说，这对欧洲教育一体化程度的提升和各国教育资源的共享起到了积极的推动作用，然而受制于欧洲经济政治一体化进程的波动、资金与制度保障不足、文化差异等因素，其只是部分实现了预期。这些都提醒我们，高校资源共享的设想是美好的，真正实现落地和持久发展，还需要系统的制度设计。不能简单地通过行政指令进行捏合，而是要充分调动高校、教师的内在动力，既要推进资源利用的一体化，也要尊重培养模式的多样化，唯此才能实现高校资源互联互通的长期性和活性化。

## 三、培养过程改革：以质量为统领

着眼于行业发展的中观视角，编辑出版学研究生培养过程改革重点围绕研究生招生、课程课堂、质量管理等展开。作为国民教育的最高层次，研究生教育的"高地"地位始终体现在"高质量"上。只有将人才培养过程聚焦于质量提升，我国的研究生教育才能真正实现由体量大到实力强的转变。

### （一）确保生源质量

高质量的生源是培养高水平创新人才的基础。当前编辑出版学的研究生招生，一定程度上存在重知识、轻思辨，重规范、轻创新的倾向。选拔出来的学生固然具有一定的专业基础，但独立思考的习惯、批判思维的能力以及创新精神和潜质却显得不足。囿于各种主客观原因，大多数高校的研究生招生未能紧随经济社会对人才需求的变化进行动态调整，人才选拔的思路、手段等与行业发展存在一定脱节。

2020年7月全国研究生教育会议后，中国传媒大学对研究生招生进行了全面改革。主要变化有：初试笔试环节，博士生考试科目为"学术写作"和"人文社科综合"，硕士生考试科目为"主题写作"和"人文社科基础"，强化对考生学科基本功底和基本素养的考查；设置材料评议环节，加强对考生既往学业和一贯表现的考查；博士生复试设置学术答辩环节，加强对考生学术研究能力的考查。选好"苗子"是收获"果子"的基础，中国传媒大学的研究生招生改革更加注重对学生综合素质和研究潜质的考察，"通过从招生源头解决培养过程中的痛点"①，后续效果值得期待。

出版业对人才的需求具有复合性的特点。一方面，文学、艺术学、工学、理学、农学、法学等不同学科门类的出版物需要不同学科背景的编辑；另一方面，出版从业者要具有语言文字、创意策划、营销推广等综合素养。因此，各大高校应特别注意选拔具有不同学科背景的学生，特别是出版专业硕士培养更要注重生源的结构质量。

### （二）提升课程质量

首先要优化课程设置。目前编辑出版学研究生教育在课程设置上存在的主要问题有：基础性、专业性和学科交叉性课程的比例不合理，有时甚至"因人设课"；课程之间的内在逻辑不清晰、不顺畅；课程内容与实践、理论前沿结合度不够，因应行业发展变化对课程体系进行动态调整不够及时；课程资源有限，学生难以进行"个性化"选择等。

---

① 中国传媒大学启动研究生教育重大改革［A/OL］.（2020-08-04）［2020-09-30］.http://media.people.com.cn/n1/2020/0804/c120837-31809444.html?from=timeline.

课程体系是为实现人才培养目标，将学科知识体系转化为教学活动而做出的系统性安排。课程体系的研发、设置要注意以下几个方面：一是全面性，上文提到，各高校的编辑出版学因依托学科不同而各具特色，因此各高校要在彰显特色的同时注意弥补短板，提供满足人才培养需求的均衡的课程体系；二是丰富性，除了必修课保持稳定以外，各高校要形成若干课程资源模块，尤其要注意拓展文理结合、艺技交融的交叉学科课程，使设课比达到1∶1.5左右，打造内容丰富、活而不散的课程体系；三是平衡性，各高校要做到基础与前沿兼顾、理论与实践并举，使基础史论、实务技能、策划创意、营销管理、技术应用等相关课程比例合理，同时要注意共时性课程间的呼应关系和历时性课程间的递进关系；四是应变性，面对出版业人才需求的变化，各高校要能够及时调整课程设置，并逐渐形成从应变到求变、由被动应对到主动引领的课程设计意识。

其次要优化课堂效果。课堂学习是打好学术研究基础、培养创新能力的重要一环。当前，课堂教学正面临着前所未有的挑战：一方面，随着信息化程度的提高，教师在占有专业资源上已无任何优势，"给什么"成为导师的普遍困惑；另一方面，各种社会化课程资源不断涌现，这些市场机制下由团队承制的课程产品，在形式的丰富性和内容的可读性上都站在较高的起点，对高校由单一老师组织的课堂教学模式形成挑战。

优质的研究生课堂教学要做到以下几个方面：一是注重基础性，研究生的基础理论教学的意义在于避免"以无知去探求未知"，要能够超越识记和理解层次，进行组合运用以及延展性、批判性思考；二是注重研究方法训练，欧美发达国家高校的研究生课程中，研究方法课程占比较高，专业课程教学也注重指导学生选择恰当的研究方法并合理运用；三是注重阅读和思考习惯的培养，阅读专业文献培养的是研究生的自学能力，围绕阅读文献进行的课堂讨论培养的是研究生的独立思考习惯，只有"学而思"，才能在科研或实践领域进行自主创新；四是注重激发问题意识和创新欲望，研究生的课堂教学应该是相互提问的研讨过程，教师要鼓励学生提出高水平的问题和创新的思路，对于答案不求唯一性、标准化，而求把思考引向深入。

### （三）强化过程考核

过程考核是对研究生在培养过程中的表现与水平进行的质量把控。通过对研究生课程学习、文献阅读、参与科研、论文选题和完成情况的动态评估，一方面可以激发学生的学习动力，另一方面可以选优汰劣，确保人才培养的最终质量。

综观发达国家的硕博士培养，过程考核是一种有效的激励、督促和甄别机制，因为过程考核未达到标准而中断修业或被直接淘汰的学生比例常常达到二三成，一些特定专业的博士研究生淘汰率甚至更高。反观我国研究生教育的过程考核，关口虽多，但在制定标准、严格把关等方面远不到位，没能在质量把控方面发挥实质性作用。加之不少高校的编辑出版学博士生屈指可数，进一步导致过程考核流于形式，甚至是零淘汰。淘汰机制的缺位不仅影响了人才培养质量，还"造成了大学与人才资源的巨大浪费"，"使中国高校学位的信誉和信用大大降低"[①]。

近年来，诸如"翟天临事件""天大厦大两硕士论文雷同事件"等引发社会广泛关注，加强质量管理成为从教育主管部门到人才培养单位的高度共识。2020年9月22日，教育部、国家发改委、财政部联合印发《关于加快新时代研究生教育改革发展的意见》，强调"培养单位要完善质量控制和保证制度，抓住课程学习、实习实践、学位论文开题、中期考核、论文评阅和答辩、学位评定等关键环节，落实全过程管理责任，细化强化导师、学位论文答辩委员会和学位评定委员会权责，杜绝学位'注水'"[②]。2020年9月28日，国务院学位委员会、教育部联合印发《关于进一步严格规范学位与研究生教育质量管理的若干意见》，强调"要落实落细《关于加强学位与研究生教育质量保证和监督体系建设的意见》《学位授予单位研究生教育质量保证体系建设基本规范》，补齐补强质量保证制度体系，加快建立以培养质量为主导的研究生教

---

① 刘献君，张晓明，贾永堂.发达国家杰出创新人才培养机制研究[J].高等工程教育研究，2008（1）：71-80.
② 教育部、国家发改委、财政部联合印发文件加快新时代研究生教育改革发展[N].中国教育报，2020-09-23.

育资源配置机制"①。根据教育主管部门的文件精神，各高校围绕"严抓培养全过程监控与质量保证"，出台了一些具体举措，包括关键环节考核标准和分流退出措施等，未来还需要在实践中不断提升其科学性和有效性。

## 四、主体改革：以赋能为核心

着眼于培育个体的微观视角，编辑出版学研究生教育的主体改革的重点围绕研究生和导师这"两端"，激发主体的积极性，使其具备符合自身角色的多种能力。

### （一）赋能学生的创新力

党的十九大报告提出要加快建设创新型国家。随着创新驱动发展战略的实施，国家比以往任何时候都更需要高水平创新人才。发明新技术、探索新理论、发展新思想，这些都离不开人的"创新力"。研究生教育就是要培育具有创新力、能够引领未来的人。

一要培养学生强大的思想力，这是提升创新力的前提。前文提到，未来充满了不确定性，在诸多不确定性中，对出版业发展趋势、竞争态势以及自身的核心竞争力形成准确的判断，倚赖于一个人的思想力。因此学生在掌握知识的同时，要能够与既有理论进行对话，甚至进行辩论与批判，这样才能真正具备专业知识的深度与多学科知识的广度，形成思想力。

二要培养学生持续的学习力，这是提升创新力的动力。科学技术迭代的速度正在加快，人工智能也越来越多地介入出版业，编辑出版学研究生的学习目标不是掌握全部既有知识，而是形成探求未知的热情和自我学习的能力。未来无论外部环境怎样变化、行业发展走向何方，只要学习成为学生生活的有机组成部分，他们就能不断产生新思考、新探索，不被时代淘汰。

---

① 关于进一步严格规范学位与研究生教育质量管理的若干意见［A/OL］.（2020-09-28）［2020-09-30］.http：//www.moe.gov.cn/srcsite/A22/moe_826/202009/t20200928_492182.html.

三要培养学生灵动的迁移力，这是提升创新力的关键。研究生教育在赋能学生创新力的时候，面临着一个先天的矛盾，即如何通过对过去知识的教授，让学生具备解决未来问题的能力。一切过往皆为序章，过去虽然不完全决定未来，但与未来有着某种逻辑关联，要培养学生从分析、解决现实问题中总结规律，运用已知去创建新的链接，并将其迁移到解决各种新问题的能力。例如，一些学校开设了"人工智能与出版""大数据与出版"等课程，这些课程不能止步于告诉学生新技术融入出版业的最新变化，而是应该让学生观察、思考技术与出版业结合的路径、契机、程度以及正负影响等规律，以便学生面对类似问题时能够灵动迁移，主动应对。

### （二）赋能导师的引领力

导师是高水平创新人才培养至关重要的因素，《关于加快新时代研究生教育改革发展的意见》强调，要"发挥导师言传身教作用，激励导师做研究生成长成才的引路人"[①]。长期以来，教育管理部门在研究生教育质量提升上，更多地把着力点放在"受教育者"上，对作为"施教者"的研究生导师则规范多于赋能。事实上，引领力的提升不能只依靠导师的自我努力，也需要外部力量的促进。

首先是以考核引导培养重心转向。当前，各高校编辑出版学的硕士生、博士生导师的资格，多以是否有一定级别科研项目、科研成果是否达到一定的数量或质量为标准；导师育人效果的评估也多以论文、著作等科研成果的数量和发表期刊的级别为依据；师德师风、学术道德等虽然也纳入对研究生导师考核评估的范畴，但只要不触碰底线，基本上影响不大。这就导致研究生导师对学生的培养更多地围绕具有"显示度"的学术论文等"成果"进行，带来的积极效应是研究生的学术论文写作能力得到迅速提升，负面效应在于对作为主体的"人"的全面发展关注不够，对其持久性、潜在性的创新素养

---

① 王家源，林焕新.教育部、国家发改委、财政部联合印发文件加快新时代研究生教育改革发展［N］.中国教育报，2020-09-23（1）.

激发不够。一些编辑出版学博士生毕业时的业务能力和创新素养无法胜任出版一线的工作,更不要说引领行业实践创新和理论发展了。

构建科学的研究生导师评价体系应该注意以下三个方面:一是体现过程性,避免唯成果、唯论文的评价取向,导师"以学生为中心"的育人过程表现,以及对学生为人为学的品格、态度等的影响同等重要;二是体现综合性,要从政治表现、师德师风、学术水平、指导精力投入、育人实效等多方面评判研究生导师的履职情况;三是体现多向性,将导师自我评价与学生评价、同行评价、管理人员评价乃至毕业后的雇主评价等多个向度相结合。考核往往具有导向性作用,科学全面的研究生导师考核体系,能够引导导师将重心放在研究生的全面发展上,回归研究生教育育人的本质。

其次是以培养强化育人能力提升。研究生导师在育人的同时,需要获得自我提升与发展。各高校都开展了导师培养培训,主要内容集中在以下三个方面:一是关于师德师风、学术道德的教育;二是关于授课技能、教学方法的培训,如怎样制作慕课、怎样使用网络教学平台等;三是支持导师开展高层次访学等,与国内外同行互通有无。这些固然重要,但忽视了导师作为最直接的育人者,需要掌握先进的教育理念和科学的教育规律的重要方面。

教育是一门学问,导师了解编辑出版专业领域或自身具有科研能力,却未见得能够运用教育基本规律育人。例如,编辑出版创新型人才需要掌握知识迁移能力,即运用所学知识解决新问题、应对新挑战的能力,如何培养学生的创新思维、创新意识和创新习惯,需要教育规律的指导;又如,研究生阶段的学习应该是一种主动学习,如何打破授课式的单向度学习,组织开展好探究式学习、问题导向学习,也需要教育理论的指导。因此,研究生导师掌握现代教育理念、高等教育基本原理、高等教育课程与教学规律至关重要。研究生导师准确掌握和自觉运用高等教育特别是高层次人才培养的基本理论、规律与方法,有助于构建新型师生关系、优化研究生教学范式、激发研究生的创新潜力。

## 五、结语

习近平总书记在全国研究生教育会议上指出，研究生教育在培养创新人才、提高创新能力、服务经济社会发展、推进国家治理体系和治理能力现代化方面具有重要作用。① 放眼国际，一个国家编辑出版学研究生教育的实力与该国出版业的实力呈正相关关系，出版人才培养与出版业发展相互促进，共同为国家文化软实力的提升提供推力。从文化发展的角度看，编辑出版学研究生教育水平的提升是慢变量、潜变量，一旦达到一定量的积累，就会转化为显变量、加速变量，对中华文化传承和"走出去"发挥巨大作用。因此，面对发展语境的深刻变化，编辑出版学研究生教育改革与其被动应变，不如主动求变，通过培养体系、培养过程与参与主体的系统改革，不断丰盈编辑出版学的学科体系，提升其对文化发展的贡献度。

---

① 习近平对研究生教育工作作出重要指示强调 适应党和国家事业发展需要 培养造就大批德才兼备的高层次人才 李克强作出批示［EB/OL］.（2020-07-29）［2020-07-29］.http：//www.xinhuanet.com/politics/leaders/2020-07-29/c_1126301069.htm.

# 文化强国背景下的出版专业硕士教育：
# 目标、理念与模式\*

文化是一个国家、一个民族的血脉和灵魂。进入新时代，文化的意义进一步凸显。国际方面，世界格局的不平衡性和复杂性加深，百年未有之大变局下各种思想文化相互激荡碰撞，以发展道路、价值观念、民族精神等为核心的文化竞争愈加激烈，我国在维护国家文化安全、提升中华文化国际影响力上面临着前所未有的挑战。国内方面，我国社会的主要矛盾已转为人民日益增长的美好生活需要和不平衡不充分的发展之间的矛盾，美好生活不只有物质需求，更意味着精神文化方面的追求。这也是党中央高度重视文化建设，把文化自信和道路自信、理论自信、制度自信并列为中国特色社会主义"四个自信"的原因。2020年，党中央明确提出2035年建成文化强国的目标，并将文化建设纳入"十四五"时期经济社会发展总体布局。

出版事业是文化强国建设的排头兵，人才是支撑出版强国、文化强国建设的决定性因素。2010年，国务院批准设立出版硕士专业学位，南京大学、中国传媒大学等14所高校成为首批出版硕士专业学位授权点。从2011年9月首批出版硕士招生至今，我国出版硕士教育已走过了十年的历程。十年来，出版硕士专业学位的培养目标日益清晰，招生规模逐步扩大，为出版业输送了大量人才；同时，也存在学科归属不够清晰、课程体系有待完善、培养模

---

\* 本文原载于《现代出版》2021年第5期，《中国新闻传播教育年鉴2022》"新闻传播教育论文"专栏转载，与陈菁瑶合作，收入本书时有改动。

式相对单一、人才培养定位与培养质量相较业界需求还有一定差距等问题。立足文化强国战略，在十年积累的基础上再出发，出版硕士教育需要在人才培养的目标、理念与模式等方面全面升级优化。

## 一、目标升级：以高质量为核心

专业学位亦称职业学位，是与学术学位相对应的一种学位类型。专业学位教育伴随着社会对特定职业领域人才的需求而兴起，旨在培养具有特定专业能力和职业素养、能够创造性地从事实际工作的高层次应用型专门人才。相较于学术学位，专业学位具有相对独立的教育模式，具有特定的职业指向性，是职业性与学术性的高度统一①。经过了十年的探索发展，出版硕士学位点已增至34所高校，未来应实现从学位点和人才数量规模扩张向培养质量提升的进阶。以高质量为核心的出版专业硕士人才培养，既是高等教育与文化强国战略的主动对接，也是服务于文化大繁荣大发展的自觉行动。

### （一）高质量发展的动因

第一，高质量是研究生教育的发展趋势。研究生教育是学历教育的最高层次，决定了一个国家的人才和科技实力。专业硕士教育作为研究生教育的重要组成，其设立初衷主要是解决高层次应用型人才总量不足的问题。我国专业硕士教育从20世纪80年代开始试点，1990年正式设立，30多年来，在国家政策、社会需求和教育发展等多重因素影响下，经历了一个外延式扩张发展的过程。1992年，国家将专业学位与学术学位并列为两种学位类型。1996年，国务院学位委员会发布《专业学位设置审批暂行办法》，明确了"专业学位作为具有职业背景的一种学位，为培养特定职业高层次专门人才而设置"，此后专业学位研究生招生范围进一步扩大。2002年，国务院学位

---

① 国务院学位委员会.硕士、博士专业学位研究生教育发展总体方案［EB/OL］.（2010-09-18）［2021-07-23］.http://www.cdgdc.edu.cn/xwyyjsjyxx/gjjl/zcwj/268313.shtml?NSNDX=0.

委员会和教育部联合印发《关于加强和改进专业学位教育工作的若干意见》，强调要充分认识发展专业学位教育的重要性，并对提高培养质量等做出部署。2009年出台的《教育部关于做好全日制硕士专业学位研究生培养工作的若干意见》和2010年出台的《国家中长期教育改革与发展规划纲要（2010—2020）》等文件明确提出"要加快发展专业学位研究生教育"，高校开始大量招收应届生攻读专业学位。2010年，国家新增19个硕士专业学位类别，出版位列其中，这是出版学在学科建制层面的重要突破。同年9月，国务院学位委员会印发《硕士、博士专业学位研究生教育发展总体方案》《硕士、博士专业学位设置与授权审核办法》，再次强调"充分认识专业学位人才培养与学术型学位人才培养是高层次人才培养的两个重要方面，具有同等重要的地位和作用"。2017年，专业型硕士招生人数首次超过学术型硕士。2020年，国务院学位委员会和教育部联合出台的《专业学位研究生教育发展方案（2020—2025）》作出规划，到2025年，"将专硕招生规模扩大到硕士研究生招生总规模的2/3左右"。从目前情况看，专业学位规模扩张式发展已经接近规划上限，未来将逐渐转向量质并举、质量优先的发展路径。

高质量的研究生教育支撑着高水平的高等教育，也构筑着教育强国的基石。2020年7月，新中国首次全国研究生教育会议在京召开，为新时代研究生教育发展指明了方向；9月，《关于加快新时代研究生教育改革发展的意见》出台，提出到2035年要初步建成具有中国特色的研究生教育强国。"研究生教育强国"具有质量和数量的双重意蕴。出版硕士教育为出版业培养高层次、复合型、应用性出版专业人才，走一条提质增效、以高质量为目标的道路，是新时代研究生教育的必然选择。

第二，高质量是出版业转型升级的重要保障。2014年，《关于推动传统媒体和新兴媒体融合发展的指导意见》将媒体融合上升为国家战略，加速了新闻出版业的转型。同年10月，国家新闻出版广电总局出台《深化新闻出版体制改革实施方案》，鼓励和支持传统出版传媒与新兴出版传媒融合发展。2020年，《关于加快推进媒体深度融合发展的意见》进一步推动构建全媒体传播格局，为出版业转型升级指明了方向。

近年来,5G、大数据、云计算、物联网、人工智能等技术不断发展,移动媒体、智能化媒体应用更加广泛,为传统出版向数字出版转型升级赋能。以前沿科技为依托,数字出版产品形态日益丰富,电子书、电子期刊、数据库、有声书等在内容表达、呈现方式和服务模式等方面不断创新。2020年,我国数字阅读产业规模达351.6亿元,数字阅读用户规模达4.94亿[①],数字出版的内容价值、版权价值、品牌价值、经济价值逐步提升。新时代出版业如何进一步传承优秀文化、增强文化自信,如何在数字化、智能化浪潮中发展新的出版业态和服务形态,如何在深度融合进程中重构组织结构、完善管理制度,如何以内容为核心重构产业链条、开展跨界开发合作,如何推动中国出版"走出去",都需要出版教育培养出高层次、高质量的人才。

### (二)高质量出版人才的内涵

新时代,高质量出版人才的内涵随着传播环境的变化而日渐丰富,具体来说,包括以下三个方面。

第一,融通中国情怀和国际视野。没有文化的繁荣兴盛,就没有中华民族的伟大复兴。出版的本质是文化的积累、传承和传播,出版物携带着民族和文化的基因,传达着国家理念和意识形态。编辑出版人借助出版物这一载体,承担文化使命、实现价值追求。出版人才的中国情怀就是热爱国家和人民,以传承和发展中华优秀传统文化、社会主义先进文化和弘扬时代主旋律为使命。因此,要以马克思主义的价值观和方法论引领出版教育,在培养过程中加强对马克思主义新闻出版观和文化观教育的注入,坚持正确的政治导向、价值导向和文化导向,为出版人才打牢思想基础、校准价值起点。

此外,随着中国日益走向世界舞台的中央,培养一批具有国际视野和跨文化传播能力的高层次出版人才,推动中国出版"走出去"成为高质量出版人才培养的重要方面。对外出版是中华文化、中国精神和中国智慧国际传播

---

① 黄琳.我国数字阅读产业规模达351.6亿元[N].中国新闻出版广电报,2020-04-19(3).

的重要载体。近年来，国家设立了"中国图书对外推广计划""经典中国国际出版工程""中华学术外译项目""丝路书香工程"等重大国际出版工程，推动中国出版积极参与国际竞争。竞争说到底是人才的竞争、教育的竞争。培养一批具有全球意识和国际化思维，能够实现"本土"与"世界"的交流对话，善于讲好中国故事、传播中国价值的高层次出版人才，是时代赋予出版教育的使命。

第二，追求工匠精神和出版家格局。工匠精神是一种职业态度和价值理念，东西方文化都十分尊崇工匠精神。2016 年，"培育精益求精的工匠精神"被写入《政府工作报告》。从出版业发展来看，随着供给侧结构性改革的不断深入和行业整体迭代升级，要实现从出版大国向出版强国的转变，重要的抓手就是精品力作。只有思想精深、艺术精湛、制作精良的出版作品才能经得起时间的考验，体现文化软实力和国际竞争力，而精品力作的产生离不开具有编辑出版"匠心"的人才。出版硕士教育将孜孜以求、精益求精、追求卓越的职业理念内化为从业者的职业素质和职业追求，为推动出版业高质量发展注入了内在动力。

与此同时，出版业已经高度市场化，资本、技术等因素对出版业生态产生了深刻影响。一些出版机构在追求经济效益的过程中迷失了方向，有的出版物不仅编校质量不高，更缺乏文化含量、精神价值，浪费了有限的出版资源，甚至给社会文化环境带来危害。从历史上看，无论是张元济先生"多出高尚的书，略牺牲商业主义"的经营理念，还是邹韬奋先生"推母爱以爱我民族与人群"的出版志趣，均为后辈树立了典范，体现了出版人的社会责任和文化风骨。可以说，培养具有出版家格局，能够承担历史使命、持守社会责任、传承文化精神和秉承职业操守的出版人才，是出版教育的"道"之所在。

第三，兼备学习能力和创新精神。技术的发展推动了出版业的数字化转型，重组了出版产业链，催生了出版新业态，再造了出版流程，丰富了传播形式。这些变化使得出版专业人才的需求侧发生了变化，具备自主学习能力和较强创新精神的人才更受欢迎。

一方面，持续的学习能力正在成为适应行业发展变化的核心能力。信息时代，出版行业的变化超出了预期，以出版为核心入口，多场景应用、多产业资源集聚的数字出版产业结构正在形成，有关出版的新知识、新技术、新理念不断涌现。因此，出版硕士教育不可能将职业生涯的所有专业能力都赋予学生，而是应该调整思路，从传授具体业务能力转向培养学习能力，即"授之以渔"。未来，只有具备持续学习能力的出版人才，才能将既有的学科基础理论和专业能力进行组合迁移，以应对出版实践中不断出现的各种新挑战、新变化。另一方面，不竭的创新精神是媒介化社会中出版人的必备品质。信息时代，信息过载与知识焦虑并存，文化消费需求发生了从"有无"向"优劣"的转换，出版内容生产越来越要求品质化、个性化。此外，从纸质出版到融合出版、从内容生产到知识服务、从出版物到衍生物，只有以"鼎新"带动"革故"，出版业才能获得可持续发展。相应地，出版人才的创新意识和创新能力正是中国出版走向世界、彰显国家文化实力的力量之源。

## 二、理念转换：以融合为导向

多年来，出版学一直在争取独立的学科地位，因而在学科建设、课程体系、育人机制等方面都朝着体现独立性而努力。为满足社会发展的需要，学科在不断分化的同时已经开始走向交叉融合。出版硕士人才培养理念必须及时调整，将追求学科独立与学科交叉融合、课程体系融合、育人资源融合相结合，在人才培养上把握前沿性领域与引领性方向，以满足文化强国建设的人才需求。

### （一）促进学科交叉融合

近代科学研究的不断细化和深入逐渐建构了学科间的边界，进而形成了大学的分科制。分科制促进了各学科的稳定发展和资源的高效利用，但也存在一定弊端，如过细的专业划分造成学科间、专业间泾渭分明、壁垒森严，割裂了科学的整体性以及人才知识结构的完整性等。以单一学科支撑出版硕士的人才培养，难免会带来知识底蕴薄弱、创新力不足等问题，难以实现高质量创新人才的培养目标。

近年来，随着国家重大战略需求的变化和知识生产的加速，学科的边界逐渐弱化，学科交叉、知识融合、研究范式相互借鉴正在成为常态。2020年教育部《新文科建设宣言》明确指出："进一步打破学科专业壁垒，推动文科专业之间深度融通、文科与理工农医交叉融合，融入现代信息技术赋能文科教育，实现自我的革故鼎新。"[①]2021年1月，"交叉学科"正式成为我国第14个学科门类。学科的交叉融合不仅成为科技创新的源泉，而且成为新时代高质量人才培养应该秉持的教育理念。

编辑出版工作是一项横跨人文社会科学和自然科学，具有鲜明交叉融合特质的社会活动，只有以开放包容的心态从不同学科学习借鉴、与相关学科激荡碰撞，才有可能更好地掌握编辑出版活动的内在规律，进而发现新的学科增长点，推动出版业创新发展。实现出版硕士教育的高质量发展，一方面要整合人文社会科学资源，站在新文科建设的高度，推动文、史、哲、法、经、管、教等具体学科的深度融通；另一方面要加快打通人文、社会、理工、艺术等学科间的壁垒，尤其是要结合大数据、信息技术、人工智能、神经科学等领域的新发展，以出版学科与其他学科相生共长、协调发展的学科体系，为复合型人才培养提供学科涵养。

值得一提的是，推动学科交叉融合并不意味着忽视本学科建设。长期以来，出版硕士教育多处于依附地位，各高校依据既有的办学基础，将出版硕士置于新闻传播学、图书情报与档案管理等学科下进行培养。这从客观上给予了出版硕士更丰富的学科支撑，但也反映出出版学自身基础理论薄弱、学科理论体系尚未形成的现实。近年来，将出版学列为一级学科的呼声日高，未来，各高校要不断完善出版学基础理论体系，推动出版学一级学科建设，以学科建设推动出版硕士人才培养质量的提升。

---

① 新文科建设工作会在山东大学召开［EB/OL］.（2020-11-03）［2024-03-22］http：//www.moe.gov.cn/jyb_xwfb/gzdt_gzdt/s5987/202011/t20201103_498067.html?from=singlemessage&isappinstalled=0.

## （二）实现课程体系融合

课程体系不仅是高等教育人才培养的重要载体，也是教育思想和职业观念传播的主渠道。长期以来，出版学的学科地位使得编辑出版学教育至今没有形成一个指导性的核心课程体系，其在各高校所依附的学科不尽相同，自主设立的课程方案与传播学、图书馆学等相比，识别度不高。[①] 出版硕士的课程体系设置，既要有其独特性，也要体现出融通性。

首先，要推进通识课程与专业课程的融通。一方面，要加强通识教育课程体系建设，除了传统的文学、历史学、哲学，还要把计算机科学、经济学、管理学、统计学、心理学、法学等相关学科纳入通识课程体系，实现学生在全校范围内自由选课。另一方面，要做好出版硕士知识体系的整体规划，准确研判专业课程与通识课程之间的逻辑关系，做好两类课程的有效对接。例如，哪些通识课可以作为阅读史论课程的先修课程，哪些通识课可以作为出版流程课的同步配套课程，哪些通识课可以作为出版经营与管理课程的拓展课程等，通过历时性或共时性的课程编排，优化课程整体效果。

其次，要推进理论教学和实践教学的融通。出版硕士的专业课程体系大致分为理论教学和实践教学两大模块。可以通过教室—实验室—工作室的路径，促进理论知识、课程实践和综合实习的有效衔接。"教室"意味着理论课程教学，专业硕士的理论教学要注重与实践的有机关联，引导学生用理论阐释和分析出版实践；"实验室"立足实践课程，促使学生将理论转化为编辑出版专业实践能力；"工作室"强调综合性、实战性，将实践课程解决不了的、校内实践教学解决不了的内容进行融合与拓展，全方位对接出版实践和社会需求。

最后，要探索出版学与相关领域课程的融通。近年来，主题出版、儿童出版、对外出版、有声出版、融合出版、科技出版等领域在实践中蓬勃发展。各高校可以围绕"全能一专"的培养思路，依托现有学科和课程资源，探索

---

① 李舒. 体系、过程与主体：编辑出版学研究生教育改革的多维思考 [J]. 现代出版, 2020 (6): 64-70.

开设更加个性化、细分化的专业课程，让学生既具备全面的专业素质，也有自己擅长的领域。此外，可以借鉴欧美一些大学出版专业要求学生跨专业选修若干门与本专业相关课程的做法，推动学科、专业的交叉融合教育，使出版硕士教育与行业发展趋势、前沿动态紧密对接。

需要强调的是，一流的课程体系离不开一流教材的支撑。目前，我国出版硕士的教材建设相当薄弱，各高校现有教材普遍缺乏统一规划，在体系性、时代性和规范性等方面都存在不足。未来还需进一步突出出版学学科特色，立足解决重大理论、实践问题，积极打造具有中国特色的出版学教材体系，为出版硕士人才培养提供有力保障。

**（三）推动育人资源融合**

高校和出版机构是出版硕士教育链的两端，出版硕士教育必须努力推进教育链两端的协同合作。只有充分调动高校的科研资源、出版业的行业资源以及两端的人才资源，才能培养出具有职业胜任力和行业竞争力的高质量出版人才。

首先，要坚持科教融合，把科研优势转化为人才培养优势。专业硕士教育立足于满足行业对应用型人才的需求，但这并不意味着高校的科研资源在专业硕士培养上没有发挥作用的空间，事实上"应用创新"更离不开科学研究。出版硕士培养要树立科教融合的意识，探索以科研项目特别是应用型研究带动高质量人才培养的育人机制，大力提升政企咨询类研究成果有效服务于出版业的能力，推动科研资源和学术成果向教学资源、育人资源的转化。

其次，要推进产教融合，加强与出版机构的深度合作。在高质量专业人才培养上，不论是德国的"双元制"培养模式还是法国的产学研通力合作，都为我们提供了可资借鉴的思路。目前，多数出版硕士学位点都在出版机构建立了实习实践基地，目的就是紧跟行业发展，确保行业需求与育人目标的契合。未来，出版硕士教育要进一步加强与出版机构的协作，建立产学研战略合作机制，畅通作业—作品—产品的转化；高校要与业界联动，开展人才培养的一体化设计，共同制订培养方案、开设实践课程、编写精品教材；要建立校企信息共享机制、学习资源共享机制，适度向学生开放出版机构开展的前沿讲座、业务交流等活动；校企可联合组织学科竞赛活动，设立奖学金、基金，建立出版人才的培养与激励机制。近年来，"韬奋杯"全国图书编校暨高校编辑出版能力大赛、全国出版专业学位研究生出版案例大赛等学科竞赛的举办，在激发学生的专业实践和创新能力方面发挥了积极作用。比赛成绩也成为出版硕士专业学位水平评估的参考指标之一，有力地促进了学科建设。

最后，要汇聚人才资源，实行"双导师制"育人，培育"双师型"师资。近年来，各高校都在探索"双导师制"培养模式，聘请业界专家担任专业硕士业界导师。但整体来看，"双导师制"的联合育人效果尚未达到预期，相当一部分业界导师有"挂名"而缺乏对学生的有效指导，加之双导师之间缺乏沟通配合，影响了培养效果。此外，当前高校引进师资更看重学历学位和学术成果，具有丰富业界经验的出版人往往不具备成为专业师资的条件，而高校既有专业教师虽然具备较高的理论修养和科研能力，却相对缺乏出版实践经验。出版学师资队伍与专业硕士培养需求的结构性矛盾，很大程度上影响了培养质量。因此，打造一支科研能力和实践素养兼备的"双师型"师资队伍至关重要。高校一方面要主动"送出去"，通过到出版机构挂职锻炼、人才交流和参与项目等方式，提升专职教师的专业实践能力；另一方面要积极"引进来"，通过加强顶层设计、管理保障以及效果评估等，推动业界专家对人才培养全过程的深度参与。

## 三、模式优化：以创新力为支点

数字阅读、知识付费、媒介化社会、场景经济和视听产业等的兴起，给出版业带来了深刻影响。从我国出版业的整体发展情况看，存在着内容产品原创性不足以及出版产业活力、影响力有待提升等问题。这些提醒我们，出版人才培养要以创新力为支点，形成一系列与提升创新力相匹配的教学方式方法以及一整套管理和评估制度。

### （一）以创新为指向的实践育人体系

大力推进实践育人体系改革，是出版硕士培养模式优化的核心。

一是要强化实践教学的重要地位。出版硕士的培养方案和课程设置要突出对学生实践能力的培养，把握好理论课程与实践课程的课时比例，培育理论与实践相结合的"双师型"课程，推进出版硕士教学案例库建设，科学合理安排实践教学环节，确保遵循"专业基本技能—综合实践能力—创新实践能力"的逻辑逐步深入。

二是要改革实践教学的方法。出版硕士的实践教学要由以教师为中心转向以学生为中心，加大研讨课、案例课、小组辅导课等课程的比重；探索情境式实践教学，设置出版项目，组建项目团队或学习小组模拟编辑出版全流程，锻炼学生在选题策划、约稿组稿、编撰校对、营销发行、数据库建立等方面的专业技能和创新能力；推动实践教学与思政教育的双向互促，紧密结合业界热点议题或前沿问题，如主题出版、对外出版等，组织学生开展调查研究，在专业学习过程中了解国情、形成正确的职业观。

三是要加强实践教学的平台建设。一方面，要完善实训、实验室资源共享机制，推进实验室、实训基地的规范管理和有序开放，为学生开展专业实训、参加竞赛活动等提供必要的硬件支持；另一方面，要搭建多种形式的校内实践平台，如校园融媒体中心、小型设计文印中心、文创产品设计工作室等，支持学生开展创新创业训练，提高编辑出版业务技能。

四是要建立实践教学成果反哺人才培养的机制。通过将实践教学成果集结成册或推荐发表、组织专业实践经验分享实现朋辈间帮扶、召开实践成果研讨会总结实践教学规律等，推进实习实践质量的持续提升。中国传媒大学作为首批出版硕士专业学位授予单位，高度重视实践教学，通过出版流程课实践与展评、跨媒介改编创作实践与展评、编辑出版硕士暑期班创作交流、大地传媒坊暑期社会调研、出版硕士毕业设计作品展和设计作品专业期刊发表等多种形式，实现了巩固理论知识、提升专业素养、把握业界前沿、培养创新精神的人才培养初衷。

### （二）以前瞻性需求为指向的人才评价体系

人才评价体系是研究生培养的"指挥棒"，直接影响着人才培养的方向和质量。要坚持全面发展的人才质量观，以行业前瞻性需求为指向建立人才评价标准。目前，我国出版硕士的评价体系需要从以下两个方面进行完善。

一是要确保人才评价体系的多主体参与性。科学、成熟的人才评价体系应是在兼顾各方、多元协商基础上形成的有关人才标准的共识。对出版硕士的评价应大力推进高校、政府、出版机构的联动，纳入相关外部主体，建立多主体参与的培养标准和质量评价体系。多主体参与能够确保多维立体地对人才培养质量进行评价，通过科学有效的评价和监督，推动培养单位动态调适培养目标、方法、手段等，输出既能够达到学界研究生培养标准，又能够满足业界实践需要的高质量出版人才。

二是要突出人才评价指标的创新应用导向。与学术型硕士注重科研能力、科研成果进行同行评价不同，专业型硕士培养更注重知识应用能力、职业综合素养和用人单位的使用反馈。因此，出版硕士的评价体系要综合思想道德评价、课程学业评价、实践能力评价等，尤其要加大对创新意识、创新能力、创新贡献的鼓励力度，最大限度激发未来出版人才的创新活力。

### （三）以可持续发展为指向的人才发展体系

当前，出版专业硕士的发展通道还没有完全打通，未来可以考虑从学界、业界两条路径出发，建立以可持续发展为指向的人才发展体系，推动优秀的出版专业人才成长为文化强国建设引领性人才。

一是探索出版硕士与出版专业博士的衔接。除了需要大量有实践能力的专业人才，出版业还需要一批能够引领行业创新发展、推动资本运作和跨界开发、熟悉国际出版运作规则和跨文化传播规律、善于解决出版实践中的重大复杂议题和特殊关键问题的高层次出版人才。《专业学位研究生教育发展方案（2020—2025）》明确提出，要"加快发展博士专业学位研究生教育"。专业型博士与学术型博士并行发展，是博士研究生教育主动服务创新型国家建设的重要体现。设置出版专业博士学位，不但能够完善出版学学位体系，还有助于出版行业核心领域的突破、关键问题的解决。近年来，学界、业界、行业协会等共同努力，在出版专业博士学位的设计论证上做了很多努力，设立出版专业博士学位也获得了一定社会共识。未来，出版专业博士学位要对标文化强国的人才需求，以高标准、高起点进行建设，采取高校与出版机构联合培养的方式，打造具有丰富实践经验、洞悉行业发展、能够创造性地解决出版领域关键问题的引领性专门人才。

二是推进出版硕士与职业资格认证的衔接。随着社会分工的不断细化，职业资格认证越来越受到重视。职业资格认证一方面是对人才职业能力的认可，有助于提升其就业竞争力；另一方面也能够帮助用人单位进行遴选和鉴别，是人才聘任的重要参考依据。可以说，专业学位教育与职业资格认证的紧密衔接，是专业学位教育职业性特色与优势的鲜明体现。遗憾的是，目前出版专业研究生教育与出版职业资格认证缺乏有效衔接，影响了出版硕士学位的社会认可度，并且不利于培养质量的提升。出版硕士和出版职业资格认证在内在逻辑上具有一致性，即都以解决行业实际问题为导向，都注重专业实践能力，都强调人才与行业、职业的密切勾连。因此，专业学位教育发展得比较成熟的国家多已实现专业学位教育和职业资格认证的紧密衔接。例如，美国的教育硕士培养会开设与职业资格证书相关的课程，拥有教育硕士学位者在申请教师资格证时会获得优先推荐，学校设置职业资格证书办公室为学生提供咨询与帮助等。[①]

要推进出版硕士与职业资格认证的衔接，需做好两个方面的工作。首先，在职业资格管理方面，要加强出版行业主管部门与教育行政部门的统筹协调。出版职业资格认证由人力资源和社会保障部、新闻出版署联合实施，出版人才培养由教育部主管、培养单位具体实施。国家相关行政主管部门之间要统筹做好顶层设计，制定推进出版硕士教育与出版专业技术人员职业资格认证相衔接的政策和制度规范。其次，在人才培养方面，要根据认证标准进行培

---

[①] 周晓华. 美国教育硕士专业学位教育与职业资格的有效衔接及启示［J］. 兰州教育学院学报，2015，31（5）：66-68.

养改革，配套开设与出版职业资格认证相关的课程，设立相关机构为学生参加职业资格认证提供辅导等。

## 四、结语

出版肩负着传承和弘扬中华文化的重要使命，在繁荣社会主义文化、建设文化强国、提高文化软实力和推动中华文化"走出去"的战略布局中处于前沿和中心位置。面对百年未有之大变局，高等教育要"同党和国家事业发展要求相适应，同人民群众期待相契合，同我国综合国力和国际地位相匹配"[1]。出版硕士教育经过十年的大胆探索，已经站在全新的起点，应以高度的时代自觉、民族自觉和文化自觉，向着建设文化强国的目标整装再出发。出版硕士教育的全面升级，要以高质量为核心，以融合和创新为两翼，大力培养适应时代发展、服务国家战略、引领行业发展的高层次、复合型、应用性出版专业人才。

---

[1] 习近平在全国教育大会上强调 坚持中国特色社会主义道路 培养德智体美劳全面发展的社会主义建设者和接班人［N］.人民日报，2018-09-11（1）.

# 传媒教育：以人为媒，促进国际媒体合作[*]

当前，信息已经与物质、能源一道，成为人类社会赖以生存和发展的三大基本资源。只有具备真实准确的信息内容、清朗健康的信息生态、平衡多向的信息格局，信息才能促进社会发展进步。随着"一带一路"倡议实践的不断深入，媒体作为信息的重要生产者、传播者，在推动全球经济发展、促进文化交流和深化政治合作方面扮演着重要的角色。

2023年11月24日中国发布的《坚定不移推进共建"一带一路"高质量发展走深走实的愿景与行动——共建"一带一路"未来十年发展展望》强调，下一个十年中国将持续与共建国家深化教育、文化等领域合作，并明确提出要加强媒体与智库合作。如果说"一带一路"媒体合作是媒体人共筑的一条连接共建国家间的桥梁，那么传媒教育就是为媒体合作之桥夯筑根基。

## 一、传媒教育是国际媒体合作的基石

传媒教育在构建人类命运共同体、共建"一带一路"、促进国际媒体合作中发挥着基础性、先导性和发展性作用。

### （一）媒体在国际关系中的角色

现代社会，媒体是政党政府进行社会治理、公共沟通的重要工具。因此，

---

[*] 本文原载于《中国记者》2023年第12期，收入本书时有改动。

媒体与国家的关系首先体现为同向性，在关涉重大国家利益的议题上，媒体往往与国家立场保持一致；另外，媒体的社会责任和专业性，使其成为传达社情民意、开展舆论监督、维护公众利益的重要力量。

这种同向性与相对独立性的交织，使媒体在增进民心相通、促进国家交往时能够扮演重要角色。当两国关系相向而行时，媒体可以成为二者关系发展的"助推剂"；当两国关系相对静止时，媒体可以成为双方进一步发展关系的"催化剂"；当两国关系背向而行时，媒体又可以从国家发展、人民福祉长远利益的角度，促进双方正向交流互动，发挥国与国间"弥合剂"的作用。

**（二）媒体人在国际关系中的角色**

媒体人正在成为国际媒体合作乃至国家间交往的重要力量。以往更强调国家在国际关系中的主导作用，把媒体和媒体人置于国家主导的框架下，作为国家向度的有益补充。国家、媒体、媒体人三者之间的逻辑关系体现为：国家立场决定媒体立场，媒体立场决定媒体人态度。

随着媒体公共外交的不断推进，媒体人在沟通信息、促进交流、增进了解、消除偏见等方面，越来越深刻地影响人们的看法、态度乃至价值观。进入社交媒体时代，媒体人正在走向前台，其价值判断、态度立场在相当大程度上影响着国际舆论走向，塑造和建构着国际关系。于是，国家、媒体、媒体人三者之间的逻辑关系向度转变为：媒体人态度影响媒体立场，媒体立场越来越多地影响国家立场。

传媒教育的实质就是以人为媒，立足于影响媒体人的认知、促进媒体人之间的交往，进而推进国际媒体携起手来，在优化全球信息生态、促进经济合作、塑造国际关系、参与全球治理等方面发挥积极作用。

## 二、传媒教育在国际媒体合作中的作用

传媒教育在国际媒体合作中的作用虽然表现为间接性，却产生着根本性、实质性的影响。

### (一)促进理解中国传媒制度

理解中国传媒制度是国际媒体合作的前提。传媒教育首先应该讲清不同国家政党政府与传媒的关系。面对西方政客对中国媒体制度的污名化，不仅要讲清中国党管媒体的历史逻辑，更要讲清其现实逻辑，即只有媒体与执政党同心同向，富有建设性，才能汇聚起发展的向心力而不是带来离散力。另外，要讲清中国媒体对人民性的坚持，人民性是马克思主义的本质属性，也是新闻舆论工作的根本立场。中国媒体所认同的新闻价值，要求媒体必须能够为人民提供有价值的信息和服务，让人民的声音能够被听到，而不是被代表少数人的利益集团所左右。只有国际媒体人真正理解了中国的媒体制度，才能更好地开展媒体合作。

### (二)促进理解中国理念中国方案

理解中国理念中国方案是国际媒体合作的基础。美西方近年来不时恶意诋毁"一带一路"倡议，抛出了"新殖民主义论""地缘博弈论""债务陷阱论""产能污染论"等，其实质都是立足于战略竞争将经济问题政治化。传媒教育立足于让媒体人知华，因为只有知华才能真正友华。只有听得懂中国故事，才能对中国方案做出积极阐释，促进中国理念的国际传播。

近代中国经历了西方列强对中国的军事侵略、政治控制、经济掠夺与文化渗透，因此特别理解有过被西方殖民经历的发展中国家的顾虑。传媒教育要特别讲清中国式现代化走和平发展道路这一鲜明特征。不同于一些国家通过战争、殖民、掠夺等方式，中国方案是要在维护世界和平与发展中谋求自身发展，又以自身发展更好维护世界和平与发展。未来十年，共建"一带一路"将进入高质量发展的新阶段，为实现和平发展、互利合作、共同繁荣的世界现代化作出更大贡献，值得国际媒体携手合作，为之促沟通、增共识、添动力。

### (三)促进不同文明的交流互鉴

不同文明之间的交流互鉴是国际媒体合作的重点。世界上共有200多个国家和地区，2500多个民族和多种宗教。多样性是文明的活力之源，文明间的交流互鉴是推动人类进步的重要动力。传播人类文明，促进多元文明相互尊重、彼此借鉴、和谐共存是媒体的职责，更是国际媒体合作的重点。传媒教育坚持弘扬平等、互鉴、对话、包容的文明观，把不同历史和国情、不同民族和习俗、不同文化和宗教的传媒人会聚到一起，通过课堂、研学、分享等各种方式，引导大家欣赏不同文明之美，尊重不同国家的发展路径与不同文明的发展阶段，是"一带一路"共建国家媒体合作的有益先导。

### （四）促进全球治理变革和建设

促进全球治理变革和建设是国际媒体合作的愿景。当前，世界面临着经济复苏乏力、逆全球化思潮抬头、单边主义和保护主义上升等挑战，全球治理问题层出不穷。全球治理失灵说明，既有治理体系中西方中心的思维模式与价值理念已经难以解决全球公共危机。各国媒体如果能够做时代的瞭望者，积极主动地发出公平正义、合作共赢的呼声，携手纠正偏见、化解对抗，将大大有助于解决和平赤字、发展赤字、安全赤字和治理赤字问题。传媒教育要向媒体人传达一种共商共建共享的全球治理观，引导传媒人思考如何运用好媒体这一推进全球治理变革和建设的"磨刀石"。"一带一路"共建国家媒体应该携手倡导真正的多边主义，推进国际关系民主化、媒体格局平等化，从而推动全球治理朝着更加公正合理的方向发展。

## 三、以传媒教育促进国际媒体合作的原则

长远地看，传媒教育的原则具有方向性、指引性，未来很有可能通过媒体人投射到国际媒体合作，深刻影响国际媒体合作的原则。

### （一）坚持平等相待

传媒教育的组织者面对的是来自不同社会制度、不同意识形态、不同历史文化、不同发展水平国家的媒体人，因此应该传达一种彼此尊重、相互

理解的理念，引导媒体人站在历史正确的一边，反对"国强必霸""弱肉强食""零和博弈"。共建"一带一路"不是要以一种制度代替另一种制度，国际媒体合作也不是以一种文明代替另一种文明，而是要让每一个共建国家、每一个合作媒体都成为平等的参与者、贡献者、受益者。

### （二）坚持独立判断

传媒教育不是要灌输某一种立场态度，而是重在培养传媒人理解和应对这个复杂世界的能力。在西方大国拥有国际话语主导权的国际舆论场上，不乏各种纷繁现象、嘈杂声音，这就需要媒体人具备敏锐的洞察力和批判性思维，善于甄别真伪、判断用意、衡量价值。虽然发展中国家媒体在国际舆论场上尚处于弱势，但作为一种可以联合起来发挥作用的新兴力量，其对于优化国际信息生态、引导国际公众认知的作用不可低估。只有更好地理解世界、把握时代脉搏，媒体才能够传播更多有价值的信息，为人类社会发展进步贡献力量。

### （三）坚持知行合一

传媒教育不仅要传授传播规律，更提倡理论知识与实践经验相结合，实现知行合一、笃行致远。传媒教育的"行"，既包括行走在大地体认各国国情、理解各具特色的文化，也包括走上传媒舞台，在国际舆论场发出公正理性的声音。未来，传媒教育的"行"，还应包括加强"一带一路"媒体合作，媒体同行分享经验、思想和资源，促进全球传媒行业的新发展。

### （四）坚持开放互动

习近平总书记在2023年9月16日出版的第18期《求是》发表的《扎实推动教育强国建设》中指出，要完善教育对外开放战略策略，统筹做好"引进来"和"走出去"两篇大文章。在迎接国际传媒人来华学习的同时，需要洞悉国际传媒教育发展态势，利用世界一流教育资源和创新要素，学习借鉴先进教育模式，"走出去"开拓国际传媒教育交流合作。以中国传媒大学为例，积极探索传媒领域的国际合作办学，与世界第一所新闻学院——美国密苏里哥伦比亚大学新闻学院合作"传播学"本科教育；与英国诺丁汉特伦特大学合作"媒介与全球化""国际广播电视"硕士培养，未来还会将合作培养拓展到博士研究生层次。在传媒教育的双向互动中，要坚持放眼世界与中国特色的统一，让传媒教育合作成为国际媒体合作的重要推动力。

德国哲学家雅斯贝尔斯说，"教育的本质是一棵树摇动另一棵树，一朵云推动另一朵云，一个灵魂召唤另一个灵魂。"传媒教育就是推动国际媒体合作起始的那棵"树"、那朵"云"。通过影响和培育国际媒体人，可以壮大知华友华亲华的声音，有利于向世界传播可信、可爱、可敬的中国形象，为中外文明交流互鉴注入新的推动力量。国际媒体合作是一个长期而复杂的过程，需要各国媒体人加强沟通、增进信任、分享经验、拓展合作领域。只有这样，各国媒体才能一起行动，摇动更多的"树"、推动更多的"云"，召唤更多的国家和民众，携手共创下一个十年"一带一路"更加美好的未来。

# 建设四"库"融通的高水平高校出版智库*

智库的发展是一个国家软实力和竞争力的重要标志，是推动国家治理现代化的重要力量。高校出版智库只有明确好功能定位，融通一体地建设好四个"库"，探索具有自身特色的高质量发展路径，才能在推动中国式出版现代化上更好地发挥作用。

出版行业发展的数据库。高校出版智库在发挥数据库作用方面有天然的优势，主要体现为客观性、敏锐性、科学性。成为值得信任的行业发展数据库，意味着高校出版智库既要坚守独立性，以促进和维护行业的整体利益为出发点；又要强化各级各类智库之间的协同性，相互支撑、协同并进，共同为国家重大决策提供战略咨询和决策参考。

出版战略制定的思想库。高校出版智库发挥咨政建言功能应以下围绕三个方面开展：一是全局性战略。高校出版智库要站在国家和行业整体发展的高度，提出具有全局性战略眼光的对策建议；二是前瞻性战略。高校出版智库提出的对策建议，应能敏锐把握行业发展趋势、准确预测可能出现的倾向性问题，有针对性地超前研究作出趋利避害的科学谋划；三是储备性战略。高校出版智库必须坚持问题导向和系统思维，不断提出整体性推进出版事业的新理念、新思路、新办法。

出版专业人才的储备库。出版智库不仅是思想的富矿，也是出版专业人才的储备库。高校出版智库的专业人才主要由以下三类构成：一是高校、研

---

\* 本文原载于 2023 年 3 月 31 日《中国出版传媒商报》，收入本书时有改动。

究机构的学者等对出版政策决策具有影响力的理论型专家;二是具有丰富行业经验的出版机构从业者、行业组织负责人等实践型专家;三是曾经在政府相关部门从事行业管理、政策制定等工作的管理型专家。与企业智库、政府智库不同,高校出版智库还应具备输出人才的功能,培养国家立场与国际视野兼具、理论功底与实践能力皆强的高水平出版人才。

出版学科体系的生成库。出版智库要扎根中国做研究,要挖掘新材料、发现新问题、提出新观点、构建新理论,努力构建中国出版学科的学科体系、学术体系与话语体系。成为出版学科体系的生成库,意味着高校出版智库一方面要强调原始创新,坚持以自主知识生产推进理论创新和体系建构;另一方面要开放融通,在中国与世界、文化与技术、出版与其他学科的多维视野中,推动中国出版学科的学科体系、学术体系与话语体系创新,为构建世界文明新秩序提供中国方案。